权威·前沿·原创

皮书系列为
"十二五""十三五"国家重点图书出版规划项目

智库成果出版与传播平台

福利彩票蓝皮书
BLUE BOOK OF WELFARE LOTTERY

中国福利彩票发展报告（2021）

REPORT ON WELFARE LOTTERY IN CHINA (2021)

中国社会科学院福利彩票课题组 / 研 创
中国社会科学院大学社会责任研究中心
何 辉 / 主 编

社会科学文献出版社
SOCIAL SCIENCES ACADEMIC PRESS (CHINA)

图书在版编目(CIP)数据

中国福利彩票发展报告.2021/中国社会科学院福利彩票课题组,中国社会科学院大学社会责任研究中心研创;何辉主编.--北京:社会科学文献出版社,2021.12
 (福利彩票蓝皮书)
 ISBN 978-7-5201-9236-1

Ⅰ.①中… Ⅱ.①中… ②中… ③何… Ⅲ.①社会福利-彩票-研究报告-中国-2021 Ⅳ.①F832.5

中国版本图书馆CIP数据核字(2021)第213849号

福利彩票蓝皮书
中国福利彩票发展报告（2021）

研　　创 /	中国社会科学院福利彩票课题组 中国社会科学院大学社会责任研究中心
主　　编 /	何　辉
出 版 人 /	王利民
组稿编辑 /	陈　颖
责任编辑 /	桂　芳
文稿编辑 /	王小翠
责任印制 /	王京美
出　　版 /	社会科学文献出版社·皮书出版分社（010）59367127 地址：北京市北三环中路甲29号院华龙大厦　邮编：100029 网址：www.ssap.com.cn
发　　行 /	市场营销中心（010）59367081　59367083
印　　装 /	天津千鹤文化传播有限公司
规　　格 /	开　本：787mm×1092mm　1/16 印　张：22　字　数：329千字
版　　次 /	2021年12月第1版　2021年12月第1次印刷
书　　号 /	ISBN 978-7-5201-9236-1
定　　价 /	158.00元

本书如有印装质量问题，请与读者服务中心（010-59367028）联系

▲ 版权所有 翻印必究

中国福利彩票发展报告（2021）
编委会

主　　编　何　辉

编委会成员　（以姓氏笔画为序）

　　　　　　马　妍　马福云　王卫明　王微微　王晶磊
　　　　　　田中原　朱　彤　朱　毅　江琳燕　李石强
　　　　　　时　杰　何　佳　宋宗和　陈　瑜　荣　耀
　　　　　　顾鸿昊　郭　瑜　蒋　楠　雷秋玉

主要编撰者简介

何　辉　经济学博士，中国社会科学院大学商学院党总支书记，副教授，兼任中国社会科学院大学社会责任研究中心主任，中国社会科学院大学公共政策研究中心研究员。主要研究领域为政府规制和产业经济学，公益市场、彩票、公共政策和社会组织等，曾出版《政府规制：理论、政策与案例》《中国社会组织报告（2018）》等著作。在彩票研究方面，担任《中国福利彩票发展报告》（蓝皮书系列）主编；发表《福利彩票事业的公共价值、发展方向和供给侧改革》《彩票销量变化背后的产品结构和政府规制》等文章。

马福云　法学博士，中共中央党校（国家行政学院）社会和生态文明教研部社会治理教研室主任，兼任社会工作专业硕士（MSW）教育中心主任，教授、博士生导师。主要研究领域为发展社会学，研究主题包括基层治理、社会服务、彩票管理等。曾在中国-欧盟村务管理项目、民政部社工研究中心从事研究培训工作。在彩票研究方面，出版有《彩票利益相关方的社会责任》专著，发表《中国彩票业的发展及其政府规制》《以彩票立法解决彩票政府规制问题》等文章，并参与《中国福利彩票发展报告》（蓝皮书系列）研究和撰稿工作。

马　妍　国家彩票杂志社副社长。主要研究领域为国内外彩票政策、彩票管理体制、彩票市场。2004年至今在彩票发行机构、彩票行业媒体工作，有丰富的彩票政策和实务经验。主持或参与多个国家和省部级项目，包括彩票公益金的社会责任研究（国家社科基金项目）、彩票管理体制改革研究（民政部项目）、国际彩票行业发展现状和趋势研究（国家体育总局体育彩票管理中心项目）等，发表《国际彩票行业现状和趋势研究》等文章，并参与《中国福利彩票发展报告》（蓝皮书系列）研究和撰稿工作。

王晶磊 中国社会科学院大学学生工作部协助负责人，法学院党总支副书记，研究生第二党总支副书记，高级工程师，高级项目经理，兼任中国社会科学院大学社会责任研究中心研究员，主要研究领域为数据分析与项目管理工作、公共治理、彩票市场。作为主要作者参与《中国福利彩票公益发展报告（2018）》《中国福利彩票发展报告（2019）》《中国福利彩票发展报告（2020）》（蓝皮书系列）的研究和写作，也负责对该蓝皮书系列在立项、商务及项目管理等方面的统筹规划。发表《中国福利彩票公益发展评估体系》《福利彩票的省级区域比较分析》等文章。

摘　要

截至2020年底，我国累计发行销售彩票约4.46万亿元，筹集公益金约1.27万亿元，为我国社会福利和社会公益事业的发展做出了重要的贡献。自1987年我国彩票开始发行销售以来，彩票的相关部门持续对管理体系、运营机制和公益金管理方式等进行探索，如今，彩票业已是我国第三次分配的重要组成部分。

本书是福利彩票蓝皮书系列的第四本。本书有两个目标：一是通过定量分析等方法，全面梳理2020年福利彩票市场的销售、公益金筹集、分配和使用情况等，呈现2020年我国福利彩票事业发展的概貌、动态及其趋势等；二是通过定性和定量等方法，试图就我国彩票产业和彩票事业发展不同领域的问题进行分析，并提出有针对性的政策建议。全书在彩票市场动态、彩票事业发展战略选择、彩票事业的社会责任、彩票管理的体制机制、互联网彩票的发展和监管等方面，主要提出了如下论点。

在彩票市场发展方面：2020年受新冠肺炎疫情和疫情防控的影响，我国彩票销售额为3339.51亿元，同比降幅达20.9%，是我国彩票1998年以来销量降幅最大的一年。筹集彩票公益金967.81亿元，同比下降了16.5%。福利彩票机构逐步停售了快开型游戏和视频型游戏，推出了升级版的基诺游戏。不同省份的彩票销量呈现巨大的差异，彩票发展的区域不平衡非常明显。

在彩票事业发展的定位和路径方面：新时期我国彩票业需要通过高质量发展，构建发展新格局，回应政策定位和社会需求，更好地发挥其公共价值。包括彩票机构在内的彩票各相关部门，要树立彩票事业的整体观，强调战略管理

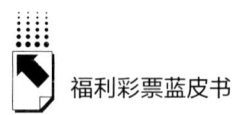

的思维，基于彩票的功能和属性特征，围绕彩票的国家属性，做好政治管理，围绕彩票的公益属性，做好使命管理，围绕彩票的人民属性，做好运营管理。

在彩票公益和社会责任建设方面：2020年福利彩票的主管部门和彩票机构等均加强了社会责任建设，把筹集的彩票公益金投入扶老、助残、救孤、济困等社会公益项目中，举办了多种公益活动，强化了福利彩票的公益属性。但总的来说，目前的彩票社会责任建设还存在诸多不足。通过研究发现：与一般企业不同，彩票事业的社会责任具有多层次性、整体性、国家性和负外部性四个显著特征。彩票事业的社会责任框架，表现为由经济、法律、伦理和公益四个层面构成的矩形模型。"十四五"时期彩票业需要通过构建彩票社会责任治理体系、引导理性购彩、加强公益金分配和使用的社会责任、传播彩票的公益精神，履行社会责任，确保其在第三次分配中继续扮演重要角色，更好地支持公益慈善事业。

在彩票管理体制机制方面：我国福利彩票管理体制主要采用的是彩票市场监管、行政业务主管、发行销售管理"三条管理"，中央和地方"条块结合"的混合管理模式。省以下主要采取的是"属地管理"，该模式有其组织优势和监管优势，但也存在不同部门之间沟通不畅、市场化程度不足等问题。需要根据彩票事业发展的新要求，结合不同省份的实际情况，对现有的彩票管理体制进行深入研究，推动体制的改革创新。我国台湾地区在彩票市场结构、彩票管理体制方面，英美法等国家在彩票的市场监管方面，对我国彩票管理体制的优化具有一定的借鉴意义。

在彩票发行的渠道和互联网彩票方面：我国互联网彩票先后经历了放任、国家强力介入、探索管控路径时期的宽松、严格管控四个阶段。基于国际互联网彩票发展的比较，我国应当逐步发展互联网彩票，丰富彩票的发行渠道，与此同时，又要针对其特殊性作单独的安排，构建完善的互联网售彩监管体系，特别是制定严格的市场准入制度，加大违法惩戒力度。

关键词　新冠肺炎疫情　社会责任　新发展格局　管理体系　互联网彩票

目 录

Ⅰ 总报告

B.1 疫情冲击、社会责任和福利彩票的新发展格局
　　——2020年福利彩票发展报告
　　……………………… 中国社会科学院福利彩票课题组 / 001
　一　2020年福利彩票发行销售情况 ……………………… / 003
　二　公益金筹集、分配和使用情况 ……………………… / 017
　三　行业发展 ……………………………………………… / 020
　四　彩票机构的社会责任建设 …………………………… / 023
　五　彩票行业的疫情应对 ………………………………… / 026
　六　第三次分配：福利彩票的发展契机和发展路径 …… / 028

Ⅱ 市场篇

B.2 2020年福利彩票市场发展报告 ……………… 马　妍 / 037
B.3 2020年福利彩票省级区域比较分析 ………… 王晶磊 / 056

001

B.4 新时期福利彩票渠道转型发展研究……………… 张　量 / 074
B.5 博彩法框架下美国的互联网彩票法律规制
　　——兼及互联网彩票法制的发展建议
　　………………………… 雷秋玉　刘　丽　宋慧敏 / 088

Ⅲ　社会公益篇

B.6 2020年彩票公益金筹集、分配和使用报告………… 蒋　楠 / 113
B.7 2020年我国省级福彩机构公益活动报告 …… 孙　蕾　何　辉 / 139
B.8 推动彩票事业践行社会责任：一个分析框架………… 何　辉 / 178

Ⅳ　区域篇

B.9 广东省福利彩票事业发展报告……………………… 曾小龙 / 199
B.10 台湾彩票的发展及其启示…………………………… 马福云 / 226

Ⅴ　专题研究篇

B.11 我国彩票功能及其属性研究………………………… 陈　瑜 / 242
B.12 中国福利彩票事业的混合管理体制………………… 李石强 / 250
B.13 我国现行的彩票管理体制研究……………………… 陈　瑜 / 273
B.14 彩票监管体系的国际比较研究
　　——基于美英法三国彩票监管体系的经验
　　……………………………………… 程格格　郭　瑜 / 284

目　录

Ⅵ　附录

B.15　2020年中国福利彩票大事记 …………………………………… / 304

Abstract ……………………………………………………………………… / 319
Contents ……………………………………………………………………… / 322

总报告
General Report

B.1
疫情冲击、社会责任和福利彩票的新发展格局
——2020年福利彩票发展报告

中国社会科学院福利彩票课题组*

摘　要： 本文梳理了2020年我国彩票市场特别是福利彩票市场的销售情况，公益金筹集、分配和使用情况。2020年受新冠肺炎疫情和疫情防控的影响，我国彩票销售3339.51亿元，同比降幅达20.9%，是我国彩票自1998年以来销量降幅最大的一年；筹集彩票公益金967.81亿元，同比下降了16.5%。一些彩票游戏受到政府的严格规制甚至进入退市期。2020年福利彩票的主

---

* 本文为课题组的集体研究成果，参与总报告撰写的课题组成员包括：何辉、王晶磊、王微微、李石强、蒋楠、孙蕾、李亚星、冯嘉良等。何辉、王晶磊、王微微、李石强、蒋楠、孙蕾、李亚星均为中国社会科学院大学教师；冯嘉良为中国社会科学院商学院硕士研究生。本文的主要执笔人为何辉，经济学博士，中国社会科学院大学商学院党总支书记，副教授，兼任中国社会科学院大学社会责任研究中心主任，中国社会科学院大学公共政策研究中心研究员，主要研究方向为政府规制和产业经济学、公益市场、彩票、公共政策和社会组织等。

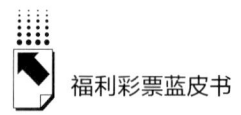

管部门和彩票机构均加大了社会责任建设，强化福利彩票的公益属性。彩票作为我国第三次分配的重要组成部分，如何在新时期构建发展新格局，更好地发挥其公共价值？包括彩票机构在内的彩票各相关部门，需要树立战略管理思维，围绕彩票的国家属性、公益属性和人民属性，做好政治管理、使命管理和运营管理。

关键词： 疫情冲击　社会责任　新发展格局　战略管理

2020年是极其令人难忘的一年。2020年是我国"十三五"规划的收官之年，是脱贫攻坚之年，同时也是新冠肺炎疫情发生和对疫情进行阻击防控并取得阶段性胜利之年。

2020年初，一场突如其来的新冠肺炎疫情蔓延至全国各地，对我国经济社会造成了较大影响，一些行业如餐饮、酒店、旅游、娱乐、交通等首当其冲，彩票市场不可避免地受到影响。为了尽快遏制疫情，我国在全国范围内实行严格的阻隔政策和疫情防控措施，并延长了春节假期。我国彩票业因此经历了长达39天的彩票休市。

2020年，监管部门继续推进对一些彩票游戏的严格规制举措，高频快开彩票逐步进入退市期，中福在线视频彩票基本走完了其生命周期。

彩票机构一边面对因疫情休市的销售压力，一边面对彩票游戏调整带来的结构压力，可谓双重压力。在此背景下，从监管部门到彩票发行管理机构和销售部门，都想方设法减少因为疫情等对彩票销售和公益金筹集带来的影响。2020年全国彩票销售额为3339.51亿元，同比减少881.02亿元，同比降幅达20.9%，是我国彩票自1998年以来销量降幅最大的一年①。相比体育彩票，福利彩票受到彩票游戏结构调整的影响更大，2020年销售1444.88

---

① 参见本书B.2《2020年福利彩票市场发展报告》。

亿元，同比减少467.50亿元，下降24.4%。

在公益金筹集方面，2020年共筹集彩票公益金967.81亿元，同比下降了16.5%。公益金总量的下降幅度略低于彩票销售的下降幅度。其中，福利彩票2020年筹集公益金444.58亿元。

2020年，福利彩票机构推进了社会责任建设，中国福利彩票发行管理中心推出《中国福利彩票社会责任框架》《中国福利彩票社会责任手册》，指导各地彩票机构推进社会责任的履行。一些省级福彩机构也加快发布社会责任报告。民政部门对发布两年的6个涉及彩票公益金分配使用的文件进行了修订，进一步突出彩票公益金使用的社会公益目标。

经过了"十三五"的发展后，福利彩票事业有必要结合新的经济社会形势和国家对于彩票发展的政策精神，确定福利彩票事业的发展方向，探索构建福利彩票的新发展格局。

下面，本文将分别从2020年彩票市场的销售情况、彩票行业应对疫情的情况、彩票公益金分配和使用情况，以及各地彩票机构的社会责任建设情况进行梳理、分析和论述。最后，从福利彩票的社会责任建设、新发展理念和新发展格局方面，提出新时期彩票发展的政策建议。

一 2020年福利彩票发行销售情况

（一）我国彩票发行销售的整体情况

1. 2020年我国彩票销量遭遇1998年以来最大幅度的下降

2020年，受新冠肺炎疫情影响，我国彩票业在经历一季度的停滞之后全年实现销售额3339.51亿元，同比减少881.02亿元，同比降幅达20.9%，是我国彩票22年来销量降幅最大的一年。彩票行业受政策影响较大，2015年，网络彩票销售被叫停，导致彩票销售总额同比下降3.8%。2018年俄罗斯世界杯开赛，带动了彩票销售额同比增长19.9%。2019年，高频快开类彩票规则调整，导致彩票销量下滑17.5%。至此，我国彩票销量已连续两年大幅下降（见图1）。

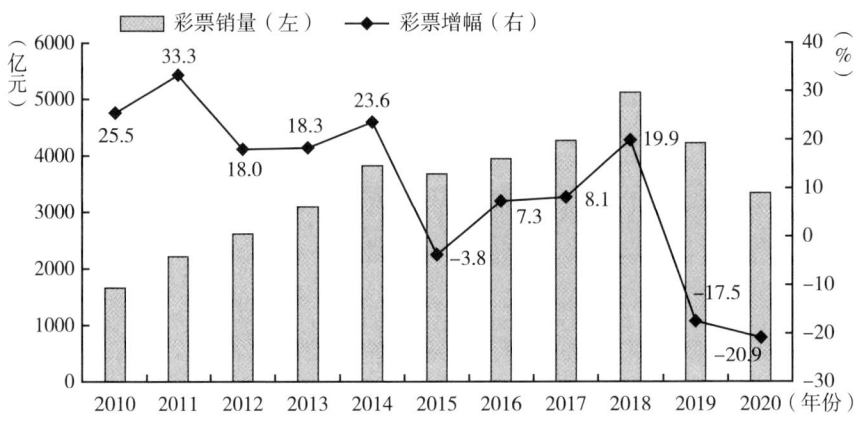

图 1　2010~2020 年我国彩票销量

资料来源：根据财政部、国家统计局发布的相关数据制作①。

根据《La Fleur's 世界彩票年鉴》数据，2020 年全球彩票总销量（不包括视频彩票）约 3108 亿美元，同比增加 9 亿美元，同比增长 0.3%。2020 年，中国体育彩票以 290 亿美元的销量在全球各彩票机构中排名第一；排名第二的是意大利乐透马蒂克（Lotto Matica），销量为 211 亿美元；中国福利彩票排名第三，销量为 207 亿美元②。

2020 年，在疫情影响下，全国社会生活和国民经济都受到较大影响，全年 GDP 增幅大幅下降至 2.3%，是我国 GDP 多年来增长幅度最低的一年，而同期彩票销量降幅达 20.9%（见图 2）。我国彩票发展指数（彩票销售额/GDP）降至 0.329%，自 2010 年以来首次降至 0.4% 以下。这也是 2004 年以来的最低值。与全国经济总量相比，全国彩票销售额偏低，市场波动较大，发展不够稳定。

---

① 2020 年的数据参见《中华人民共和国财政部公告 2021 年第 30 号》，http://www.mof.gov.cn/zhengwuxinxi/caizhengxinwen/202109/t20210909_3751803.htm；2020 年之前的数据参见国家统计局网站。本报告中，涉及全国彩票销售、公益金筹集和公益金分配使用的数据，均以此为准。后面的图表中不再单独列出。
② 《La Fleur's 世界彩票年鉴》（La Fleur's Lottery World-Lottery News, Stats and Facts），https://lafleurs.com/。

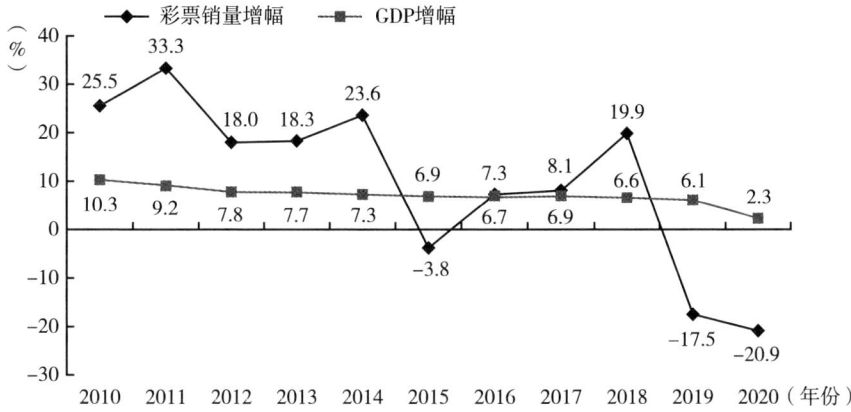

图2 2010~2020年我国彩票销量增幅和GDP增幅

资料来源：根据财政部发布的相关数据制作。

2. 彩种销量同比波动较大，彩种结构调整优化

2020年，受新冠肺炎疫情影响，大部分游戏销量出现同比下降，在全国主要游戏中，有12个游戏品种销量出现同比下降，只有6款游戏销量实现同比增长（其中福彩有1款、体彩有5款）。

2020年，体彩的即开型游戏顶呱刮和福彩的基诺型游戏销量高于上年。即开型彩票正增长是因为在高频快开游戏退市后，各省彩票中心将即开型游戏作为重点培育；基诺型彩票正增长是因为新彩种"快乐8"上市，中国福彩中心加大了宣传推广和促销派奖力度。

2020年，视频型游戏、传统足彩和竞彩3种游戏销量都出现明显下滑。视频型游戏销量下滑与其停售有关。传统足球与竞彩游戏销量的大幅下滑，则完全是由于新冠肺炎疫情的影响。2020年的很长一段时间里，全球体育赛事都在停摆中，导致这两款游戏无赛可猜，因此销量下滑严重。

2020年，全国彩票市场销售额为3339.51亿元。按发行机构分，福利彩票共销售1444.88亿元，体育彩票共销售1894.63亿元。按彩票游戏种类分，乐透数字型彩票共销售2219.08亿元，竞猜型彩票共销售749.17亿元，即开型彩票共销售294.20亿元，视频型彩票共销售67.95亿元，基诺型彩

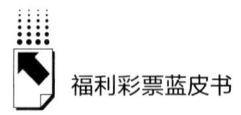

票共销售9.11亿元。这几类彩票的销售额占彩票销售总额的比重分别为66.5%、22.4%、8.8%、2.0%、0.3%（见表1）。

表1 2020年全国彩票各游戏销量增长情况

单位：亿元，%

彩种/游戏		2020年销量	销量占比	同比增量	同比增幅
福彩	福彩快开	555.58	16.6	-25.70	-4.4
	双色球	484.02	14.5	-58.00	-10.7
	3D	162.76	4.9	-12.28	-7.0
	刮刮乐	146.43	4.4	-3.21	-2.1
	中福在线	67.93	2.0	-372.90	-84.6
	地方游戏	10.57	0.3	-1.40	-11.7
	基诺型	9.11	0.3	7.44	445.9
	七乐彩	8.48	0.3	-1.47	-14.7
体彩	竞彩	635.11	19.0	-429.04	-40.3
	体彩高频	464.65	13.9	58.15	14.3
	超级大乐透	385.50	11.5	-26.01	-6.3
	顶呱刮	147.77	4.4	12.19	9.0
	排列3/5	110.67	3.3	14.46	15.0
	传统足彩	43.59	1.3	-44.14	-50.3
	七星彩	19.46	0.6	-0.32	-1.6
	地方游戏	17.40	0.5	-1.72	-9.0
	传统单场	33.76	1.0	0.07	0.2
	虚拟足球	36.71	1.1	2.89	8.5
全国彩票		3339.51	100.0	-881.02	-20.9

资料来源：根据中国福利彩票发行管理中心、国家体育总局体育彩票管理中心网站公布信息制作。

2014～2019年，各类型游戏所占市场份额的排名顺序保持稳定，即乐透数字型、竞猜型、视频型、即开型和基诺型（从2015年1月起，基诺型游戏销量单独统计，不再计入乐透数字型游戏销量当中）。2020年，这个排名发生了很大变化——即开型游戏的销量超过了视频型游戏。变化的背后是视频型游戏自2020年7月31日起停止销售，以及彩票行业对即开型游戏的重视。

从彩票游戏品种来看，2020年彩票市场销量贡献前5位的游戏分别为竞彩、福彩快开、双色球、体彩高频和超级大乐透。从增幅情况来看，仅有基诺型、排列3/5、体彩高频、顶呱刮这4款游戏的销量在2020年继续保持增长（4款游戏的增幅从大到小排列），其他游戏都是负增长①。其中，视频型游戏（主要是中福在线）、传统足彩、竞彩的下滑幅度分别为84.6%、50.3%和40.3%，下滑得非常厉害（见图3）。

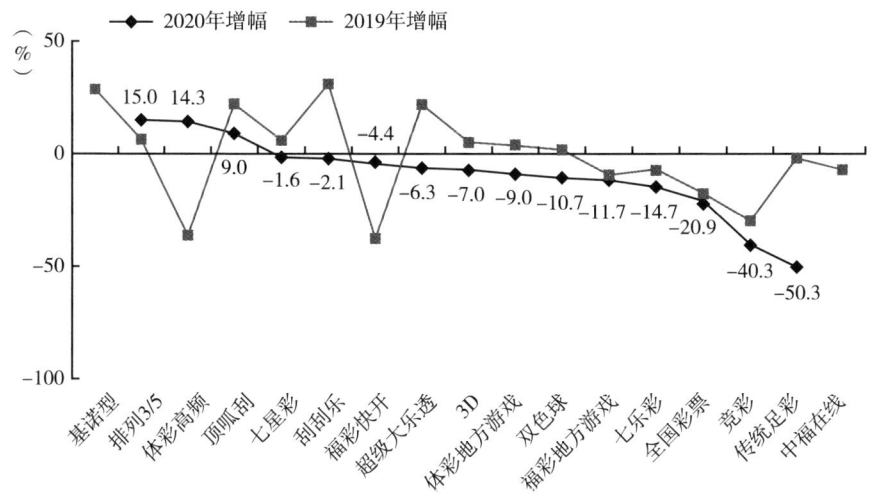

图3 2019~2020年各游戏增幅比较

资料来源：根据中国福利彩票发行管理中心、国家体育总局体育彩票管理中心网站公布信息制作。

从近两年各游戏的增幅排名比较也可看出，高频快开和竞彩等博弈性较强的游戏受到严厉监管后，其销量受到一定影响；与此同时，即开票逐渐成为彩票机构发展的重点游戏产品，销量出现增长态势；双色球、超级大乐透等大盘乐透游戏则因市场基础较深厚，销量变化幅度不大。

3. 福彩与体彩市场份额差距进一步扩大

2020年，福利彩票共销售了1444.88亿元，与2019年相比减少467.50

---

① 前文表1中的传统单场和虚拟足球两款游戏由于仅在部分地区销售，因此在图3中未列出，也未算到保持增长的游戏中。2020年，在既有的基诺型游戏的基础上，中国福彩中心发行了新的基诺游戏"快乐8"，增幅达445.9%，因此图3中，基诺游戏未列出2020年的增幅。中福在线游戏因同样原因未列出2020年增幅。

亿元,下降24.4%;体育彩票共销售1894.63亿元,同比减少413.52亿元,下降17.9%(见图4)。

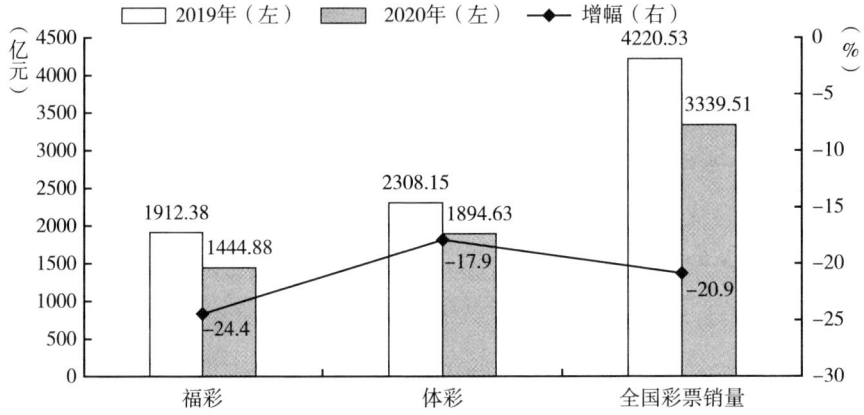

图4　2020年全国彩票销售情况

资料来源:根据财政部、国家统计局发布的相关数据制作。

2020年,福彩和体彩销量均大幅下降,其中福彩销量受视频型彩票停销影响降幅更大;市场份额进一步减小,已连续3年低于体彩,且与体彩相差较大,两者市场份额相差约13个百分点,体彩保持其市场优势(见图5)。

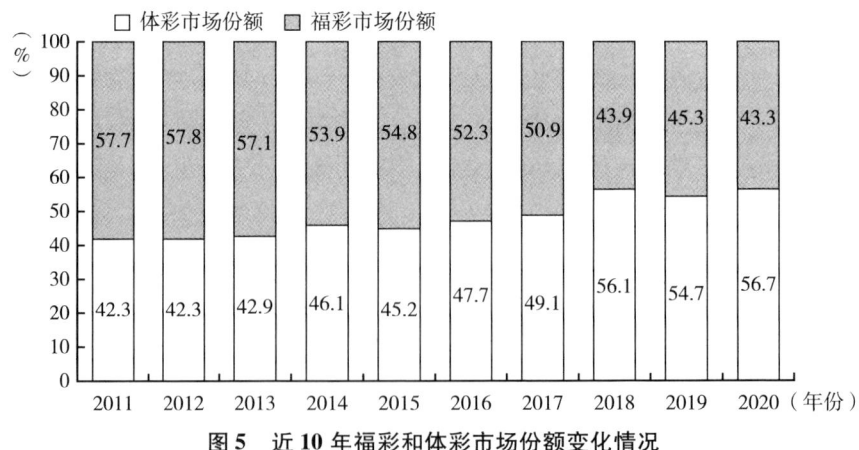

图5　近10年福彩和体彩市场份额变化情况

资料来源:根据财政部、国家统计局发布的相关数据制作。

此前，福彩销量主要集中在双色球、福彩快开游戏和中福在线三大主力游戏产品上，但是近年来福彩快开游戏和中福在线都受到政策调控而逐步退市停售。福彩现有游戏中，除双色球市场稳固且销量较大外，缺乏其他的重量级游戏产品。如果今后游戏产品不出现大的变化，福彩市场份额提升的难度较大。

4. 2020年我国人均购买彩票236.51元

2020年，我国销售3339.51亿元彩票，根据《第七次全国人口普查公报（第二号）——全国人口情况》，2020年末全国内地总人口为14.12亿人。由此可以计算出，2020年我国人均购彩金额约为236.51元。

纵向来看，如图6所示，人均购买彩票金额在2015～2018年持续增长，在2019～2020年持续下降。横向来看，新加坡彩票的人均购彩量在全球各彩票机构中仍排名第一，达935美元；美国马萨诸塞州彩票以764美元的人均购彩量排名第二；挪威的Norsk Tipping彩票以701美元的人均购彩量排名第三。相对于这些彩票发展较快、销量较高的国家或地区来说，我国的人均购彩支出还比较低，有较大的增长空间①。

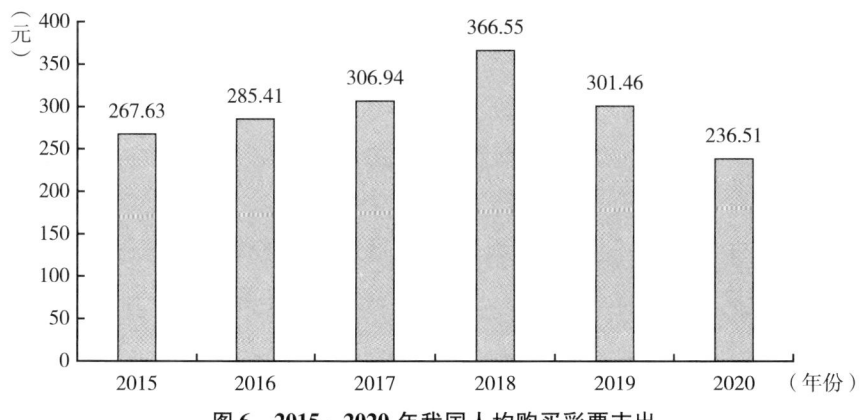

图6　2015～2020年我国人均购买彩票支出

资料来源：根据财政部、国家统计局发布的相关数据制作。

---

① 《La Fleur's 世界彩票年鉴》（La Fleur's Lottery World-Lottery News, Stats and Facts），https://lafleurs.com/。

（二）福利彩票的发行销售情况

2020年，受疫情和部分游戏退市影响，福利彩票销售额出现大幅下降，全年共销售1444.88亿元，同比下降24.4%，降幅超过同期全国彩票的降幅。图7显示了2019~2020年全国彩票和福利彩票的销量与增幅情况。2020年，福利彩票年销售额仍明显低于体育彩票，市场份额降为43.3%，比上年减少2个百分点，市场差距进一步扩大。前文对此已经做了分析，福利彩票市场份额降低主要是受福彩视频彩票停销影响。

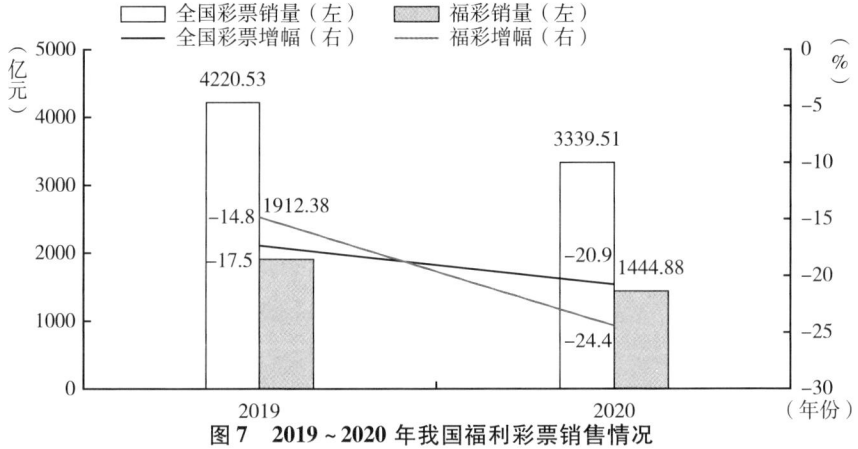

图7　2019~2020年我国福利彩票销售情况

资料来源：根据财政部发布的相关数据制作。

1. 增长情况

2016~2018年我国福利彩票销售额呈逐年增长态势，截至2018年为2245.56亿元；自2018年福彩快开、中福在线游戏受到严格监管后，我国福利彩票销售额逐渐下滑，2020年叠加疫情影响，更是大幅下降，2020年我国福利彩票销售额为1444.88亿元，同比2019年下降24.4%，连续两年出现下滑，销量创2012年以来新低。

自2011年以来，福彩增幅在大多数年份都低于全国彩票增幅，仅在2015年和2019年降幅略低于全国彩票，使得福彩在全国彩票市场中的占比逐渐缩小（见图8）。

图 8　近 10 年福利彩票增幅与全国彩票增幅比较情况

资料来源：根据财政部、国家统计局发布的相关数据制作。

2. 人均购买福彩金额

从人均购买福彩金额来看，2020 年全国人均购买福彩金额为 102.33 元，同比减少 34.27 元，降幅较大，但仍在百元以上（见图 9）。

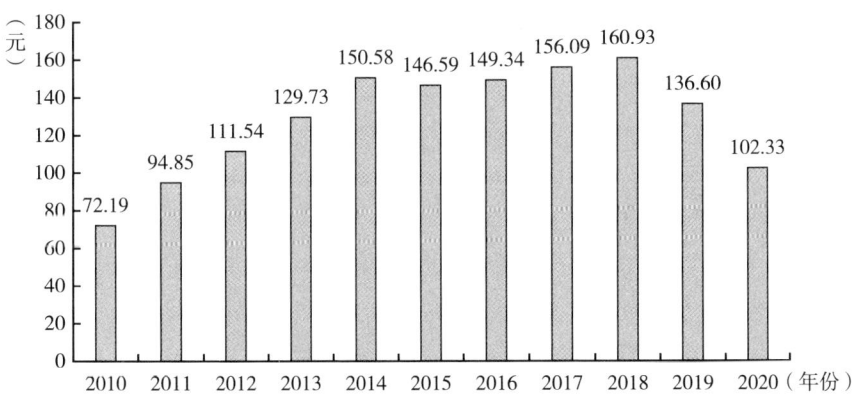

图 9　2010~2020 年全国人均购买福彩金额变化情况

资料来源：根据财政部、国家统计局发布的相关数据制作。

3. 人均可支配收入的福彩购彩率

2020 年我国人均可支配收入为 32189 元，以此计算，2020 年我国人均可支配收入购彩率为每万元购买福利彩票31.79元。近年来，我国人均可支配收入增加较快，而福彩销量增幅相对较小，人均可支配收入的福彩购彩率呈现逐年递减的趋势（见图10）。

图10 2015~2020年全国人均可支配收入购买福彩率

资料来源：根据财政部、国家统计局发布的相关数据制作。

4. 不同游戏产品的销售状况

在福利彩票的细分彩种中，乐透数字型彩票是销量占比最大的彩种。2020年，我国乐透数字型福利彩票销售1221.41亿元，同比下降7.5%，占福利彩票销售总量的84.53%；即开型彩票销售146.43亿元，同比下降2.1%，占福利彩票销售总量的10.13%；视频型彩票销售67.93亿元，同比下降84.6%，占福利彩票销售总量的4.7%；基诺型彩票销售9.11亿元，同比增长445.9%，占福利彩票销售总量的0.63%（见图11）。

2020年，福彩游戏出现了较大变化，视频彩票中福在线已停止销售，福彩快开游戏也被安排有序退市，基诺型彩票游戏则得到整合优化，开始在全国范围上市销售。从全国彩票市场趋势看，乐透数字型以及竞猜型彩票市场份额将逐步稳定下来，即开型和基诺型对比国外彩票市场还有很大上升空间。

从福彩各游戏的销量占比来看，福彩快开虽然在2020年销量继续下降，但仍是福彩销量最高的品种，且占比达到40%左右，福彩快开游戏的退市

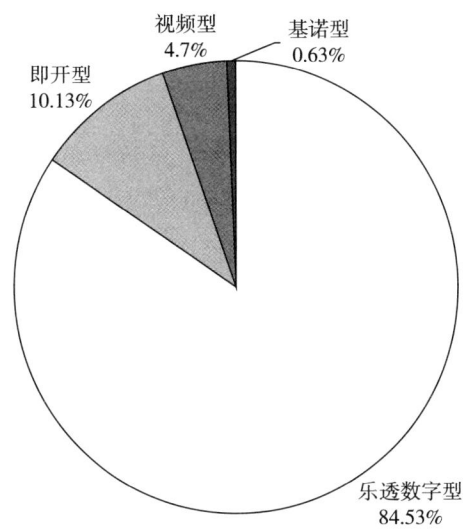

图 11 2020 年我国福利彩票不同游戏销售额占比

资料来源：根据财政部发布的相关数据制作。

对福彩市场会有较大的影响。福彩即开型彩票刮刮乐近年来虽有增长趋势，但 2020 年销量仍在 200 亿元以下，在福彩中的占比仅为 10% 左右，还不足以影响福彩市场的发展。七乐彩下降幅度稍大，且年销量已低于 10 亿元，市场占比相对较小，需要加以优化改善（见表 2）。

表 2 2020 年福彩各游戏销售增长情况

单位：亿元，%

彩种/游戏	2020 年销量	销量占比	同比增量	增幅
福彩快开	555.58	38.45	-25.70	-4.4
双色球	484.02	33.50	-58.00	-10.7
3D	162.76	11.26	-12.28	-7.0
刮刮乐	146.43	10.13	-3.21	-2.1
中福在线	67.93	4.70	-372.90	-84.6
地方游戏	10.57	0.73	-1.40	-11.7
基诺型	9.11	0.63	7.44	445.9
七乐彩	8.48	0.59	-1.47	-14.7

资料来源：根据民政部、中国福利彩票发行管理中心发布的相关数据制作。

（三）2020年疫情对全国彩票市场影响分析

2020年突袭而至的新冠肺炎疫情不仅造成全国彩票市场销量的大幅下降，而且对我国彩票的销售模式等产生影响。

1. 2020年疫情对全国彩票销量影响

2020年，疫情对我国彩票最直接的影响是，全年彩票销售受到较大影响，彩票销量大幅下降。在疫情防控形势最严峻期间，我国彩票市场被迫休市。其间，仅体彩即开票在2月统计了132万元销量。福彩、体彩分别延迟至3月11日和3月12日才恢复开市。西藏和湖北等延迟到3月底才开始恢复彩票销售，北京5月6日恢复彩票销售，这些地方彩票市场受到影响更大。

在停售前，我国彩票日均销售额在12亿元左右，以2020年1月日均销售12.95亿元计算，因疫情停售39日，我国彩票销售额至少减少500亿元。3月福彩、体彩先后复市后，因疫情影响，双色球等主要乐透数字型彩票销量仅恢复至疫情发生前的50%~80%。据此计算，复市后乐透数字型彩票减少了100亿元以上。此外，竞彩、中福在线也受到很大影响。

疫情过后，餐饮、旅游、娱乐等部分行业可能出现"报复性消费反弹"。彩票作为文化娱乐活动，在疫情过后可能也会有一定程度的"报复性反弹"，但民众对彩票的消费需求总体较低，报复性反弹幅度较小，甚至可能不及疫情给彩票市场带来的其他影响，可忽略不计。重新开市，彩票市场需要1个月左右的时间才能基本恢复，完全恢复更需要2~3个月时间。

彩票恢复销售后，彩票销量出现起伏变化：4~6月，全国彩票销量同比减少比例逐步收窄，7、8月同比出现正增长，9月销量同比又变负数，10月再次变为正增长，11、12月销量同比均为负数（见图12）。

2020年，疫情对彩票销售的影响直到下半年才基本消除。2020年下半年，体彩各类型彩票同比上年大多实现增长，仅有竞猜型彩票出现同比下降（见表3）。

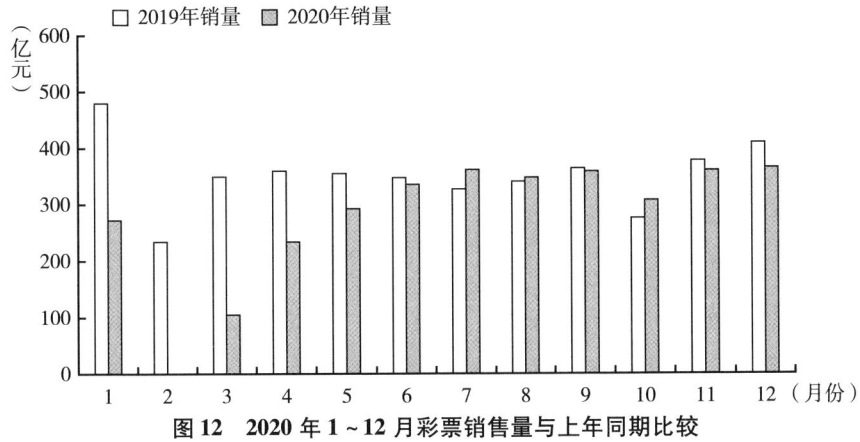

图12 2020年1~12月彩票销售量与上年同期比较

资料来源：根据财政部发布的相关数据制作。

表3 2020年下半年体彩各类型彩票销量同比增长情况

单位：亿元，%

项目	乐透数字型	竞猜型	即开型	体彩总销量
2020年下半年销量	580.32	578.35	89.83	1248.51
2019年下半年销量	495.46	596.51	67.78	1159.76
下半年同比增幅	17.1	-3.0	32.5	7.7

资料来源：根据财政部发布的相关数据制作。

相比之下，2020年下半年福彩各类型彩票同比增幅较均衡，乐透数字型和即开型彩票都增长10%左右，除中福在线（视频型）因逐渐退市和快乐8（基诺型）因新上市销量有巨大变化外，福彩其他游戏同比增幅为10.9%（见表4）。

表4 2020年下半年福彩各类型彩票销量同比增长情况

单位：亿元，%

项目	乐透型	即开型	视频型	基诺型	福彩总销量	其他(除中福在线、快乐8)
2020年下半年销量	736.53	89.44	17.29	8.73	852.00	825.97
2019年下半年销量	665.67	79.32	188.93	0.90	934.81	744.98
下半年同比增幅	10.60	12.80	-90.85	870.00	-8.90	10.90

资料来源：根据财政部发布的相关数据制作。

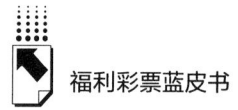

从2020年下半年体彩和福彩主要游戏的同比增幅来看,如果没有疫情影响,2020年体彩和福彩应可实现增长。

总体来看,2020年如果没有疫情影响,全国彩票销量可实现一定程度的增长,但受疫情影响全国彩票销量同比降幅达20.9%。

2. 对代销者影响

此次疫情对代销者影响最大,因长时间停售,代销者的销售佣金收入大幅减少。虽然相关机构对各彩票销售网点有一定的资金补贴,但此次疫情增加了实体店业主经营压力,有可能使原本销售能力不强、收入较低的彩票专营网点业主增强退机想法。

3. 2020年疫情对我国彩票销售模式影响

2020年疫情对我国彩票专营店的销售模式产生了巨大影响。彩票销售渠道包括专营店、兼营店在内的实体店都受疫情不同程度的影响,其未来发展或面临不同的变化趋势。相比之下,彩票兼营店的彩票佣金损失更小一些。

近年来彩票专营店的经营压力较大,这场疫情让广大彩票专营店压力更为凸显。相比于彩票兼营店,彩票专营店的收入来源单一,完全依靠彩票代销费收入,一旦彩票销售受到影响,将有可能面临经营危机。2020年,疫情或将使部分彩票专营店加速退出或转型。

彩票兼营店的彩票销售仅仅是其业务的一部分,因此其收入来源更广泛、抗风险能力较强。疫情过后,各地彩票机构普遍加大了拓展社会兼营渠道的力度,加强与其他行业的合作。这既是彩票机构近年来拓展社会渠道的延续,一定程度上也是疫情影响的结果。2020年,疫情将加速彩票兼营渠道的发展。今后,彩票兼营店有可能成为彩票销售的重要渠道之一。

国际上,互联网渠道销售彩票受疫情影响较小。2020年随着疫情蔓延,美国、英国、西班牙、新加坡、加拿大等国家先后部分或全部关闭了线下彩票投注场所,但互联网线上销售渠道则保持畅通,线上渠道满足了购彩者的需求。这对我国彩票业今后的渠道建设提供了一定的借鉴。

二 公益金筹集、分配和使用情况

彩票公益金是发行彩票取得的销售收入，扣除发行费用和返奖奖金后剩余的净额，加上逾期未兑奖的奖金构成的。按照现有公益金管理使用的规定，筹集到的公益金将在中央和地方之间进行分配，并具体用于我国的一些社会公益领域，推动我国公益事业发展。公益性是彩票生存和发展的生命线，而彩票公益金的筹集、分配和使用彰显了彩票的公益性。

(一)2020年全国彩票公益金筹集情况

受新冠肺炎疫情的影响，2020年全国发行销售彩票3339.51亿元，同比下降20.9%。共筹集彩票公益金967.81亿元，同比下降了16.5%。公益金总量的下降比例略低于彩票销售的下降比例，原因是2020年彩票的公益金提取比例有所提高，从2019年的27.0%提高到28.5%（见图13）。

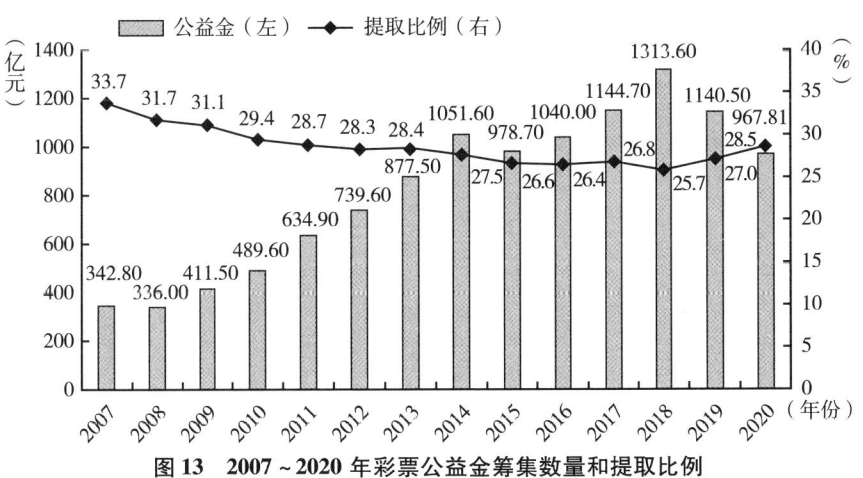

图13 2007~2020年彩票公益金筹集数量和提取比例

注：因体育彩票部分数据缺失，图中的统计数据从2007年开始。
资料来源：根据财政部、民政部、国家体育总局2007~2020年发布的相关数据制作。

从图13可以发现，2018年是我国彩票销量最高的一年，彩票公益金的筹集量也最多，达到1313.6亿元（不含弃奖）。不过，公益金的提取比例却是历年来最低的,只有25.7%。2010年以前公益金提取比例稳定在30%以上。2018年以后,尽管彩票销量下降较快,但公益金提取比例稳步上升,2019年为27%,2020年为28.5%。

不同类型彩票的公益金提取比例不一样,表5列出了不同类型彩票的公益金提取比例和公益金筹集额。除了表中列出的5种类型彩票筹集的952.53亿元公益金外,2020年全国彩票筹集的公益金总额中,还包括了2020年度逾期未兑奖奖金15.28亿元。

表5 2020年不同类型彩票收入的资金分配比例和公益金筹集额

单位:%,亿元

彩票类型	公益金提取比例	彩票奖金提取比例	发行费提取比例	公益金筹集额
乐透数字型	36	51	13	722.91
竞猜型	21	70	9	153.05
即开型	20	65	15	58.84
视频型	22	65	13	14.95
基诺型	30	58	12	2.79

资料来源:根据财政部2021年发布的相关数据制作。

截至2020年底,我国彩票累计发行45050.27亿元,共筹集彩票公益金12667.61亿元。其中,福利彩票累计销售额为23554.52亿元,筹集公益金7013.23亿元,体育彩票累计销售额为21495.75亿元,筹集公益金5654.38亿元。

2020年,福利彩票销售额为1444.88亿元,筹集彩票公益金444.58亿元;体育彩票销售额为1894.63亿元,筹集彩票公益金约508亿元。福利彩票和体育彩票相比,其公益金的提取比例一直更高。例如,2020年,福利彩票的公益金提取比例是30.8%,体育彩票的是26.8%。

(二)2020年全国彩票公益金分配使用情况

按现行的彩票公益金分配政策,通过彩票销售筹集到的彩票公益金,将按50∶50的比例在中央和地方之间分配。公益金专项用于我国的社会福利、体育等社会公益事业。其中,中央集中彩票公益金(分配给中央使用的),一般按照60%、30%、5%和5%的比例在全国社会保障基金、中央专项彩票公益金、民政部和体育总局之间分配。

2020年中央集中彩票公益金的分配使用情况如下。2020年中央财政当年彩票公益金收入480.6亿元,加上2019年度结转的3.99亿元,共计484.59亿元。2020年中央财政安排彩票公益金支出298.64亿元。结合前述的分配政策,同时考虑收回结余资金、补充预算稳定调节基金等因素,"2020年中央公益金分配给全国社会保障基金113.82亿元,用于补充全国社会保障基金;分配给中央专项彩票公益金165.85亿元,用于国务院批准的社会公益事业项目,经由彩票公益金的使用部门或单位向财政部提出申请,财政部审核报国务院批准后组织实施;分配给民政部9.48亿元,按照'扶老、助残、救孤、济困、赈灾'的宗旨,安排用于资助为老年人、残疾人、孤儿、有特殊困难等人群服务的社会福利设施建设等项目;分配给国家体育总局9.48亿元,支持群众体育和竞技体育发展项目"①(见表6)。

表6 2019~2020年中央集中彩票公益金分配情况

单位:亿元

类别	2019年分配金额	2020年分配金额
全国社会保障基金	464.28	113.82
中央专项彩票公益金	175.92	165.85
民政部	38.69	9.48
国家体育总局	38.69	9.48

资料来源:根据财政部2020年发布的相关数据制作。

如果将2019年的分配情况与2020年的相比,在4个项目中,除了中央专项彩票公益金的金额基本保持稳定略有下降之外,分配给全国社会保障基金、民政部和国家体育总局的公益金都大幅减少,约相当于2019年的1/4。

---

① 《中华人民共和国财政部公告2021年第30号》,财政部网站,2021年9月9日,http://www.mof.gov.cn/zhengwuxinxi/caizhengxinwen/202109/t20210909_3751803.htm。

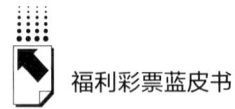

2020年各类中央集中彩票公益金的具体使用情况以及地方彩票公益金的使用情况，本书中另有专文进行梳理分析①。

（三）彩票公益金支持脱贫攻坚

2020年是脱贫攻坚和全面建成小康社会的收官之年。彩票公益金充分发挥做好民生保障、助力脱贫攻坚的作用，当年的中央专项彩票公益金项目资金投入20.6亿元，主要用于支持贫困村村内小型生产性公益设施建设。同时，民政部部级的彩票公益金，以及各地民政部门的公益金广泛用于扶贫事业，加大对偏远山区困难群体的救助力度，在衣食住行等基本生活保障外，还积极发挥"造血"作用。

根据2016~2020年这5年的彩票公益金筹集分配情况和中央集中彩票公益金安排使用情况的数据，"十三五"期间，中央专项彩票公益金分别投入了15亿元、18亿元、20亿元、26.4亿元、20.6亿元，累计达到100亿元，用于支持贫困革命老区脱贫攻坚，实现对397个革命老区县的全覆盖，重点解决困难群众的基本民生保障问题。

三 行业发展

（一）行业动态

1. 新游戏上市

中国福利彩票"快乐8"游戏2020年7月获财政部批准上市②。2020年10月18日，中国福利彩票"快乐8"游戏率先在河北、上海、江苏、浙江、安徽、江西、山东、湖北、湖南、广东、重庆、四川、陕西13个省

---

① 2020年彩票公益金具体的分配和使用情况，详见本书B.6《2020年彩票公益金筹集、分配和使用报告》。
② 《牢记使命，共克时艰，上海福彩"十三五"期间筹集公益金76.28亿元》，中国福彩网，http://www.cwl.gov.cn/c/2021-01-06/479058.shtml，2021年1月6日。

（市）同步上市。"快乐8"游戏是继双色球、七乐彩游戏之后，中国福利彩票推出的又一款全国统一系统销售、全国统一渠道管理、全国统一奖池、全国统一开奖的基诺型彩票游戏。

该游戏由中国福利彩票发行管理中心统一开奖，每天开奖一次，也是福利彩票首次尝试通过网络渠道进行直播开奖的彩票游戏。该游戏按当期实际销售额的58%、30%和12%分别计提彩票奖金、彩票公益金和彩票发行费①。

该游戏购彩者从1至80个号码中任意选择1到10个号码进行投注，每一组1到10个号码的组合称为一注。开奖时从1到80的号码中摇出20个号码。

快乐8上市后就取得不错的销售成绩。截至2020年12月，快乐8试点范围覆盖到了17个省（市），零售店数量超过3万个，累计销售8.26亿元。

2. 视频型彩票"中福在线"退市

2020年3月20日，财政部批复同意中国福利彩票发行管理中心经民政部审核同意的《关于申报停销"连环夺宝"等7款中福在线视频型彩票游戏的请示》。中国福利彩票发行管理中心于2020年5月11日正式向社会发布停销公告，为保障彩民的基本权益，同时恢复因疫情中断的中福在线游戏销售、兑奖，并按规定于2020年7月31日17点停销"连环夺宝""趣味高尔夫""好运射击""三江风光""四花选五""幸运五彩""开心一刻"7款中福在线视频型彩票游戏。

3. 逐步落实快开游戏退市

2020年10月23日《财政部 民政部 体育总局关于有序退市高频快开彩票游戏有关事宜的通知》要求，自2020年11月1日起，各地的福利彩票快开游戏、体育彩票高频游戏（含虚拟体育竞猜足球游戏）分别暂保留一款，其余的一律停止销售。2021年春节休市结束后，所有高频快开游戏全部停止销售。同时要求，彩票发行机构要注重提高彩票游戏产品研发质量，借鉴国际先进经验，结合我国实际情况，统筹做好游戏产品的总体规划

---

① 《福彩快乐8玩法规则》，彩经网，https：//www.cjcp.com.cn/wanfa/fckl8/。

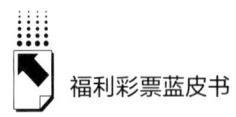

与合理布局。要深入调研论证彩票游戏规则涉及的各类问题，严格控制相关风险，有效平衡游戏的娱乐性和博弈性，适时推出刺激性小、沉迷性低、娱乐性强的游戏。

（二）对非法彩票的防控打击

2020年公安部门加大了对非法彩票的防控和打击力度。1月13日，公安部部署深化防控治理跨境网络赌博工作。会议强调要始终保持严打高压态势，集中攻坚一批重大跨境网络赌博案件。要坚持多方施策，综合治理、系统治理，强化彩票、网络游戏、对外投资和劳务合作等重点行业监管措施。

1月16日，公安部在京召开新闻发布会，通报全国公安机关开展打击整治跨境网络赌博犯罪情况。2019年以来，公安部共督办各地侦破网络赌博刑事案件7200余起，抓获犯罪嫌疑人2.5万名，查扣冻结涉赌资金逾180亿元，打掉非法地下钱庄、网络支付等团伙300余个。其中，涉案的80%以上的赌博网站、App中，都设有高频快开型彩票和游戏类板块，非法彩票和网络游戏成为跨国网络赌博活动的主要载体。

（三）彩票相关法规和规章

1. 民政部彩票公益金相关规章的修订

公益金如何分配、如何使用，事关彩票发行的公益目标如何实现的问题，因此，公益金使用管理的法规需要持续地完善。

2018年，民政部就对涉及本部门公益金使用和管理的6项部门规章进行修订。

2019年，为加强民政部彩票公益金使用管理，明确管理责任，规范管理程序，提高资金使用效益，民政部对相关规章进行了完善。12月31日，民政部印发了新的《民政部彩票公益金使用管理办法》《民政部彩票公益金民政部项目立项和评审办法》《民政部彩票公益金使用管理信息公开办法》《民政部彩票公益金服务和其他类项目管理办法》《民政部彩票公益金培训项目管理办法》《民政部彩票公益金预算操作规程》等6个办法。

与此同时，2018年《民政部办公厅关于印发〈民政部彩票公益金使用管理办法〉等六个办法的通知》和《民政部办公厅关于印发〈民政部彩票公益金预算操作规程〉的通知》废止。

2. 加强对未成年人保护

2020年10月17日，《中华人民共和国未成年人保护法》经第十三届全国人民代表大会常务委员会第二十二次会议审议通过，自2021年6月1日起施行。修订后的未成年人保护法共9章132条。其中第59条指出：学校、幼儿园周边不得设置烟、酒、彩票销售网点；禁止向未成年人销售烟、酒、彩票或者兑付彩票奖金；烟、酒和彩票经营者应当在显著位置设置不向未成年人销售烟、酒或者彩票的标志；对难以判明是否未成年人的，应当要求其出示身份证件。

四　彩票机构的社会责任建设

中国福利彩票对责任彩票的探索较早，前期有关工作主要集中在社会责任的初步研究及实践方面，对责任彩票的内涵和理论涉及较为有限。在近年来监管部门加强市场监管、严格控制社会风险的情况下，福彩机构进一步加强了对责任彩票的探索。

中国福利彩票2016年获得世界彩票协会授予的"责任彩票"二级认证，2019年进一步获得了"责任彩票"三级认证。两次认证一定程度上说明中国福利彩票在社会责任建设方面的进步，以及世界彩票行业对中国福利彩票"责任彩票"发展的肯定。

2020年，中国福彩中心结合《世界彩票协会责任彩票框架》，从法规政策、管理机制、执行监督、技术支撑、落实保障等方面完善责任彩票工作内容，同时结合福利彩票的实际情况，构建福彩系统责任彩票框架体系。与此同时，加强对责任彩票的理论研究，进一步明确福彩责任彩票的定义及其内涵和外延，推动福彩社会责任建设。

（一）彩票机构的社会责任框架

2020年中国福彩中心加强责任彩票建设，厘清责任观念，根据《世界彩票协会责任彩票框架》，编制并印发《中国福利彩票责任彩票手册》，并向各省福彩销售机构发布。责任彩票手册确定了中国福利彩票"责任彩票"的内涵，明确中国福利彩票负有八方面的社会责任，包括"发行销售责任""员工与零售商责任""政府责任""公众责任""社区责任""行业责任""利益相关方责任""环境责任"。

（二）彩票机构社会责任报告

近几年发布社会责任报告的省级彩票机构越来越多。到2021年8月底，已经有11个省份发布了2020年的社会责任报告。图14是2017～2019年福利彩票系统发布社会责任报告的情况。近年来编制并发布社会责任报告的省市福利彩票中心逐年增多，但仍有超过半数的省市福利彩票中心未公开发布社会责任报告；在部分省市福利彩票中心已经发布的社会责任报告中，一些报告总体缺乏设计感和创意性，披露内容缺少量化对比、利益相关方等内容，无法直观体现省市福利彩票中心在社会责任建设方面的工作，而且报告的公信度也需要进一步增强。

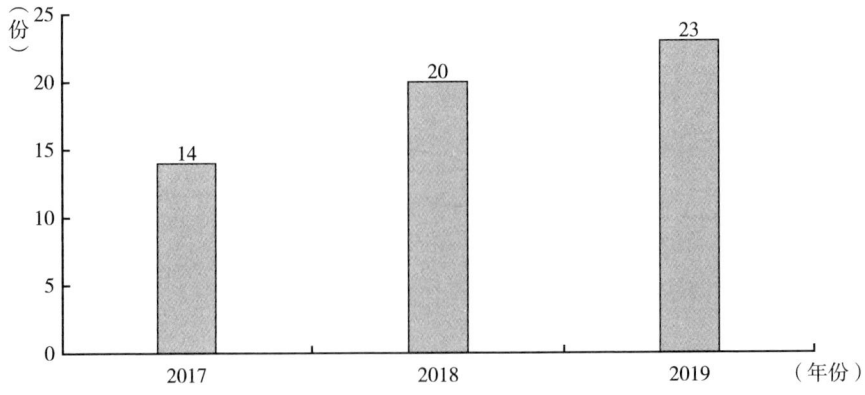

图14 2017～2019年福利彩票社会责任报告发布数量

中国福彩中心基于责任彩票的框架体系，构建了《中国福利彩票社会责任报告指标体系》，包括13个部分、38个议题、190个指标。

在该指标体系的基础上，中国福彩中心还建构了对省市报告的评价方法和评价原则。在评价原则方面，主要是从报告编制、报告阅读、报告传播等角度建立科学、客观、合理的评价原则体系，具体包括全面性、特征性、前沿性、公正性、独立性、沟通性和传播性7个原则。在该7个原则的基础上，具体的评价方法参考了《中国企业社会责任报告评级标准（2020）》，依照过程性、实质性、完整性、平衡性、可比性、可读性、创新性7个维度对省市的报告进行打分①。

（三）非理性购彩行为预防与干预

非理性购彩行为是指过度购彩，甚至购彩上瘾至不能自抑的行为，如花费过多的时间和金钱购彩，强烈渴望"翻本"，甚至为了买彩票与家人朋友发生争吵，财务方面已经出现危机等②。针对非理性购彩行为，各地的彩票机构做了不少工作，例如山东省福彩中心2020年通过媒体平台和销售场所向社会公众开放热线"96677"。该热线号码一方面是为购彩者认识彩票、购买彩票、兑奖彩票提供服务，同时也为有诉求的购彩者提供心理救助。2020年呼入话务量84447个，其中人工呼入量5211个、人工呼出量1268个。山东省还在彩票的售彩场所粘贴和放置警示标志，在传统媒体、微博微信和客户端、网页等醒目位置放置警示图片或警示语，提醒购彩者理性投入、量力而行。

（四）彩票机构的公益活动

本书中有专文就2020年省级福彩机构的公益活动进行了梳理和分析③。2020年，各省级福彩机构举办的经媒体公开报道的公益活动，共计87

---

① 具体内容，可参见本书B.8《推动彩票事业　践行社会责任：一个分析框架》。
② 山东省福彩中心：《2020山东省福利彩票社会责任报告》，2021年7月。
③ 详见本书B.7《2020年我国省级福彩机构公益活动报告》。

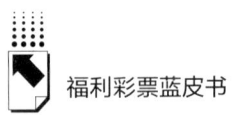

项，包括济困、助学、扶老、助残、救孤，以及其他公益文化类的活动，投入资金1.787亿元。公益活动投入资金额前10名是浙江、山东、河北、陕西、湖北、四川、江苏、湖南、重庆、深圳。

在这些活动中，占比最大的是助学和济困类的活动。其中助学类的活动有26项，是各省级福彩机构每年都举行的活动。在助学活动中，河北省、陕西省等投入资金较多。例如陕西省2020年"公益福彩·资助困难家庭大学新生"活动，投入2000万元福彩公益金资助贫困家庭大学新生。河北省2020年"福彩献真情，爱心助学子"活动投入1569万元福彩公益金，用于资助河北省因家境贫困无力支付学费的优秀考生圆大学梦。山东省的"福彩圆梦·孤儿助学活动"投入1400万元，对已经被认定孤儿身份、年满18周岁、就读于全日制本科、专科、高职院校等高等院校及中职院校等本科生、研究生，每年资助1万元。

五 彩票行业的疫情应对

（一）政策推进

2020年1月突如其来新冠肺炎疫情。为了降低疫情对彩票销售的影响，财政部2月7日发布《关于做好疫情防控期间彩票发行销售工作有关事宜的通知》，提出要通过各种方式积极支持彩票代销者降低疫情导致的不利影响。其中主要包括两方面的措施，一是通过使用彩票市场调控资金、彩票发行销售风险基金等，支持彩票代销者；二是通过在一定时期内适当提高代销费比例，降低发行机构业务费和销售机构业务费比例，帮助彩票代销者渡过难关。

（二）主要措施

财政部通知发布后，各级财政部门和彩票机构为缓解代销者因疫情而面临的困难，采取的主要举措如下。

疫情冲击、社会责任和福利彩票的新发展格局

1. 财政部下达彩票市场调控资金专项补助防疫

财政部按照惯例于2019年10月底提前下拨了2020年彩票市场调控资金，但是在疫情发生后，财政部又向各地下拨了2亿元彩票市场调控资金，专项用于各地保障疫情防控期间彩票销售网点和人员安全，支持彩票机构为销售网点配备疫情防控设备和防护物资等。由于2020年彩票市场调控的大部分资金在上年年底已提前下拨，本次专项用于疫情防控的市场调控资金只有2亿元，因此平均到全国每个网点不足500元。

2. 发行机构阶段性降低业务费，提高代销费比例

在彩票复市前，民政部和体育总局又分别联合财政部下发通知，阶段性调整两个彩票发行机构的业务费，降低大部分游戏1~4月的彩票发行机构业务费，用于提高代销费、补贴代销者。其中，福彩除即开票外其他游戏1~4月的发行机构业务费全部降低至0，降低部分全部用于提高代销者的代销费；而体彩除即开票的发行机构业务费由3.5%降至2%外，其他游戏1~4月的发行机构业务费也全部调整为0。

3. 各地销售机构补助代销者

各省市彩票销售机构补助代销者有两种不同的形式。第一种是阶段性降低发行机构和销售机构业务费，提高代销费比例。除两个彩票发行机构阶段性降低业务费用于提高代销费比例外，部分省份彩票销售机构也采取阶段性降低业务费的措施，提高代销费，尽可能给予代销者补贴。例如，黑龙江、吉林两省财政明确，将开市后3个月的代销者佣金提高2个点（除高频快开和竞猜、视频品种）；上海体彩则在开售后至6月30日，提高代销者佣金1个点（除竞彩品种）；天津福彩、体彩更是将1~4月的彩票销售机构业务费降为0，分文不留，全部用于提高代销费比例。

第二种是给予代销者一次性资金补助。中国福利彩票发行管理中心（简称中福彩中心）及时下发《关于在新型冠状病毒感染的肺炎疫情防控期间做好福利彩票销售工作的通知》，指导各级福彩机构做好彩票零售店疫情防控；商请财政部调整1~4月（注：湖北省1~6月）福利彩票业务费合计2.6亿元用于业务费比例调整，专项支持彩票零售店疫情防控及补助经营

成本,有效降低疫情影响。各省级福彩中心为福利彩票零售商发放疫情专项补贴,包括防疫物资补贴和经营支出补贴。有部分省份补助代销者的做法是给予代销者一次性资金补助,如广东、江苏等彩票销售机构就给代销者一次性补助。上海市福彩使用彩票发行销售风险基金、业务经费和市场调控资金为本市销售网点发放疫情期间扶持补助资金2695万元①。各地补助资金标准不同,一般根据专营店、兼营店和双机店的不同,给予不同的资金补贴,大多数对专营店的补贴为每家2000元,兼营店为每家1000元。

六 第三次分配:福利彩票的发展契机和发展路径

随着我国发展进入新时代,彩票业发展亟须转型,如何转型升级?"十四五"规划纲要相关内容对此具有非常重要的指导意义。

十九届四中全会《决定》指出,要"坚持按劳分配为主体,多种分配方式并存",要"健全以税收、社会保障、转移支付等为主要手段的再分配调节机制","重视发挥第三次分配作用,发展慈善等社会公益事业"。"十四五"规划纲要进一步提出"发挥第三次分配作用,发展慈善事业,改善收入和财富分配格局"。

第三次分配的概念最早是由经济学家厉以宁在1994年提出的,指"在道德力量的作用下,通过个人收入转移和个人自愿缴纳和捐献等非强制方式再一次进行分配"②。成思危则从缩小贫富差距、构建和谐社会的角度,认为要提倡三次分配,一次分配讲效率,二次分配讲公平,三次分配讲社会责任,要突出先富起来的人的社会责任。就是先富起来的人自愿拿出部分财富兴办或支持慈善事业,帮助弱势群体和贫困地区③。

---

① 《牢记使命,共克时艰,上海福彩"十三五"期间筹集公益金76.28亿元》,中国福彩网,http://www.cwl.gov.cn/c/2021-01-06/479058.shtml,2021年1月6日。
② 厉以宁:《股份制与现代市场经济》,江苏人民出版社,1994。
③ 《成思危:提倡"三次分配"全力构建合理分配制度》,中国经济网,2005年10月15日,http://www.ce.cn/macro/gnbd/dszl/zh/200510/15/t20051015_4926248.shtml。

刘鹤提出,"第三次分配是在道德、文化、习惯等影响下,社会力量资源通过民间捐赠、慈善事业、志愿行动等方式济困扶弱的行为,是对再分配的有益补充"①。王名认为,第三次分配强调一系列的社会机制,包括公益慈善、社会救助、志愿服务、彩票等广泛的社会活动形态,其机制包括公益性、互益性、志愿性、非政府性、非营利性、自治性、社会性等。②

综合已有文献,本文认为,彩票事业是我国第三分配的重要组成部分。改革开放后福利彩票开始发行时就定位于有奖募捐,通过自愿购买彩票的方式,筹集公益资金,并将其定向用于公益慈善、社会救助、济困扶弱等领域。通过销售彩票筹集公益金,是我国社会慈善和公益事业的重要资金来源。截至2020年底,我国彩票累计发行45050.27亿元,共筹集彩票公益金12667.61亿元。这些公益金对我国的慈善和社会公益事业做出了巨大的贡献。

到目前为止,还没有学者对我国第三次分配所涉及的公益资金和公益价值量进行测算。不过,近几年一些学者对我国公益慈善事业做了测算,认为社会公益总价值由三个部分构成,即社会捐赠、志愿服务和彩票公益金。近些年的测算表明,在这三部分中彩票公益金占1/3左右。如果我们将社会公益总价值约等于第三次分配的总价值量,则彩票公益金占1/3。很显然,彩票事业是我国第三次分配的重要组成部分。

随着我国经济社会的快速发展,国家用于社会福利和社会保障的资金,相对彩票发行初期已经充裕了许多。不过,从经济学视角看,彩票是为公共产品等筹资的高效途径③。即通过发行彩票筹集公益资金,比很多筹集公益资金的方式效率高。

综上,彩票不但是第三次分配的重要组成部分,还是筹集公益资金非常

---

① 刘鹤:《坚持和完善社会主义基本经济制度》,《人民日报》2019年11月22日。
② 王名、蓝煜昕、王玉宝、陶泽:《第三次分配:理论实践与政策建议》,《中国行政管理》2020年第3期。
③ Morgan et al., "Funding Public Goods with Lotteries: Experimental Evidence," *The Review of Economic Studies* 67 (2000).

高效的途径。因此，随着国家提出"重视发挥第三次分配的作用、发展慈善等社会公益事业政策"，彩票事业必将迎来新的发展机遇。但是，对于彩票行业和彩票事业而言，如何能够抓住机遇？如何基于"十四五"规划建议的要求，贯彻落实新发展理念，推进彩票事业高质量发展，充分发挥彩票第三次分配的作用，为我国的公益慈善事业做贡献？

（一）新发展理念和新发展格局

我国经济发展进入新时代，随着社会主要矛盾的转变，中央提出"创新、协调、绿色、开放、共享"五大新发展理念。其中，创新是解决发展动力问题；协调是解决发展不平衡问题；绿色是解决人与自然和谐问题；开放是解决发展内外联动问题；共享是解决社会公平正义问题。

"十四五"规划纲要指出，"十四五"时期经济社会发展必须"把新发展理念贯穿发展全过程和各领域，构建新发展格局，切实转变发展方式，推动质量变革、效率变革、动力变革，实现更高质量、更有效率、更加公平、更可持续、更为安全的发展"。如何基于规划纲要的要求、贯彻落实新发展理念、推动彩票高质量发展已经成为非常紧迫的实践课题。

对于彩票事业来讲，新发展格局就是要牢固树立福利彩票的"人民性、国家性、公益性"的本质属性，以彩票产品和公益金分配使用的供给侧改革为主体，通过创新发展，构建彩票销售和公益金使用相互促进的更有效率、更可持续、更为安全的发展格局。这应该成为我国彩票发展的基本思路。

《彩票管理条例》指出：彩票"是指国家为筹集社会公益金，促进社会公益事业发展而特许发行、依法销售，自然人自愿购买，并按照特定规则获得中奖机会的凭证"。福利彩票发行宗旨是"扶老、助残、救孤、济困"。新时代中国特色社会主义福利彩票，要进一步发扬其公益属性及内涵，围绕人民性、国家性、公益性三个维度，推动建设福利彩票的新发展格局。

1. 突出国家性，建设公正诚信、减少负外部性的国家彩票事业

要强化彩票机构的社会责任意识和担当。彩票是以国家公信力背书的信

用"商品"。彩票机构在发行销售彩票、筹集公益金的时候,要维护国家信用。彩票公益金的分配和使用部门,也要增强其对彩票社会责任的认知。彩票发行销售机构和公益金分配使用部门需要相互配合协作,使彩票从发行、销售到公益金分配使用,完整地履行社会责任,不辱国家特许授权经营的光荣使命。

2. 坚持人民性,从满足人们的文化需求、娱乐需求角度,提供优质的彩票游戏产品,构建彩票发展的牢固根基

基于彩票的人民性,彩票机构要提供丰富多彩、娱乐性强的彩票产品,创新和完善渠道与市场布局,不仅满足消费者娱乐需求,还要引导消费者理性购彩,并保障其正当权益。

3. 凸显公益性

公益本身就是福利彩票发行的最终目标。1987年福利彩票开始发行就是为了筹集公益金,发展"扶老、助残、救孤、济困"的社会福利和公益事业。因此,福利彩票的进一步发展,不仅要坚持,而且要凸显公益性,为了百姓的福祉,将公益金用在刀刃上,为社会福利和公益做出贡献。

(二)彩票的公共价值和战略管理

基于"人民性、国家性、公益性"的本质属性,福利彩票事业的公共价值可分为四个部分:一是提供各类彩票游戏产品,满足社会公众对彩票游戏的需要或者娱乐的要求;二是通过提供销售彩票产品筹集社会公益资金,并用于社会公益领域;三是通过宣传彩票的销售、公益金筹集和使用的过程与结果,在社会上弘扬公益理念,并创造大量的就业机会;四是在整个过程中维持或者提升公众对彩票的信任,以及对于公共部门的信心。①

我们可以借鉴公共部门战略管理的三角模型②,构建福利彩票战略管理

---

① 何辉:《公共价值是我国彩票事业健康发展的方向》,《经济参考报》2020年7月30日。
② 赵景华、邢华:《政府战略管理的SWOT模型:一个概念框架》,《中国行政管理》2010年第5期。

的模型（见图15）。下面从战略管理的角度，利用公共价值的三角模型分析框架，对新时期福利彩票高质量发展的具体思路做一梳理。

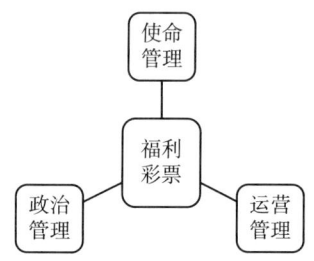

图15　公共部门战略管理的三角模型

要构建彩票的新发展格局，创造彩票的公共价值，彩票事业所涉及的各部门就要做好政治管理、使命管理、运营管理。这三个维度的管理与彩票的三个本质属性非常契合。围绕彩票的国家属性，要做好政治管理，围绕彩票的公益属性，要做好使命管理；围绕彩票的人民属性，要做好运营管理。

（三）政治管理：突出国家性、建设负责任彩票

福利彩票是国家公彩，发行销售安全事关国家和政府诚信。从政治管理的角度看，1987年4月，在福利彩票发行之前的最后一次工作座谈会上，时任民政部部长崔乃夫明确提出了彩票发行必须要取信于民，要在群众中建立信誉。从开办彩票业务的实际运作看，民政部非常细致地与国务院领导沟通、与政协委员吹风等，为政治管理奠定了良好的基础。近10年来全国彩票销量两次出现下降的情况，都是受彩票市场监管政策影响，再次体现出政策是彩票行业发展的重要影响因素。前文提到，彩票是国家授权特许经营的，是以国家的信用作为担保的，因此，彩票业的发展要紧紧围绕其国家属性，在发展中不仅不能危害国家信用，而且要通过高质量的运营，筹集更多的彩票公益金，展示国家信用。

政治管理的关键是三点：一是彩票相关法律法规尽快健全，进一步明确

彩票事业的地位,二是彩票机构履行社会责任,三是进一步完善彩票的治理体系。

1. 加快彩票立法和体制创新

中国福利彩票事业经历了从无到有、从小到大的发展历程,来之不易。虽然已有《彩票管理条例》及其实施细则,但现行条例层级较低、一些内容规定得较笼统。随着我国彩票事业的快速发展,现有条例已不能满足彩票发展的需要,且在彩票定位、管理体制、运行机制等涉及彩票发展的根本事项上,缺乏顶层设计。建议一是国家层面尽快推出"彩票法",进一步明确彩票的法律地位,加强对彩票行业的监督和管理;二是大力推动体制创新,现有的运营管理模式在一些方面与市场脱节,不能适应彩票发行销售的客观需要,要推动彩票体制创新,建立更适应市场的运行管理模式。

2. 加快彩票事业中各部门的社会责任建设

作为国家公益彩票,中国福利彩票要积极倡导并引领全国福彩系统履行行业责任,通过创新业务运营、打击非法彩票、参与国际交流、实施责任采购等方式,促进行业转型升级,维护彩票市场秩序,拓展中国彩票发展的国际视野,主动做好非理性购彩等问题的预防和针对"问题彩民"的心理干预。彩票公益金的分配和使用部门也要树立社会责任理念,通过提高公益金分配的针对性和效率,提升公益金的使用效果,提升彩票事业的整体形象①。

3. 进一步完善彩票的治理体系

彩票的监管部门、主管部门,彩票发行管理部门,彩票销售部门,彩票公益金的分配部门,公益金使用部门等,需要强化国家彩票的意识,协同构建彩票的治理体系。在这个体系中,不同的部门或者机构之间可以更顺畅地沟通,彼此协作,共同推动彩票事业的发展,为彩票事业在第三次分配中发挥作用提供有力的支撑。

---

① 参见本书B.6《2020年彩票公益金筹集、分配和使用报告》。

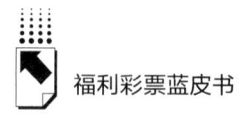

（四）运营管理：坚持人民性、高效高质做好服务

从运营管理的角度看，中国福利彩票在1987年创办之初，就提出要动员广大人民群众参与，强调中国福利彩票的群众性，主要通过参与者规模的扩大而非单人购彩额的提升来扩大发行量，强调理性投注①。

1. 从目前各省福利彩票的管理体制看，我国大部分省份实行的是属地管理，有几个省份是垂直管理

属地化管理与垂直管理的异同以及优劣势，本书中有专文就此进行探讨②。从经济学角度分析，垂直管理和属地管理的适用性是有所不同的。如果从管理体制来看，有必要调研和分析我国福彩发行销售机构的管理体制，进而就我国福利彩票机构的管理体制进行改革和创新。

另外，也可以利用一些地区的开放政策进行试点和创新。例如，利用海南自贸港建设政策优势，可考虑在海南建设集新游戏研发、新技术应用、新渠道开拓、销售管理创新、游戏试点销售为一体的中国福利彩票实验基地，先行先试。

2. 加快推进数字型彩票的论证和发展

2020年因为新冠肺炎疫情，我国彩票市场不得不延长休市时间。这是我国彩票市场首次因不可抗力因素暂停销售。在一个多月的时间里，全部销售网点不能营业，购彩需求得不到满足，彩票市场全部"停摆"。此次疫情使得所有线下经济都受到严重影响，相比之下，线上经济影响较小。我国彩票业应加快探索互联网线上销售彩票业务，尤其是要重点推进线上专属销售的彩票游戏研发，尽可能减少线下实体店因不可抗力等因素无法正常营业而带来的影响。

3. 销售站点的转型和发展

进一步对我国彩票专营店和兼营店开展调研，结合消费群体、渠道等情

---

① 李勇、李静：《中国福利彩票33年公益路》，《经济参考报》2020年6月11日。
② 参见本书B.12《中国福利彩票事业的混合管理体制》。

况，推动我国线下彩票经营模式的调整和创新。

当前，我国彩票销售仍以专营网点为主要渠道，专营网点占比较高，这些专营网点以销售彩票为全部或主要业务，收入来源单一，抗风险能力较低。一旦出现疫情等不可抗力导致暂停销售时，这些专营网点面临的风险和压力更加明显。因此，彩票线下销售渠道应逐步优化，按照"宜专则专、宜兼则兼"原则，挖掘渠道空间，逐步构建自营销售厅及专营、主营、兼营投注站等差异化定位、便利化覆盖、多元化互补的分类分级销售渠道体系。

4.进一步推动游戏研发和市场游戏结构的转型与优化

优化游戏结构。在平稳有序推进高频快开游戏退市、积极稳妥做好快乐8游戏上市的市场培育及推广工作的基础上，坚持供给侧结构性改革主线，做好新游戏研发，丰富游戏供给，促进购彩群体覆盖面增加，吸引年轻消费群体。

5.创新市场管理

探索"实名制"模式、区块链技术彩票管理系统等。

（五）使命管理：凸显公益性、传播公益文化

从使命管理角度看，福利彩票在发行之初就确定了"团结各界热心社会福利事业的人士，发扬社会主义人道主义精神，筹集社会福利资金，兴办残疾人、老年人、孤儿福利事业和帮助有困难的人"的宗旨。使命管理的关键是公益金分配使用部门要优化公益金分配和使用的规则，提高公益金分配和使用的效率与效果。

一是以福利彩票的"人民属性、国家属性、公益属性"为切入点，以"扶老、助残、救孤、济困"为宗旨，提高彩票公益金分配的效率和针对性，提升彩票公益金使用效率和效果。二是加强彩票公益金使用和公益金项目的宣传报道。在群众中积极传播"公益、慈善、健康、快乐、创新"的福彩文化，加强舆情管理，提升福利彩票的美誉度。三是强化福利彩票的公益品牌建设，提升彩票营销效果，以获得更为广泛、更为积极的社会评价。

参考文献

杨团主编《中国慈善发展报告（2020）》，社会科学文献出版社，2020。

何辉主编《中国福利彩票发展报告（2019）》，社会科学文献出版社，2020。

何艳玲：《"公共价值管理"：一个新的公共行政学范式》，《政治学研究》2009年第6期。

市 场 篇
Lottery Market

B.2
2020年福利彩票市场发展报告

马　妍*

摘　要： 2020年的疫情对包括彩票在内的各行各业都带来了巨大影响，同年，福彩进行了游戏调整，逐步停售了福彩销量的主要贡献游戏——快开型游戏和视频型游戏，推出了升级版的基诺游戏。在疫情和游戏调整这两个重要因素影响下，福利彩票市场销量出现大幅回落。但是，从长远来看，游戏结构的调整为福利彩票带来了更多健康稳定的要素，同时，因游戏调整，营销渠道、营销内容、渠道拓展等也在发生变化。今后需要在游戏结构调整、营销渠道建设、营销内容和形式优化，以及公益与营销相结合的品牌建设方面进一步加强。

关键词： 福利彩票　游戏结构调整　营销渠道建设

---

* 马妍，国家彩票杂志社副社长，主要研究方向为国内外彩票政策、彩票管理体制、彩票市场研究。

2020年，受疫情和部分游戏退市影响，全国彩票销量出现了大幅下降，销售额降至3339.51亿元，比上年减少881.02亿元，同比降幅达20.9%，是1998年以来降幅最大的一年。新中国彩票发行30多年来年销量出现过6次降幅，最大的一次出现在1997年，为-33.3%（见图1）。2020年在市场整体下行的环境下，福利彩票和体育彩票分别出现了24.4%和17.9%的降幅。

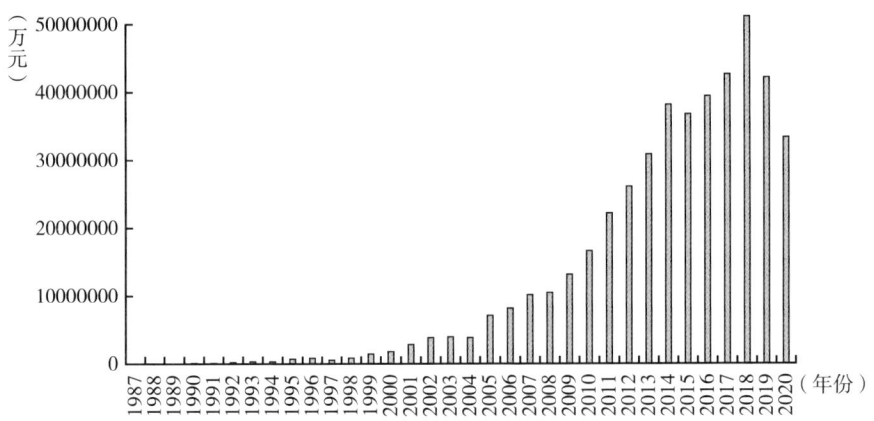

图1　1987～2020年彩票总销量走势

资料来源：《中国彩票年鉴》（2002～2019）；财政部官网。

一　销量全线回落

2020年，受到疫情和部分游戏退市的影响，全年福利彩票销量为1444.88亿元，同比减少467.50亿元，同比下降24.4%，是1998年以来降幅最大的一年，发行以来降幅仅次于1997年的-43.82%（见图2）。除受疫情影响及春节国庆休市，在2020年福利彩票实际销售313天，日均销量同比上年增长4.9%，在如此恶劣的环境下实现日销量的增长实属不易。

从国内彩票整体市场来看，福利彩票在2020年市场份额占到43.3%，比体育彩票少了13.4个百分点。同比2019年，福彩市场份额减少2个百分

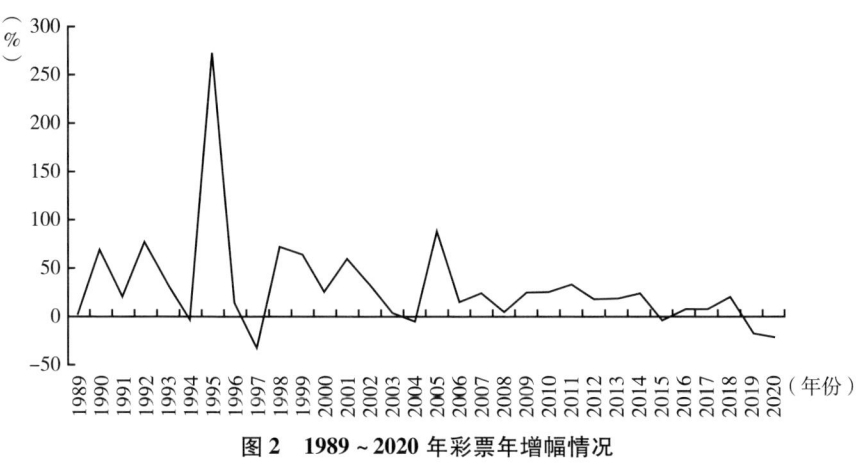

图 2　1989~2020 年彩票年增幅情况

资料来源:《中国彩票年鉴》(2002~2019);财政部官网。

点。福利彩票的市场份额已经连续第 3 年被体育彩票反超(见图 3)。2020 年体育彩票全年销量为 1894.63 亿元,同比降幅为 17.9%。

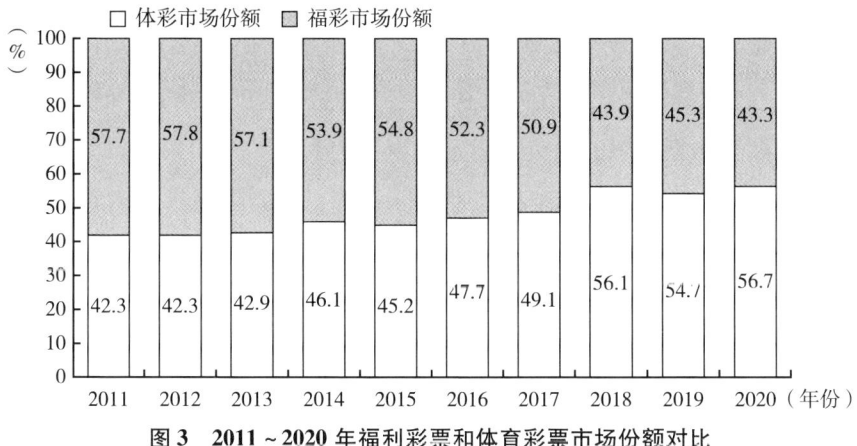

图 3　2011~2020 年福利彩票和体育彩票市场份额对比

资料来源:财政部官网。

(一)各类型游戏销售情况

目前,福利彩票在售的游戏类型是乐透数字型、即开型、视频型和基诺型四种。从四大类型游戏来看,2020 年,福彩乐透数字型游戏实现 1221.41 亿元的

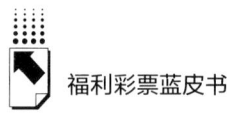

市场销量,即开型彩票全年完成146.43亿元,由于视频型游戏停售,销量只为67.93亿元。全新升级改版后的基诺型游戏在当年完成了9.11亿元的市场销量。

2020年,疫情的突发和游戏的调整直接反映在各类型游戏的市场销量上。四大类型游戏中,除基诺型游戏(增幅445.9%)外,其他游戏销量同比均为负增长,视频型游戏因停售,全年降幅最大,为-84.6%;乐透数字型和即开型降幅都远远小于福利彩票全年总销量的降幅,分别为-7.5%和-2.1%。

从各类型游戏销售分析来看,拉低福彩年销量的主要是视频型游戏。视频型游戏在2020年出现84.6%的负增长,同比2019年少贡献了372.89亿元。2020年福利彩票市场总降幅为24.4%,同比2019年减少467.50亿元。也就是说,在2020年福利彩票减少的销量中,单视频型彩票就占了80%的比重(见表1)。

在2020年,同样被调整的还有即开型游戏,但该游戏市场反应不如视频型彩票明显。从游戏机理来看,福彩即开型游戏因开奖节奏而得名,实则为乐透数字型游戏,在财政部官方统计中归为乐透数字型。一直以来,即开型游戏在乐透数字型中的份额在50%左右,2020年乐透数字型游戏的降幅为7.5%,降幅并不大。一是同比视频型游戏,即开型游戏退市时间已经临近年末,而视频型彩票的退市时间是在当年的8月,全年只销售了4个月;二是众多即开型游戏实行有序的按照梯队退市,所以降幅只为2.1%,远远低于视频型游戏降幅。

表1 2019~2020年福利彩票各类型游戏销售及增幅情况

单位:亿元,%

类型	年累计			
	本年销售额	上年销售额	同比减少	同比增长
一、福利彩票	1444.88	1912.38	467.50	-24.4
(一)乐透数字型	1221.41	1320.25	98.84	-7.5
(二)即开型	146.43	149.64	3.21	-2.1
(三)视频型	67.93	440.83	372.89	-84.6
(四)基诺型	9.11	1.67	7.44	445.9

资料来源:财政部官网。

(1)从福彩的市场份额来看,虽然乐透数字型游戏年销量同比出现降幅,但是在2020年游戏调整后,市场份额却在增大,从2019年的69.04%跃升至84.53%,是当年市场份额增加最大的彩票类型,也依旧是福彩市场主要贡献力量,同时,即开型、基诺型市场份额同比也有不同幅度增加(见表2)。

表2 2019~2020年福利彩票各类型游戏市场份额对比

单位:%

游戏类型	2020年	2019年
乐透数字型	84.53	69.04
即开型	10.13	7.82
视频型	4.70	23.05
基诺型	0.63	0.09

资料来源:财政部官网。

从全国市场来看,体育彩票和福利彩票的乐透数字型彩票全年实现了2219.08亿元,占全国彩票总销量的66.4%,比上年减少54.29亿元,下降2.4%,下降幅度远低于全国彩票的降幅。其中福利彩票乐透数字型彩票占全国55%的乐透数字市场份额,高于体育彩票乐透数字型彩票10个百分点。2019年,福利彩票乐透数字型彩票的市场份额更是占到58.1%,从2020年来看,体育彩票乐透数字型游戏与福利彩票的距离在拉近(见表3)。一是即开型游戏在福彩市场中所占比重高于高频游戏在体育彩票市场中的比重,快开高频游戏被调整后,其对福利彩票整体市场的影响大于体育彩票。二是作为体育彩票乐透数字型游戏的超级大乐透,在近些年通过调整游戏规则、营销方式等不断提高市场份额。

表3 2019~2020年福彩乐透游戏与体彩乐透游戏销售情况

单位:亿元,%

游戏类型	2020年销量	2020年份额	2019年销量	2019年份额
福彩乐透数字型	1221.41	55.0	1320.25	58.1
体彩乐透数字型	997.67	45.0	953.12	41.9
全国乐透数字型	2219.08	100	2273.37	100

资料来源:财政部官网。

（2）即开型彩票虽然也受疫情影响，但全国即开型彩票实现了逆势增长，共销售294.20亿元，同比增长3.1%，在全国彩票销量的占比也上升至8.81%，同比上年增加了2.05个百分点，增长动力主要来自体育彩票旗下即开型游戏的增长。同全国即开型彩票市场形成反差的是，2020年福彩即开型彩票销量略有下降，比上年减少3.21亿元，同比下降2.1%，福利彩票即开型彩票仍有较大上升空间。

福彩即开型彩票虽然在2020年的销量为负增长，但市场份额有近1个百分点提升，这与福彩对旗下游戏结构进行调整有关（见表4）。

表4　2019、2020年福彩即开型、体彩即开型彩票销售及增幅情况

单位：亿元，%

类型	2020年销量	2020年份额	同比增量	同比增幅	2019年销量	2019年份额
福彩即开	146.43	4.38	-3.21	-2.1	149.64	3.55
体彩即开	147.77	4.43	12.19	9.0	135.58	3.21
全国即开	294.20	8.81	8.98	3.1	285.22	6.76
全国彩票	3339.51	100.00	-881.03	-20.9	4220.53	100.00

资料来源：财政部官网。

在票种方面，福利彩票即开型游戏全年推出了"庚子鼠""超给力""超级幸运""平凡英雄"等30多款即开型新票。除了票种推陈出新，彩票机构还有针对性地频繁推出营销活动。比如，2020年6月和9月在全国范围内开展了"超级幸运"即开票派奖活动和"超给力"系列即开票派奖及营销活动。各省销售机构针对全国的活动开展配套活动。

在该年，即开型彩票作为不少省份彩票机构的重点工作，在营销宣传方面的力度也重点倾斜，不少省份对该类彩票游戏的经费增幅超过60%，比如青海，除了经费的投入，在政策和技术上也有投入。青海福彩中心在2020年9月启动了全省的订票系统，依托投注机实现即开票的查询、订单申报和进站销售，并通过邮政渠道开展配送服务。此举实现了省中心与投注站点对点的对接，让站主销售即开票的时效性有了明显提升。2020年，青海福彩即开票销量达到1.03亿元，同比增长51.75%，居全国福彩即开票

增长首位。

从各地福彩机构来看,彩票销售大省,其即开型彩票游戏销量也位列前茅。全年销售即开型彩票 20 亿元以上的省份有 1 个,为广东省。年销量 10 亿~20 亿元的省份 2 个,为浙江、山东;5 亿元~10 亿元年销量的省份 4 个,分别是新疆、江苏、四川和湖南。排名前 10 的省份即开总销量已经占到全国 64.36% 的比重。

表5 2020 年福彩即开型游戏排名前 10 省份

单位:万元

排序	省份	销量
1	广东	209869.82
2	浙江	135346.24
3	山东	101632.36
4	新疆	84769.56
5	江苏	84680.47
6	四川	83669.62
7	湖南	50577.47
8	陕西	49477.49
9	辽宁	45431.83
10	上海	43030.42

资料来源:财政部官网。

(二)全国联销福利彩票主要游戏市场情况

从全国联销的主要游戏的销量情况来看,2020 年福彩各游戏都受到疫情影响,除改版升级后的基诺游戏外,福彩主力游戏中,全部出现负增长,福彩 3D 游戏的下降幅度最小,为 -7%;双色球、七乐彩分别出现 10.7% 和 14.7% 的回落。

从市场份额来看,虽然年末对快开游戏进行调整,但在 2020 年快开型彩票仍旧占到福彩第一份额,其次是双色球和 3D。除了快开型彩票游戏,双色球、3D、七乐彩市场份额都出现了增长(见表6)。

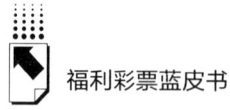

从主要彩票游戏的市场份额可以看出,全国联销的彩票游戏占到福利彩票的80%。

表6 2019年、2020年福彩快开、双色球、3D、七乐彩销售及市场份额情况

游戏	2020年销量（亿元）	2020年市场占比(%)	2019年销量（亿元）	2019年市场占比(%)	市场份额变化（个百分点）
福彩快开	555.58	38.45	581.27	30.39	-8.06
双色球	484.02	33.5	542.02	28.34	5.16
3D	162.76	11.26	175.04	9.15	2.11
七乐彩	8.48	0.58	9.95	0.52	0.06
福利彩票	1444.88	100.00	1912.38	100.00	

资料来源：中国福利彩票官方网站。

（三）福彩游戏品种调整

2020年，福利彩票对旗下的游戏产品进行了较大调整，视频彩票中福在线在8月停止销售，福彩快开型彩票游戏在临近年末有序退市，基诺型彩票游戏则得到整合优化，开始在全国范围上市销售。此次调整规避了产品游戏博弈性大的风险，同时借助基诺游戏建立了全国唯一的统一销售系统，这是为保证福利彩票未来健康、安全运行的艰难又重要的调整。

（1）2020年，作为福彩销量主要贡献品种的中福在线游戏、快开型游戏因为较强的博弈性按照监管单位的意见先后退出了市场。从现在来看，2019年2月11日财政部出台政策调整高频快开游戏的开奖频率，只是调整的开始。

2020年10月23日，财政部发布《财政部 民政部 体育总局关于有序退市高频快开彩票游戏有关事宜的通知》（财综〔2020〕43号）。通知要求，自2020年11月1日起，各省、自治区、直辖市福利彩票快开游戏、体育彩票高频游戏（含虚拟体育竞猜足球游戏）分别暂保留一款，其余的一律停止销售。2021年春节休市结束后，所有高频快开游戏全部停止销售。

高频快开型彩票游戏曾经是彩票市场上的主力游戏，对比福利彩票和体

育彩票市场,福利彩票的快开型彩票游戏在市场份额上高于体育彩票,福利彩票在销量上对其依赖更大一些。据统计,2013年,快开型彩票游戏迎来大爆发,当年的销量同比增长180%。2014年占比福利彩票市场份额超过30%,占比福彩乐透数字型彩票的47.81%。几年时间里,快开型彩票实现了全国覆盖,2018年,快开型彩票游戏逼近千亿规模,达到932.82亿元,市场份额飙升到41.54%。2020年,虽然受疫情和政策影响,福利彩票快开型彩票游戏仍旧贡献了555.58亿元,同比2019年只减少了4.4%,可见其市场影响力(见表7)。

此类游戏具有高返奖、强刺激的特点,致使被私彩盗用开奖号码和游戏品牌谋取私利,侵害国家和购彩者的利益,这也是其被叫停的重要原因。

表7 2011~2020年福彩快开销售及市场占比情况

单位:亿元,%

年份	快开年销量	福彩年销量	占比福彩市场	福彩乐透数字型年销量	占比福彩乐透数字型彩票
2011	154.2	1277.97	12.07	907.39	16.99
2012	286.47	1510.32	18.97	1084.06	26.43
2013	515.73	1765.28	29.22	1290.31	39.97
2014	715.39	2059.68	34.73	1496.32	47.81
2015	732.44	2015.11	36.35	1423.2866	51.46
2016	776.67	2064.92	37.61	1467.7736	52.91
2017	875.22	2169.77	40.34	1579.539	55.41
2018	932.82	2245.56	41.54	1655.651616	56.34
2019	581.27	1912.38	30.40	1320.252871	44.03
2020	555.58	1444.88	38.45	1221.411816	45.49

资料来源:中国福利彩票官方网站。

(2)2020年8月14日,财政部发布《财政部关于变更中国福利彩票快乐8游戏规则等有关事项的审批意见》(财综〔2020〕31号)。同意中国福利彩票发行管理中心变更中国福利彩票快乐8游戏规则,试点期2年。

10月15日,民政部发布《民政部办公厅 财政部办公厅关于调整中国福利彩票快乐8游戏发行机构和销售机构业务费比例的通知》。根据通知，自2020年10月18日起，中国福利彩票快乐8游戏发行机构业务费比例调整为1%，销售机构业务费（含代销者销售费用）比例调整为11%。原中国福利彩票北京市快乐8游戏于10月17日最后一期开奖后停售。停售后的北京市快乐8游戏奖池及调节基金分别调整为中国福利彩票快乐8游戏奖池和调节基金。

2020年10月28日，福彩快乐8游戏上市试点销售，成为近10年来第一款在全国范围内获批调整上市的福利彩票新游戏，也是第一款全国统一系统销售、统一渠道管理、统一开奖的游戏。河北、上海、江苏、浙江、安徽、江西、山东、湖北、湖南、广东、重庆、四川、陕西13个省市同步上市，并陆续覆盖所有省、自治区、直辖市。

2020年，新、旧款基诺游戏累计销售9亿多元，同比增长445.9%。截至2021年3月，该款游戏已在全国31个省份试点销售，网点数量接近7万个，日销量突破5000万元。

（四）各省级福利彩票机构销售情况

2020年，各省份福彩销量整体排名变化不太大，在前10排名中，新疆由2019年的第15位升至第10位，是排名前10中较明显变化。

2020年福利彩票销量超过百亿元的省份是广东和浙江。广东以162.14亿元销量把持福利彩票第一大省的位置；浙江为117.63亿元排列第二。山东和江苏在2020年销量降至90亿元左右。此外，陕西、四川、云南、辽宁、湖北、新疆和湖南等7省份福彩销量也在50亿~90亿元（见图4）。

2020年，福利彩票市场占彩票总市场份额的43.27%。从各省份来看，2020年共有10个省份的福彩市场份额超过50%，比2019年少了2个省份，为天津和海南。2020年，福彩市场份额排名前5的省份分别是新疆、青海、陕西、广西、辽宁，市场份额均在60%以上。福彩市场份额落后于体彩的省份有21个。其中，河南、福建和河北3省份的福彩市场份额都不足30%，河南福彩市场份额仅为23.69%，为福彩市场份额最低的省份（见图5）。

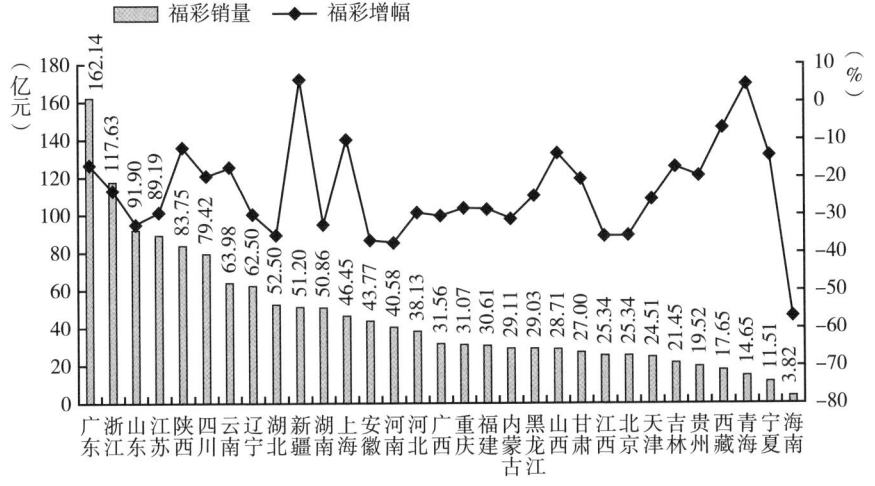

图4　2020年各省份福利彩票销售及增幅情况

资料来源：财政部官网。

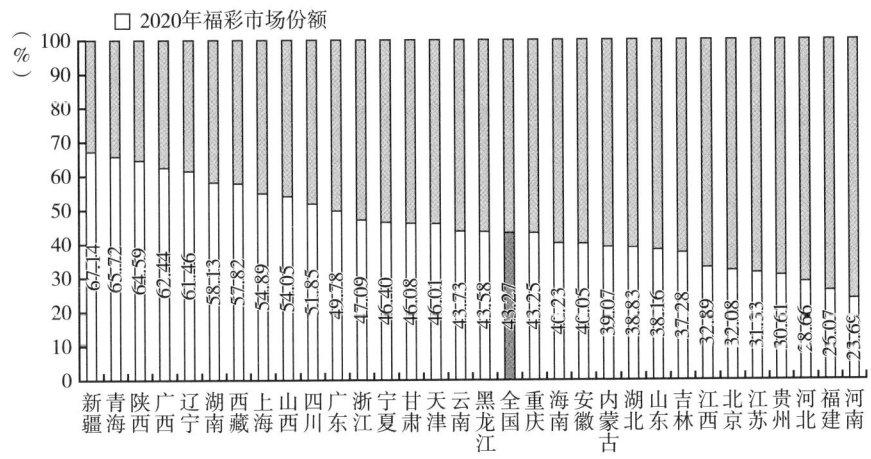

图5　2020年各省份福利彩票市场份额情况

资料来源：财政部官网。

2020年，有9个省份的福彩市场份额有所增长。其中，新疆提高最大，同比提高6.3个百分点，湖南、青海和山西3个省份都增加约3个百分点，此外，辽宁、广东、黑龙江、陕西和上海5个省份的福彩市场份额增加则不

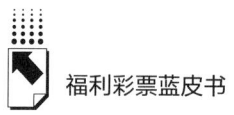

足 1 个百分点。福彩市场份额同比下降的 22 个省份中，海南、西藏的市场份额下降较多。

（五）大奖中奖及弃奖情况

2020 年中出 3 个亿元奖金。其中，有 2 个来自体育彩票超级大乐透游戏，1 个来自福彩双色球游戏。双色球大奖中出时间为 2020 年的最后一天——12 月 31 日，中出地点是福建省福州市。同比 2019 年双色球头奖减少了 238 注，2020 年累计中出头奖 1378 个。

在当年，双色球在广西桂林出现 1250 万元奖金的弃奖，为全国第十大金额的弃奖。双色球的最高弃奖是发生在广东省东莞市 2014 年的 2565 万元奖金。根据相关规定，弃奖奖金被归于彩票公益金。

二 福利彩票营销宣传情况

彩票营销的目的是让更多的人参与到彩票活动中来。近些年来，随着 95 后、00 后进入福彩系统中，更多的新鲜且具有创意的福彩营销宣传产品出现，在普及彩票、拉新购彩者等方面卓有成就。

（一）营销赋能市场

传统的线下产品营销仍旧是调节市场的主要手段。2020 年福彩首次在全国范围内开展为期 1 个月的"双色球销售技能擂台赛"营销活动，评选"双色球销售之星"和"双色球擂台之星"，通过"以奖代补、以赛代补"帮扶销售网点，激发市场销售热情，取得了良好市场效果。

首次利用一般调节基金，针对"超级幸运""超给力"即开票新游戏开展全国派奖和营销活动，惠及广大购彩者和销售站主，活动期间即开票销量显著增长。组织开展了首届营销创意大赛，营销宣传平台一期建成并投入使用。

开展双色球派奖，满足市场需求、提振系统士气，派奖期间双色球单期销量创历史新高。山东等创新营销方式,构建立体宣传阵地,品牌效应凸显;广东等加大营销投入,精准发力,助推双色球"质""量"双升。

(二)营销内容的转变

在近几年的彩票宣传中,"中大奖"的新闻大幅减少。随之而来的,是越来越多关于"彩票公益性和社会责任"的话题。让更多人了解彩票的公益属性、提升行业形象、理性消费,已经成为业界共识。

福彩机构通过一系列的宣传活动,打造品牌形象,扭转公众对彩票的认知,增加对彩票行业的信心。例如,彩票发行和销售机构每年通过社会责任报告的发布,将彩票销售情况进行公布,同时大力宣传彩票的发行目的和承担的社会责任等。

2020年8月9日,由中国福利彩票发行管理中心联合江苏卫视录制的观察类公益体验真人秀《为幸福喝彩》邀请演员印小天来到中国福利彩票发行管理中心,作为《福彩开奖》节目首个开奖特邀嘉宾参与了当晚电视直播开奖。《为幸福喝彩》以明星深度有趣的职业体验式真人秀和演播厅内嘉宾交流互动的方式,展示福彩行业和公益活动,以趣味性和知识性的展现,推动大家对福彩公益事业的了解。

(三)营销形势与渠道的更新

2020年,福彩机构通过抖音、网络直播、表情包,向公众传达着福利彩票。彩票的良好社会舆论环境的形成需要通过多渠道、多形式、持续的内容输出,让公众对彩票的认识逐渐加深,这是一项长期的工作,并伴随技术、社会、文化发展而发展。

1. 彩票机构入驻抖音

2021年1月5日,抖音发布了《2020抖音数据报告》。报告显示:截至2020年8月,抖音日活量已经突破6亿;截至2020年12月,抖音日均视频搜索量突破4亿,越来越多的人参与到网络社交平台,越来越多的彩票机构进驻,舟山福彩的抖音号就是一个。

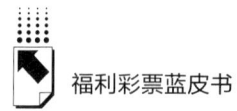

自从2020年4月23日正式开通到2021年1月,舟山福彩抖音号粉丝量为37.7万,是业内人气较高的官方抖音号。通过这种新型的宣传途径,用转发、评论、点赞的方式与网民进行良好的互动,对受众进行精准画像,这些都是以往的宣传模式无法比拟的。

由于疫情的原因,彩票销售工作及线下宣传工作都受到了很大影响,不少省份原本计划开展的线下公益宣传活动被搁置,而覆盖面更广、更接地气、更安全便捷的线上活动成为首选。不少地方彩票机构还面向社会开展了抖音短视频制作活动,比如,温州福彩主办的"随手拍发现福彩助力爱心驿站的美"短视频大赛,安徽福彩开展的"益起来,拍精彩"短视频征集活动等,不仅加强了彩票机构和网民的互动,更重要的是通过新媒体形式让更多人,更多没有接触过彩票的人参与到彩票活动中来,同时也将彩票知识进行普及。

2020年8月1~31日,黑龙江省福彩中心开展了"龙江福彩原创视频话题打榜赛"活动。这是一项完全在线上展开的宣传活动,主要目的是提振销售站业主和销售人员信心、丰富福彩文化生活、分享彩票销售经验。黑龙江福彩销售站的站主和销售员们利用手机拍摄、制作30秒以上的短视频,上传至新媒体平台,即可参与活动。内容可以是日常销售工作中遇到的趣事或与彩民之间发生的事情,也可以分享自己成功的经营之道或者日常经营小妙招等。

随着社会的不断变化和发展,购彩者对于彩票各项信息的需求也在不断提升。彩票行业的宣传报道也要从单一的输出方式,转向与购彩者的深度互动。而这也是新环境下的必然选择。

2. 直播、表情包

2020年,直播已经进入全民时代。如何将直播与彩票更好地结合,彩票机构也进行了多种尝试。2020年5月,上海市福彩利用直播的方式进行了两场彩站招募宣传。在介绍上海福彩的销售情况和公益宗旨的同时,用主播口播和视频动画等形式,向公众介绍如何开一家福彩店。这种具有即时性和娱乐性的宣传方式获得了不错的效果,在第二场直播结束5天后,上海福彩就在线上收到了近百份开店申请，其中有12家在1个多月之后就开始了正式运营。

2020年，宁波福彩发布了双色球IP形象"瑞德"和"布鲁"表情包（见图6），表情包上线仅两个多月就累计下载2420次、发送19465次。近几年来，随着95后甚至00后的年轻人逐渐走上福彩工作岗位，越来越多新鲜的创意迸发出来，用以吸引同样的95后和00后人群来参与购彩活动。山东福彩也推出"福彩老夫子"表情包（见图7）。

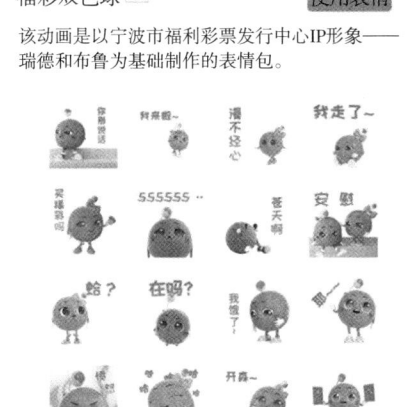

图6 宁波福彩设计的福彩表情包

图7 山东福彩推出的"福彩老夫子"表情包

三 福利彩票渠道建设情况

近年来，随着房屋租金、人工成本的不断上涨，彩站经营压力日益加大。2020年，持续的疫情影响与游戏政策调整相叠加，更令彩站的生存遇到许多前所未有的挑战，渠道建设和拓展成为不少彩票机构的重点工作。

1. 帮扶彩站、共渡难关

2020年是非比寻常的一年，年初一场突如其来的新冠肺炎疫情打乱了

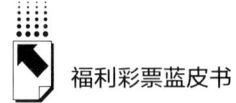

人们生活的节奏,给各行各业带来巨大挑战。面对疫情,财政部联合民政部及时部署休市安排,在主管及监管部门的要求下,中福彩中心制定印发《中国福利彩票销售场所疫情防控指南》系列文件,开发"疫情防控小程序",指导销售机构做好疫情防控;各地福彩销售机构守土负责、建立机制、出台举措、开展巡查,严格落细落实各项防控规定,全国福彩销售场所零感染、零病例,未发生疫情传播。

在做好常态化疫情防控的同时,分票种分地区有序恢复福利彩票销售,推动复工复市。3月10日,民政部、财政部出台"阶段性调整福利彩票发行机构业务费比例"政策,下调2020年1~4月(湖北省为1~6月)福利彩票发行机构业务费比例约2.6亿元,全部用来扶持一线销售站点;财政部下拨2020年预留市场调控资金2亿元;各地销售机构利用市场调控资金、彩票发行销售风险基金、业务费,通过发放抗疫补贴等方式,帮助支持销售网点渡过难关,有效推动市场恢复。

2. 大力拓展渠道

2020年,中福彩中心印发《关于规范拓展销售渠道稳定福利彩票市场的指导意见》,支持指导各地加大渠道开发力度,推进行业合作,推动专营、兼营优势互补、协同发展。浙江省福彩深入推进"最多跑一次"改革,全面实现投注站征召申办、信息变更、退机注销事项"掌上办""码上办";江苏省投放了一批智能投注机试点运营;湖南省开展"千站结对培训帮扶",一对一精准帮扶,带动销量5288万元,成效明显;安徽省首次允许兼营店参加星级站点评定。

在加快渠道建设、优化布局方面,各地彩票机构在征召新彩站时,也会开展一系列有针对性的帮扶措施。比如江西福彩2020年初向社会发出的"招贤令",不仅打出了创业"低投入、0基础、0门槛"的宣传口号,还推出了包括5000元建站补助、3000元开业营销活动资金在内的九大奖励政策。参与者不仅可以免费参加相关培训,还有机会获得价值8000元的"学院培训大礼包"。2020年上半年,上海市、区两级福彩中心按职责分工加大了空白区域和销售薄弱区域的销售网点征召力度。在原有新增代销站点扶持政策的基础上,针对标准化菜场、农贸市场等商圈,推出专项扶持政策,只要符合要求,无论申请的是专营店还是店中店都可以享受到2万元的建设资金扶持。

3. "多功能"彩站

2020年有不少彩票旗舰店开门迎客。这些旗舰店承担着"多功能"的任务。除了最基础的彩票销售之外,彩票机构更希望通过良好的购彩环境、优质的购彩服务、彩票文化的传播和彩票公益金的宣传,让彩票旗舰店成为传播公益慈善文化的地标,让更多人走近彩票、了解彩票。

2020年9月和11月,上海福彩先后开设了位于张江科学城核心区域的荣科路福彩旗舰店和位于虹桥商务区的上海福彩申长路销售厅。这两家店均位于上海高新园区,集福彩销售、公益宣传和购彩者服务于一身。

2020年11月6日,湘潭福彩首家自营店开业。湘潭福彩希望通过打造这家集形象展示、文化传播、孵化培训等功能于一身的综合性销售网点,起到以点带面的示范引领作用。

此外,近些年来,彩票与其他行业的合作越来越多。"彩票+便利店""彩票+旅游""彩票+体育"等形式多样的跨界常常让人眼前一亮。

4. 用"彩票+社会渠道",扩大新客户群

2020年3月,吉林省福彩出台了《2020年吉林福彩助力销售十项新举措》,其中包括拓宽福利彩票销售渠道,在商业连锁机构、商场、茶馆、餐饮店、烟酒店、城市超市、地铁、机场(车站)、农村超市等人员流量大、有一定消费力的经营场所建设2000个福彩电脑票销售兼营店,兼营店内也可销售即开型福利彩票。本次活动的终极目标是通过扩大活动的覆盖面和提升影响力,把消费者引流到线下"彩票+",可以让更多人与彩票发生交集。

近些年来,"彩票+"的各种合作与跨界进行得风生水起,但在发展过程中也暴露出一些问题,如管理问题、业务模式问题等,这些问题在未来都需要在摸索中解决。

四 小结

1. 游戏结构得到优化调整

以快开型游戏退市为标志，高博弈性游戏全部退出市场，推出基诺型游戏快乐8，成为新的福彩市场增长点。但市场仍旧缺少好的游戏产品，目前从市场来看，福利彩票除了双色球外，没有可与之相媲美的乐透或者其他类型的游戏，福彩销量对某一两个游戏过度依赖。

2. 渠道建设

目前，福利彩票销售网点超过18万个，其中社会化销售网点超过2万个。随着物价飞升，彩票销售站点的日常成本也在增加，而好的产品有限，收入也有限，很多彩站难以维持生存。兼营店是最近几年对渠道生存的一种摸索，不少省级销售机构也在尝试，但需要更多的政策支持。

3. 营销宣传

以中奖内容为主的宣传逐渐减少，取而代之的公益、社会责任、彩票文化、彩票知识等内容越来越多地通过文字、图片、小视频等形式在不同的媒体渠道出现，以受众乐于接受的方式走近公众。跟随社会、技术、文化趋势来部署宣传以及营销已经在福利彩票系统内达成共识，但是从投放数量以及质量上看仍有很大提升空间。

另外，多年来没有形成鲜明的统一品牌依旧是福利彩票宣传营销中存在的问题。福利彩票的营销宣传多以产品营销活动替代品牌建设，这是远远不够的。品牌建设方面仍需要加大力度。

参考文献

陈煊：《彩票市场需求调控探析》，《管理观察》2016年第31期。

韩晶晶：《彩票销量的影响因素分析及我国彩票业发展的策略研究——基于面板数

据》，中国矿业大学硕士学位论文，2015。

段建柱：《新媒体环境下彩票营销策略研究》，《全国商情》2016年第22期。

付路阳、王永新、王明国：《关系营销》，企业管理出版社，2000。

张建明：《我国彩票市场分析与管理研究》，北京理工大学出版社，2012。

B.3
2020年福利彩票省级区域比较分析

王晶磊*

摘　要： 本报告主要探讨了2020年我国福利彩票在省级层面的销售情况，包括总销售额、销售额占比、GDP占比、福彩发展指数、福彩偏差指数、人均购彩等相关维度。通过聚焦我国福利彩票在省级层面销售额等要素的情况分析，能够了解2020年各省福利彩票总销售额、人均销售额、销售额占比与GDP占比等具体情况，并结合往年数据进行对比分析，基于相同既定条件寻找具有价值的结论。此外，根据本文中设定的"彩票偏差指数"，可以按照偏差指数计算方式，更直观地看出各省福利彩票销售额与GDP之间的关系，得出"西部、北部大多省份福彩销售额占比高于其省GDP占比""东南沿海、中部大多省份福彩销售额占比低于省GDP占比或与之基本持平"等结论，并指出了浙江、海南两省近年来的特殊情况。

关键词： 福利彩票　销售额　偏差指数　发展指数

我国彩票市场的发展（包括福利彩票和体育彩票），在不同地区特别是在不同的省（区、市）具有显著差别。对不同区域的福利彩票市场进行对

---

* 王晶磊，中国社会科学院大学学生工作部协助负责人，法学院党总支副书记，研究生第二党总支副书记，高级工程师，高级项目经理，兼任中国社会科学院大学社会责任研究中心研究员，主要研究方向为数据分析与项目管理工作、公共治理、彩票市场。

比研究,有助于更全面完整地分析我国彩票市场的发展动态,也为我国彩票业在新时期的高质量发展提供基本的数据和依据。本文主要探讨了2020年我国福利彩票在省级层面的销售情况,包括总销售额、销售额占比、GDP占比、福彩发展指数、福彩偏差指数、人均购彩等相关维度,并对不同省份的发展现状进行比较。

一 2020年各省福利彩票销量分析

1. 销量排名

2020年是特殊的一年。由于新冠肺炎疫情的肆虐,各实体行业大多遭受严重打击。就2020年我国福利彩票行业而言,不仅遭受了外部环境的影响,也要面对内部转型而带来的结构调整。自2020年起,我国各省、自治区、直辖市全面停售快开型和视频型福利彩票,取而代之的是上线升级版新基诺彩票。在内外综合因素作用下,2020年全国彩票销售额出现了大幅下降,销售额降至3339.51亿元,比上年减少881.02亿元,同比下降20.9%。其中福利彩票全年销售1444.88亿元,相较2019年销售额1912.38亿元减少467.5亿元,同比下降约24.45%。

2020年各省福利彩票销售额也大多出现明显下降。全国31个省(区、市)中,29个省(区、市)的福彩销售额都出现显著下降,仅新疆维吾尔自治区与青海省销售额同比上升。通过分析2020年我国各省销售额数据(见图1)可知,广东省销售额依然列全国首位,销量162.14亿元,但同比下降16.75%。浙江、山东、江苏三省位列第2~4位,销售额分别为117.63亿元、91.9亿元、89.19亿元,同比下降23.56%、32.42%、29.36%,均出现较大下滑。在销售额上升的两省中,新疆维吾尔自治区销量51.2亿元,同比增长5.9%,由2019年的第15位升至第10位;青海省排名没有变化,销量14.65亿元,同比增长4.69%。

从我国福利彩票销售额的地区分布特征看,广东省销售额162.14亿元,依旧居全国首位。浙江省销售额117.63亿元,成为销售额超过100亿元的两

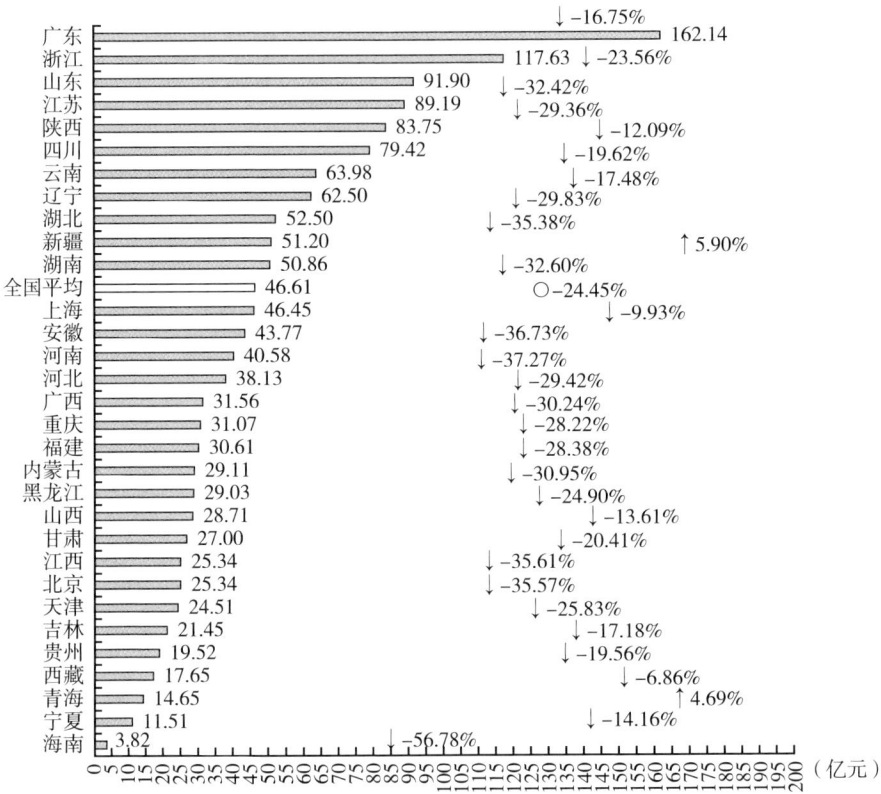

图 1　2020 年各省福利彩票销售额及同比增幅

注：图中各省根据销售额排序。
资料来源：根据民政部公开数据制作。

省之一。山东、江苏、陕西、四川 4 省紧随其后，销售额分别为 91.9 亿元、89.19 亿元、83.75 亿元、79.42 亿元。以上 6 省销售额属于第一梯队，与其余大部分省（区、市）销售额相比，有较大领先优势。云南、辽宁、湖北、新疆、湖南、上海、安徽、河南、河北 9 省销售额属于第二梯队，销售额分别为 63.98 亿元、62.5 亿元、52.5 亿元、51.2 亿元、50.86 亿元、46.45 亿元、43.77 亿元、40.58 亿元、38.13 亿元。其余 16 个省份则销售额相对较低。

2020 年全国各省平均彩票销售额为 46.61 亿元，共有 11 个省份销售额高于平均彩票销售额，20 个省份低于平均彩票销售额。彩票销售额的中位数仍是广西壮族自治区，与上年相同。由此可见，销售额位于第一梯队的省份（如广东、浙江、山东、江苏等省份）其销售额以较大幅度领先平均彩票销售额，而低于平均彩票销售额的省份数量较多。

2. 销售额同比情况

如图2所示，2020年福利彩票全国平均销售额同比增长率为-24.45%，14个省份同比增长率高于平均同比增长率，17个省份同比增长率低于平均同比增长率。全国仅有新疆维吾尔自治区与青海省同比增长率为正，其余29个省份均出现不同程度的销售额下降。其中新疆维吾尔自治区销售额同比上升5.9%，销售额赶超湖南、上海、安徽、河南、河北5省，同比增长率全国最高。青海省销售额同比增长4.69%，但因其体量相对较小，排名没有发生变

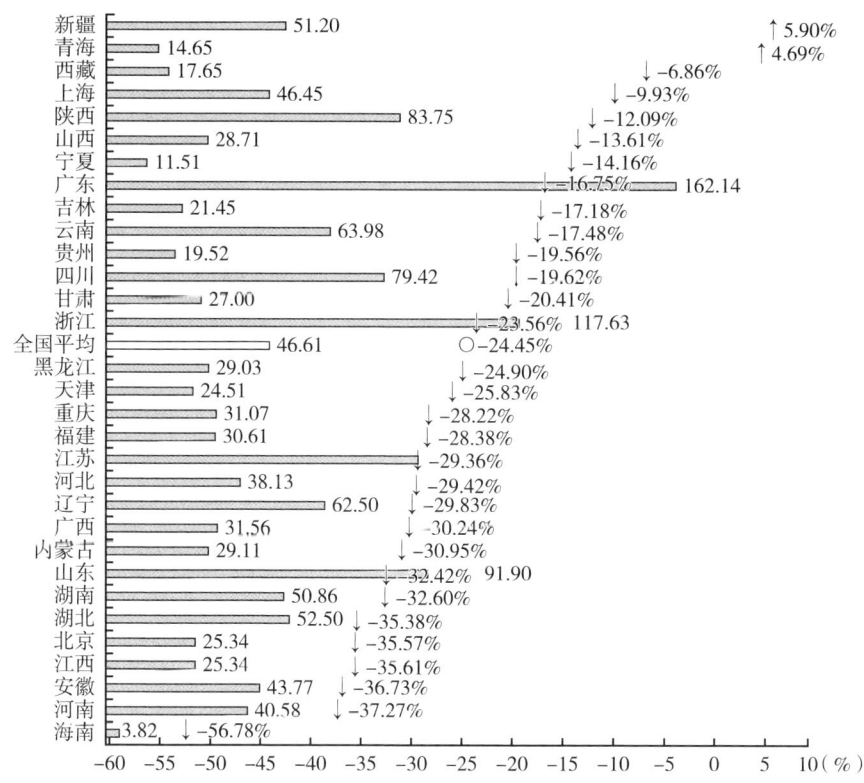

图2 2020年各省份福利彩票销售额及同比增幅

注：图中各省根据同比增幅排序。
资料来源：根据民政部公开数据制作。

化。此外，海南、河南、安徽、江西、北京、湖北、湖南、山东、内蒙古、广西10个省份同比降幅都大于30%，其中海南省销售额同比下降56.78%。

二 省级福利彩票发展指数的比较

目前使用较多的分析方法是彩票发展指数（彩票销售额/GDP），通常用来对不同省份的彩票发展情况进行对比（见图3）。

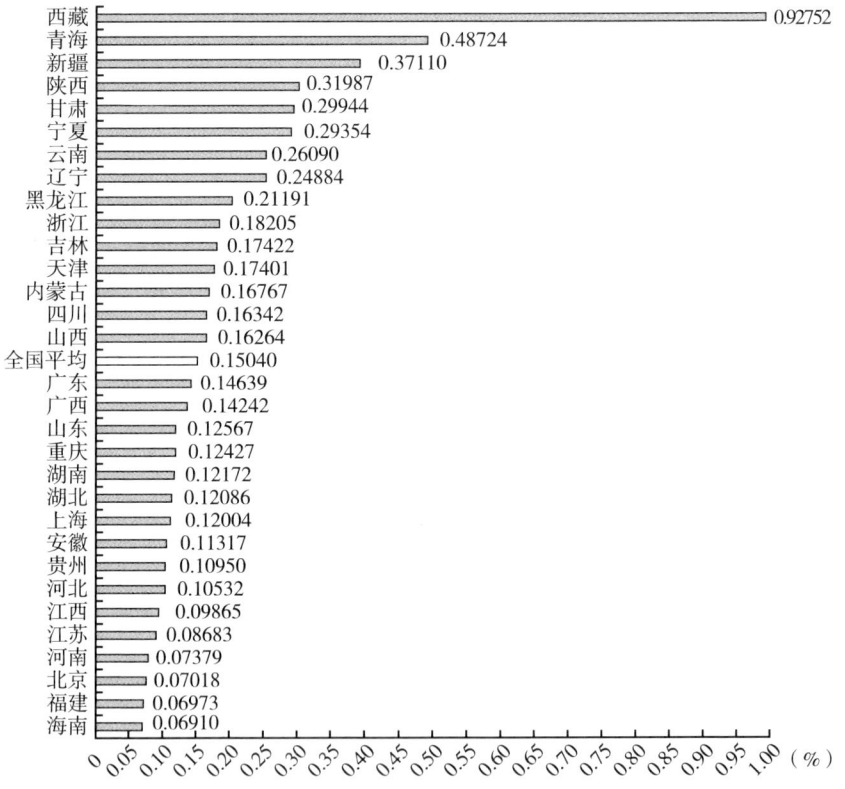

图3 2020年我国福利彩票发展指数

资料来源：根据民政部公开数据制作。

2020年，福彩发展指数排名前5位的省份分别是西藏、青海、新疆、陕西、甘肃，相较于上年前五名（西藏、青海、甘肃、陕西、辽宁），新疆维吾尔自治区由上年第6名升至第3名，辽宁省则由上年第5名降至第8名。此外，西藏福彩发展指数由上年的1.1161%下降为2020年的0.9275%，连续两年出现较大幅度下降。2020年共有16个省份福彩发展指数低于全国福彩发展指数，其中海南、福建、北京、河南、江苏、江西发展指数都低于0.1%，全国平均发展指数（0.1504%）相较于上年（0.1947%）也显著降低。

三 2020年各省福彩销售额、GDP占比分析

前面展现了目前较为普遍的彩票发展指数统计方式，为了更清晰地对不同省份福利彩票销售额与GDP的增长关系进行衡量，可以通过直观对比方式呈现。

GDP是经济核算体系中的核心指标，可直观体现地区经济态势。通过将省GDP占比与省福彩销售额占比进行分析，可体现该省在相对经济状况下福利彩票的销售情况。根据图4所示，福彩销售额前4名广东、浙江、山东、江苏均位于沿海经济较发达地区，其福彩销售额占总销售额比例分别为11.22%、8.14%、6.36%、6.17%。这4省也是我国2019年GDP排名前4位的省份，省GDP占比分别为10.94%、6.38%、7.22%、10.15%。广东、浙江、山东、江苏4省无论在福彩销售额占比还是GDP占比方面，均处于领先地位；陕西、四川、云南、辽宁、湖北、新疆6省福彩销售额占比位于第5~10位，其GDP占比分别为2.59%、4.80%、2.42%、2.48%，福彩销售额占比为5.80%、5.50%、4.43%、4.33%。

通过上述数据可知，我国各省份在既定经济态势下，对于购买福利彩票的意向有着一定差别，例如陕西省福彩销售额占比为5.80%，仅比江苏省福彩销售额占比低0.37个百分点；而陕西省GDP占比为2.59%，约是江苏省GDP占比（10.15%）的1/4。西藏、新疆等省区也是类似情况，西藏GDP占比0.19%，福彩销量占比为1.22%；新疆GDP占比1.36%，福彩占比为3.54%。综合来看，大部分省份GDP占比与销售额占比呈同趋势化，但在部分省份，其销售额与GDP体量并不相当。

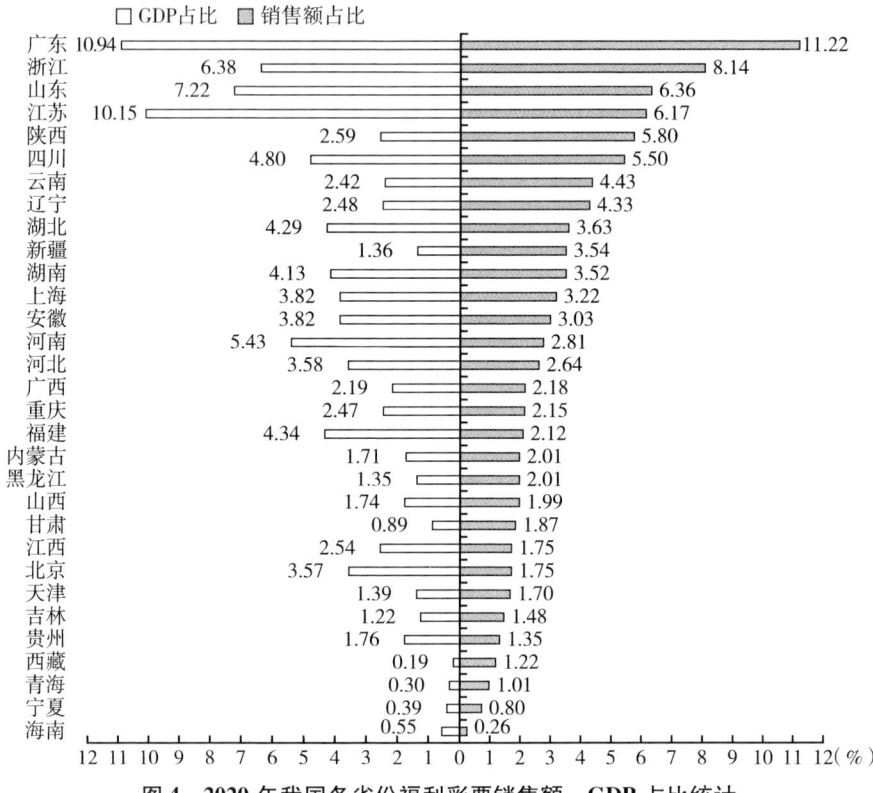

图4 2020年我国各省份福利彩票销售额、GDP占比统计

资料来源：根据民政部公开数据、国家统计局网站数据制作。

为了直观体现各省福利彩票购买意向，本文采用了偏差指标"（福彩销售额占比－GDP占比）/福彩销售额占比"方式来分析和评估各省福彩销售额与GDP间的关系（见图5）。横坐标0的位置，为全国总销售额占比等于总GDP占比。由于总销售额占比、总GDP占比均为1，因此全国总销售额占比－总GDP占比为0。如图5所示，有15个省份的（福彩销售额占比－GDP占比）/福彩销售额占比低于0，也即该地区的福彩销售额占比小于GDP占比；16个省份的（福彩销售额占比－GDP占比）/福彩销售额占比大于0，也即该地区的福彩销售额占比大于GDP占比。情况与2019年相同。

根据偏差指标区间，来判定相应偏差定义：

（1）偏差指标＞50%，代表省福彩销售额占比大幅高于省GDP占比；

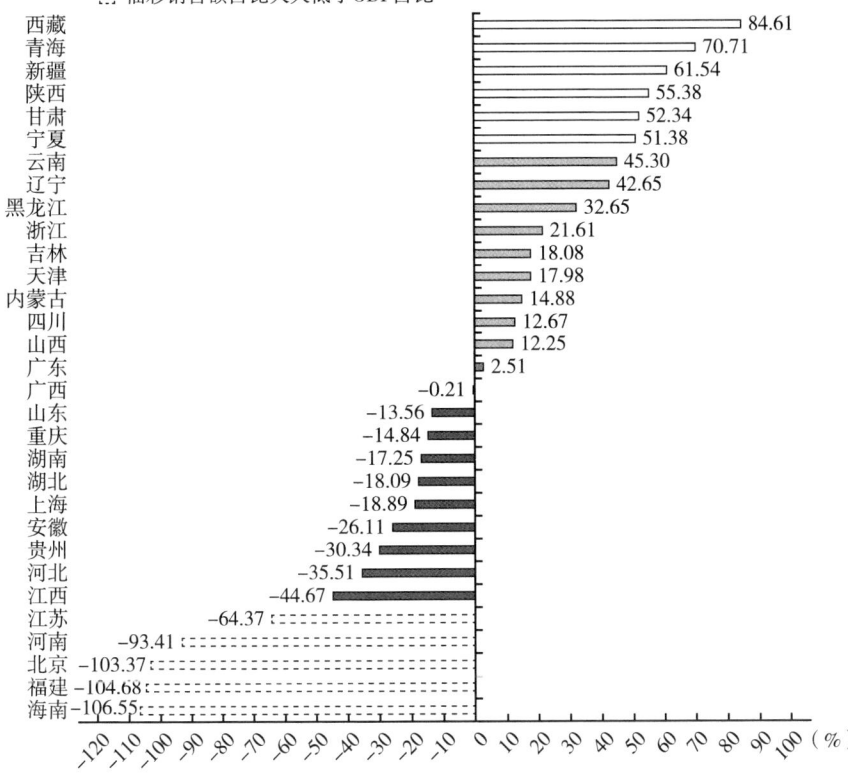

图 5 各省偏差指标统计分析

（2）10% < 偏差指标 < 50%，代表省福彩销售额占比高于省 GDP 占比；

（3）-10% < 偏差指标 < 10%，代表省福彩销售额占比与省 GDP 占比基本持平；

（4）-50% < 偏差指标 < -10%，代表省福彩销售额占比低于省 GDP 占比；

（5）偏差指标 < -50%，代表省福彩销售额占比大幅低于省 GDP 占比。

省福彩销售额占比大幅高于省 GDP 占比（偏差指标 > 50%）的共有 6 省，分别是西藏、青海、新疆、陕西、甘肃、宁夏，数量相较于 2019 年（西藏、青海两省）明显增多。其中西藏自治区的福彩偏差指数为 84.61%，

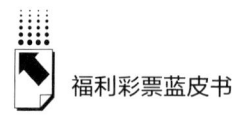

依旧位列各省第1。其福彩销售额占比（1.22%）高于GDP占比（0.19%）6倍有余，但相较于往年与其他省间的差距有所减少。青海省的福彩偏差指数为70.71%，相较其2019年偏差指数59.07%上升了11.64个百分点。通过分析数据可知，青海省GDP占比与2019年基本相同，而其2020年福彩销售额增长了4.69%，由此可知在福利彩票整体销售额下降的环境下，青海省2020年福彩销售额仍取得了显著提升。

省福彩销售额占比高于省GDP占比（10%＜偏差指标＜50%）的省份有9个：云南、辽宁、黑龙江、浙江、吉林、天津、内蒙古、四川、山西。相较于2019年的11个省有所减少。

省福彩销售额占比基本持平于省GDP占比（-10%＜偏差指标＜10%）的省份有2个：广东、广西。相较于2019年的9个省数量明显减少。

省福彩销售额占比低于省GDP占比（-50%＜偏差指标＜-10%）的省份有9个：山东、重庆、湖南、湖北、上海、安徽、贵州、河北、江西。相较于2019年的5个省份数量有所增长。

省福彩销售额占比大幅低于省GDP占比（偏差指标＜-50%）的省份有5个：江苏、河南、北京、福建、海南。相较于2019年的4个省份数量有所增长。其中海南省福彩销售额占比仅有0.26%，为全国最低。

根据上述内容分析，可以得出以下结论。

（1）GDP相对较低的几个省份中，大多省份福彩销售额占比高于省GDP占比。

如图6所示，在偏差指标高于50%的省份中，西藏、青海、宁夏、甘肃4省区年GDP均低于10000亿元，属于GDP排名靠后的省份。在10%＜偏差指标＜50%的省份中，可以看出除浙江省外其他省份的GDP也同样明显偏低。

（2）GDP相对较高的省份中，大多省份福彩销售额占比低于省GDP占比或与之基本持平。

如图6所示，在偏差指标为负的15个省份中，仅有重庆、贵州、江西、海南4省市年GDP低于30000亿元。其中重庆、贵州、江西3省市的偏差

值属于 -50% < 偏差指标 < -10% 范畴。仅海南省属于偏差指标 < -50% 的省份。

（3）福彩销售额占比高于省 GDP 占比的省份数量为 16 个，低于省 GDP 占比的省份数量为 15 个，两者相对平衡。与 2019 年情况相同。

（4）西部、北部大多省份福彩销售额占比高于其省 GDP 占比；东南沿海、中部大多省份福彩销售额占比低于省 GDP 占比或与之基本持平。

西北、西南、东北、北部各省区市基本属于福彩销售额占比高于省 GDP 占比，尤其是新疆、西藏、宁夏、甘肃、陕西 5 个西部省份，偏差值

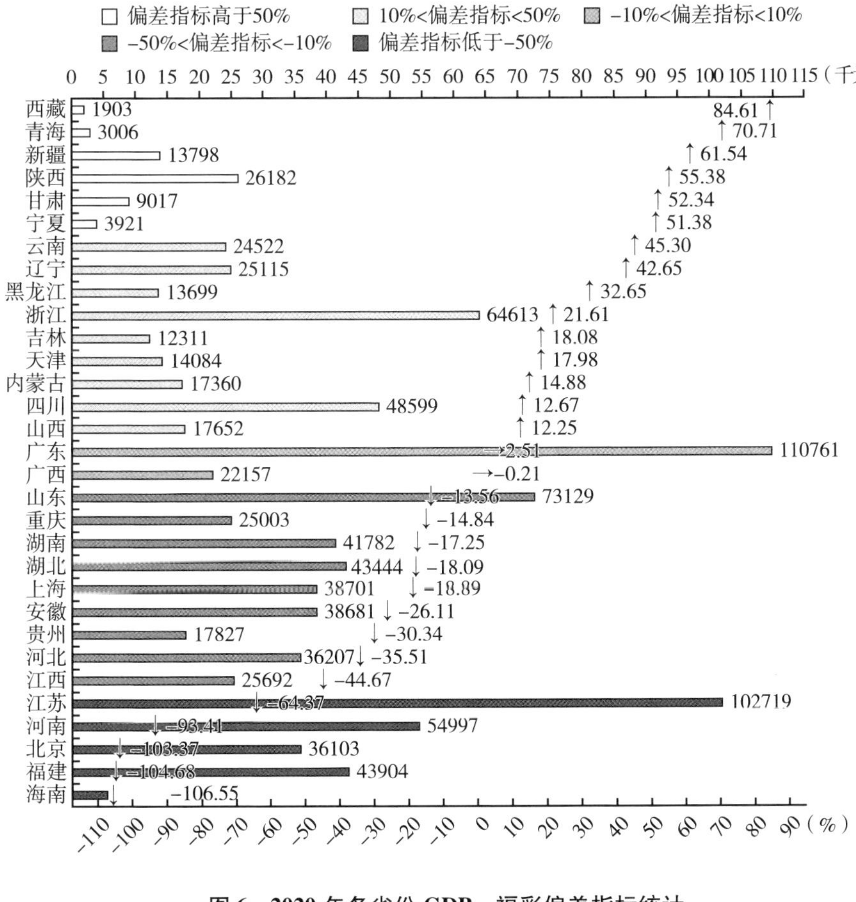

图 6　2020 年各省份 GDP、福彩偏差指标统计

资料来源：根据民政部公开数据、国家统计局网站数据制作。

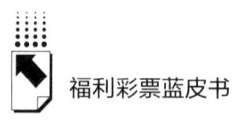

均大于50%，福彩销售额占比明显高于省GDP占比。

（5）近年来，海南省偏差指标出现连续大幅下降。

2018年海南省福彩偏差值为14.93%，属于"省福彩销售额占比高于省GDP占比（10%＜偏差指标＜50%）"范畴；2019年海南省福彩偏差值降为-17.35%，属于"省福彩销售额占比低于省GDP占比（-50%＜偏差指标＜-10%）"范畴；2020年海南省福彩偏差值再次下降为-106.55%，偏差值在各省区市排名垫底，符合其当年福彩销量同比下降56.78%的测算。

（6）浙江省属于特殊情况。

结合近年来偏差数据分析，浙江省是个特例，与上述统计规律有所不符。浙江省2020、2019年销售额占比分别为8.14%、8.05%，销售额排名均列全国第2；GDP占比分别为6.38%、6.36%，GDP排名均列全国第4。根据此前结论，GDP较高的省份其福彩销售额占比往往低于GDP占比，以及东南沿海发达地区福彩销售额占比往往低于GDP占比。从图6中可以看出，浙江省GDP较高且处于东南沿海经济发达地区，由此推测其省内民众对于福彩购买意向相较于其他条件相似省份而言更为强烈。

四　各省福彩人均购彩金额

我国各省份受位置、气候、人口等各类因素影响，福利彩票销售额也存在巨大差异。在各类影响因素中人口最为重要，大省份与小省份间往往存有数倍乃至数十倍的人口差距。如图7所示，在2020年各省人口统计中，人口过亿的省份有两个：广东省人口总数12601万人居各省之首，同比增长9.37%；山东省人口总数10153万人排名第2，同比增长0.82%。河南省人口总数9937万人，同比增长3.08%，与山东省十分接近。江苏、四川紧随其后，人口数量均在8000万以上。而宁夏、青海、西藏三省区人口数量均不足1000万，其中西藏自治区人口总数365万人，不到广东省人口总数的3%。

2020年福利彩票省级区域比较分析

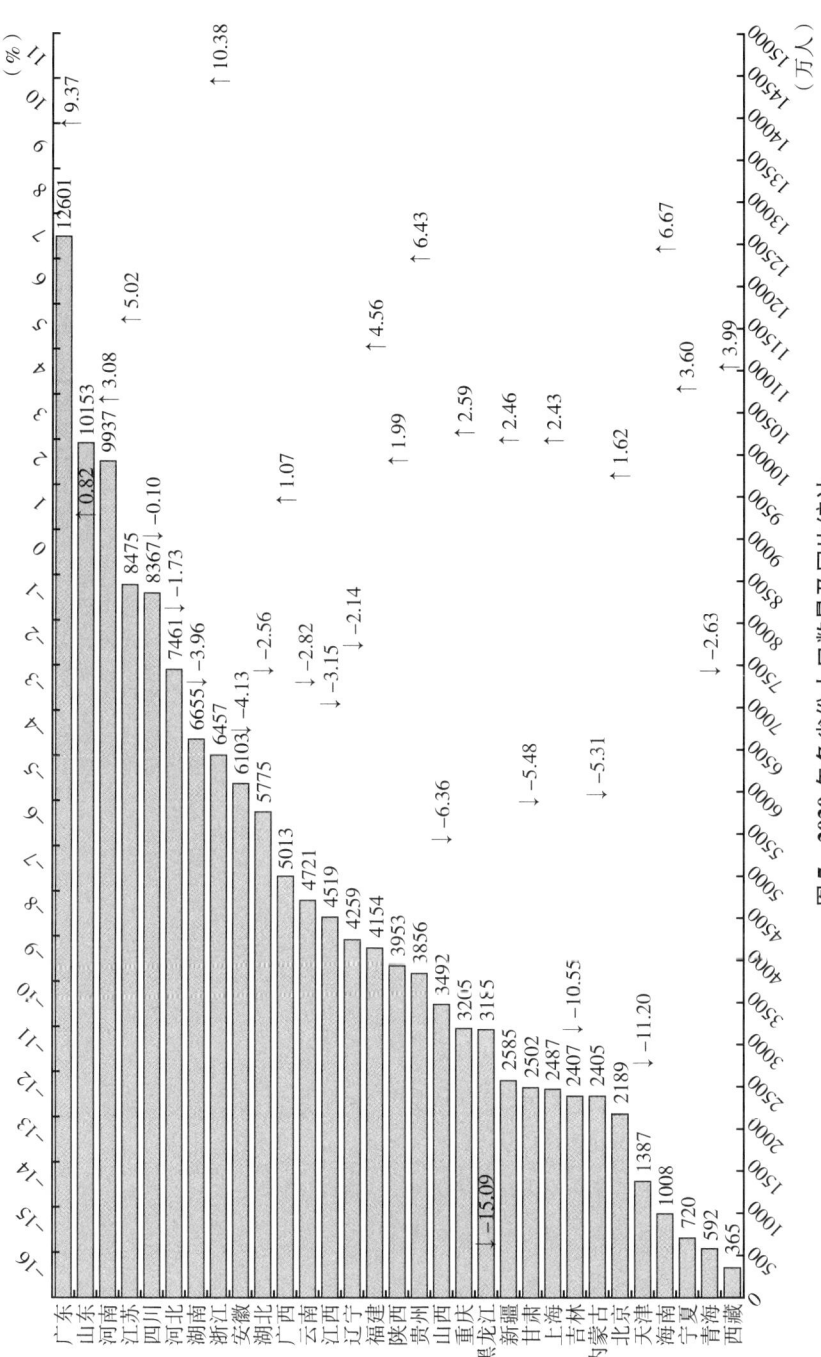

图7　2020年各省份人口数量及同比统计

资料来源：根据国家统计局网站数据制作。

正因如此，各省人均彩票销售额指标具有较高参考价值，可以直观体现该地区民众对于福利彩票购买意向。如图8所示，2020年我国人均福彩销售额为101.8元，同比增长-25.1%。全国31个省份共有15个省人均福彩销售额高于全国人均销售额。其中西藏自治区人均福彩销售额为483.5元，同比下降10.44%，相较于2017年795.64元、2018年696.9元、2019年539.8元，连续4年出现显著下降，但仍位于省份人均销售额首位，以十分明显的优势领先于其余各省区市。

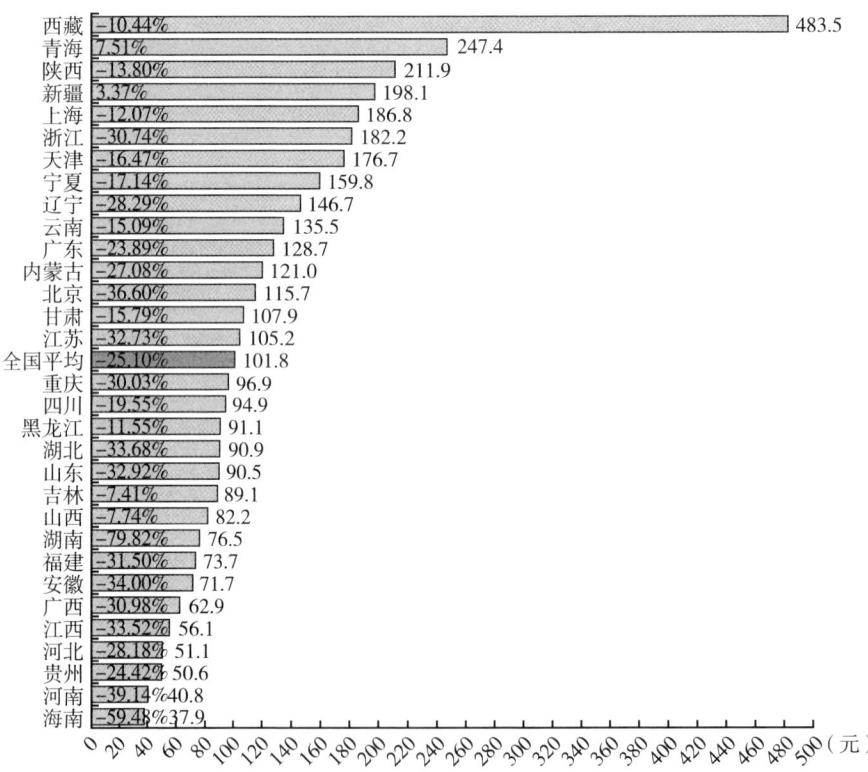

图8　2020年各省福利彩票人均销售额及同比

资料来源：民政部公开数据、国家统计局网站数据。

除西藏自治区外，其余省份间的人均福彩销售额也存在一定差距。青海省人均福彩销售额247.4元，同比增长7.51%；陕西省人均福彩销售额

211.9元，同比下降13.8%。该两省为除西藏外人均福彩销售额超过200元的省份。广西、江西、河北、贵州、河南、海南6省份人均福彩销售额不足70元，其中河南、海南两省分别为40.8元和37.9元，人均福彩销售额不足50元。

通过分析各省人均福彩销售额占比与人均GDP占比，能够更加直观地了解到各省民众购买福彩意向。如图9所示，西藏自治区排名全国首位，人均购彩占比高达12.51%，人均GDP占比为2.38%，人均GDP占比不足人均购彩占比的1/5。青海省人均购彩占比为6.4%，人均GDP占比为2.31%，也有着较大差距。排名前4的省份（西藏、青海、陕西、新疆），其人均购彩占比均大幅高于其人均GDP占比。排名第5~7位的上海、浙江、天津3省市情况则有所不同。上海市是典型的高人均GDP省份，人均GDP占比达7.09%，仅次于北京排名第2。其人均购彩占比为4.83%，排名第5。浙江、天津则人均购彩占比与人均GDP占比大致相同，在4.5%~4.8%的区间内。除上海市外，其他高人均GDP占比的城市（北京、江苏、福建等）大多人均购彩占比相对较低，均没有达到平均人均购彩占比（全国31个省份参与占比统计，平均值为3.23%）。人均购彩占比排名靠后的几个省除了人均GDP占比也相对较低外，推测其民众福彩购买意向也相对较弱。

五　小结

1. 2020年，对我国福利彩票行业而言，一方面遭受着新冠肺炎疫情对线下实体行业的影响，另一方面也在面对内部转型而造成的结构调整。自2020年起，我国各省份全面停售快开型和视频型福利彩票，取而代之的是上线升级版新基诺彩票。在内外综合因素下，2020年全国彩票销售额出现了大幅下降，销售额降至3339.51亿元，比上年减少881.02亿元，同比降幅20.9%。其中福利彩票全年销售额1444.88亿元，相较于2019年销售额1912.38亿元，销售额减少467.5亿元，同比下降约24.45%。

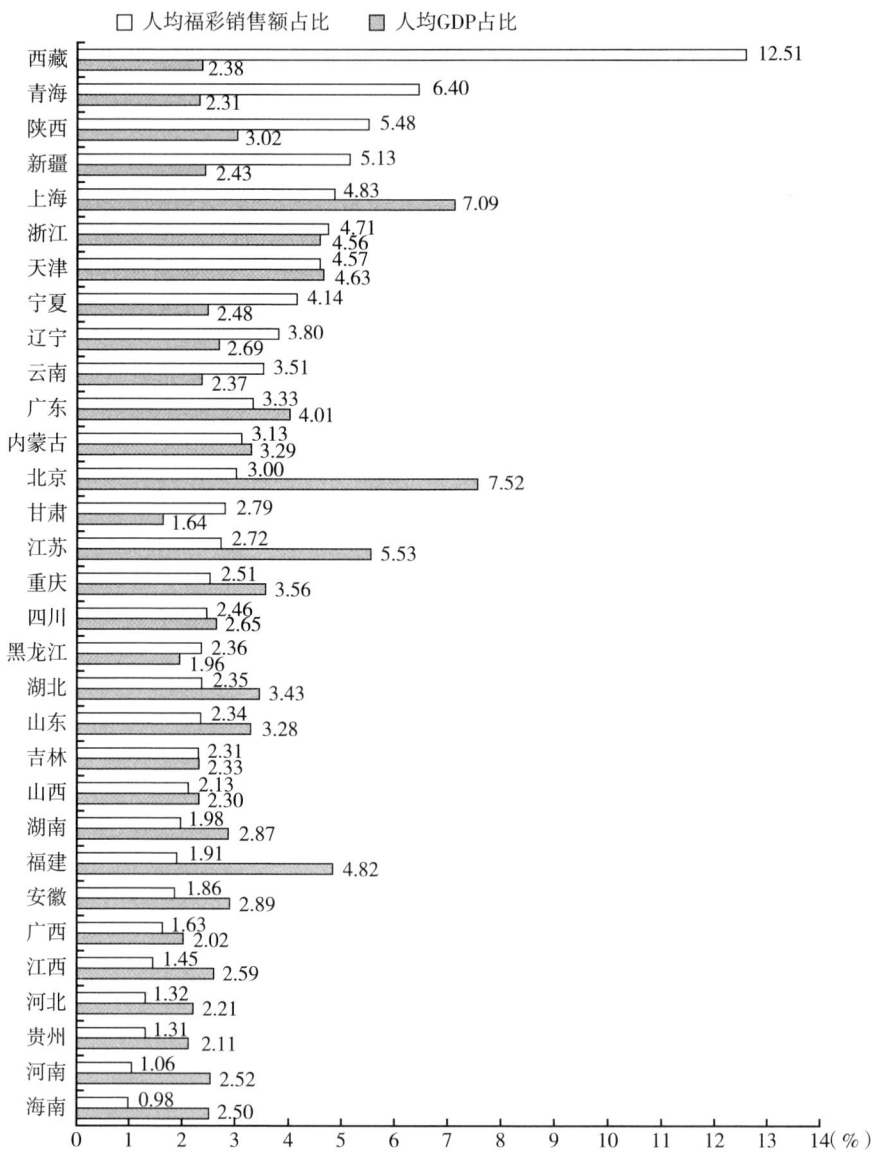

图9　2020年各省份人均福彩销售额占比、人均GDP占比

资料来源：根据民政部公开数据、国家统计局网站数据制作。

2. 2020年各省福利彩票销售额也大多出现明显下降。全国31个省份中，29个省份的福彩销售额都出现显著下降，仅新疆维吾尔自治区与青海省销售额同比上升。

3. 广东省销售额依然列全国首位，年销售额 162.14 亿元，但同比下降 16.75%。浙江、山东、江苏 3 省列第 2~4 位，销售额分别为 117.63 亿元、91.9 亿元、89.19 亿元，同比下降 23.56%、32.42%、29.36%，均出现较大下滑。在销售额上升的两省中，新疆维吾尔自治区销售额 51.2 亿元，同比增长 5.9%，由 2019 年的第 15 位升至第 10 位；青海省销售额 14.65 亿元，同比增长 4.69%，排名没有变化。海南、河南、安徽、江西、北京、湖北、湖南、山东、内蒙古、广西 10 省份销售额同比下降率都大于 30%，其中海南省销售额同比下降 56.78%。

4. 2020 年全国各省平均福彩销售额为 46.61 亿元，共有 11 个省销售额高于平均销售额，20 个省低于平均销售额。各省福彩销售额的中位数是广西壮族自治区。

5. 福彩偏差指标是评估某省福彩销售额占比与 GDP 产值占比的重要指标，通过对近 3 年相关数据进行分析后，得出各省 GDP 与福彩销售额间存在以下规律。

（1）GDP 相对较低的几个省份中，大多省份福彩销售额占比高于省 GDP 占比。

在偏差指标高于 50% 的省份中，西藏、青海、宁夏、甘肃 4 省年 GDP 均低于 10000 亿元，属于 GDP 排名靠后的省份。在 10% < 偏差指标 < 50% 的省份中，可以看出除浙江省外其他省份的 GDP 也同样明显偏低。

（2）GDP 相对较高的省份中，大多省份福彩销售额占比低于省 GDP 占比或与之基本持平。

在偏差指标为负的 15 个省份中，仅有重庆、贵州、江西、海南 4 省市年 GDP 低于 30000 亿元。其中重庆、贵州、江西 3 省市的偏差值属于 -50% < 偏差指标 < -10% 范畴，海南省属于偏差指标低于 -50% 的省份。

（3）福彩销售额占比高于省 GDP 占比的省份数量为 16 个，低于省 GDP

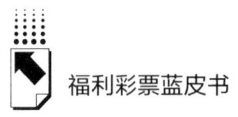

占比的省份数量为15个，两者相对平衡，情况与2019年相同。

（4）西部、北部大多省份福彩销售额占比高于其省GDP占比；东南沿海、中部大多省份福彩销售额占比低于省GDP占比或与之基本持平。

西北、西南、东北、北部各省区市基本属于福彩销售额占比高于省GDP占比，尤其是新疆、西藏、宁夏、甘肃、陕西5个西部省份，偏差值均大于50%，福彩销售额占比明显高于省GDP占比。

（5）近年来，海南省偏差指标出现连续大幅下降。

2018年海南省福彩偏差值为14.93%，2019年海南省福彩偏差值降为-17.35%，2020年海南省福彩偏差值再次下降为-106.55%，偏差值在各省排名垫底，符合其当年福彩销量同比下降56.78%的测算。

（6）浙江省属于特殊情况。

结合近年来偏差数据分析，浙江省是个特例，与上述统计规律有所不符，由此推测其省内民众对于福彩购买意向相较于其他条件相似的省份而言更为强烈。

6. 2020年我国人均福彩销售额为101.8元，同比下降25.1%。西藏自治区人均福彩销售额为483.5元，同比下降10.44%，连续4年出现显著下降，但仍位于省人均销售额首位，以十分明显的优势领先于其余各省。全国共有15个省人均福彩销售额高于全国人均销售额。

7. 通过分析各省人均福彩销售额占比与人均GDP占比，能够更加直观地了解到各省民众购买福彩意向。西藏自治区排名全国首位，人均购彩占比高达12.51%，人均GDP占比为2.38%，人均GDP占比不足人均购彩占比的1/5。青海省人均购彩占比为6.4%，人均GDP占比为2.31%，也有着较大差距。除上海市外，其他高人均GDP占比的城市（北京、江苏、福建等）大多人均购彩占比相对较低，均没有达到全国平均人均购彩占比。

参考文献

王源:《福利彩票高质量发展研究》,《合作经济与科技》2020年第18期。

秦岭:《即开型福利彩票市场化运营之鉴析——基于吉林省福利彩票发行管理中心的实践》,《社会福利》2020年第3期。

王晶磊、杨乐:《2019年福利彩票省级区域比较分析》,载何辉主编《中国福利彩票发展报告（2020）》,社会科学文献出版社,2021。

B.4
新时期福利彩票渠道转型发展研究

张 量*

摘 要： 自1987年成立至今，中国福利彩票伴随着游戏结构的不断变化，渠道建设在不同时期体现了不同的思路、展现了不同的形态。在落实游戏结构调整要求、强化彩票公益属性的新时期，贯彻新发展理念、构建渠道建设新格局，对于福利彩票事业高质量发展至关重要。对标高质量发展要求，新发展阶段福利彩票渠道转型面临着产品调整、政策回调等新挑战，在"加强彩票管理"的定位下，福利彩票的发展方式需要转向内涵式发展。本文通过回顾福利彩票渠道发展过程找寻渠道现状的成因，认为福利彩票渠道发展实质是市场行为政策导向下寻求最优解的过程，通过梳理影响渠道转型的宏观因素、同类竞争对标，从而根据新时期渠道应承载的功能，探索渠道转型方向并尝试性提出发行机构、销售机构、终端渠道在渠道转型中的建议。

关键词： 福利彩票 渠道 PEST 模型 转型发展

中国福利彩票自1987年成立至今，伴随着游戏结构的不断变化，渠道建设在不同时期体现了不同的思路、展现了不同的形态。新时期，贯彻新发展理念、构建渠道建设新格局，对福利彩票事业高质量发展至关重要。基于

---

* 张量，北京大学工学院人因工程设备实验室助理研究员，主要研究方向为人工智能、控制系统与公共管理等。

此目的，本文将对福利彩票渠道模式进行回溯，通过分析渠道建设的影响因素，论证新时期渠道建设的定位，对渠道建设的转型发展提出发行机构、销售机构、终端渠道等方面的建议。

一 福利彩票渠道模式发展回顾

自成立以来，福利彩票秉承"扶老、助残、救孤、济困"的发行宗旨，仅"十三五"期间就累计发行9836亿元，累计筹集公益金2859亿元①，切实通过社会公益资金的筹集，促进了社会福利事业和公益慈善事业的发展。在渠道发展方面，截至2020年12月底，福利彩票有17万个彩票零售商，形成了遍布全国城乡的销售网络。

渠道作为销售和展示的窗口，其模式的更迭与福利彩票的发展高度相关。从纵向来看，福利彩票渠道的发展受产品变化和技术发展影响明显；从横向来看，当前福利彩票渠道面临的转型由多方面因素共同造成。

1. 纸质票初创阶段

1987年7月27日，中国福利彩票的雏形中国社会福利有奖募捐券（以下简称"有奖募捐券"）在河北省石家庄市正式发行。自此，彩票正式进入社会生活，并逐渐成为社会的热门话题。以有奖募捐券为代表，福利彩票成立伊始逐渐形成了传统型彩票、即开型彩票两种纸质票游戏产品，初始的销售渠道是"走街串巷"的游动销售方式，虽偶有亮点但未能形成燎原之势。

当时，我国处于改革开放初期，商品经济尚不发达，为了更好地推广有奖募捐券，各地逐步探索将商品引入纸质票设奖。在游戏产品优化的同时，有奖募捐销售的渠道也随之发生了变化。1991年11月，中国福利彩票发行管理中心的前身——中募委发行中心总结了天津、吉林、河南、广东等地网点渠道销售和实物兑奖的模式，提出了"大奖组"这一囊括渠道和营销的概念，并在后期的不断总结中形成了"大奖组、大奖群、大宣传、大场面、

---

① 笔者根据财政部"十三五"期间公布数据加总。

突击销售"的"四大一突"销售特点。

大奖组模式实际是渠道根据游戏设奖特点的求变创新,是销售渠道从零散销售转变为户外卖场的集中销售。即开票、传统票的实物设奖,使得福利彩票在纸质票初创阶段的销售渠道呈现突击销售的特征,表现为地点不固定、时间不确定。总结来看,纸质票初创阶段卖场成为大奖组时代销售渠道的选择;同时,也使得各地福利彩票机构快速成长,为推动后来以计算机技术管理的彩票产品和渠道奠定了基础。

2. 电脑票起步阶段

1995年4月,深圳福彩在国内首次试点销售以计算机管理的传统型彩票游戏。1999年10月,首个计算机网络管理销售的乐透型福利彩票游戏"上海风采幸运七"在上海面世,进而开创了我国高奖级设计与乐透游戏的先河。此后,根据上海福彩准热线销售系统的试点经验,相关规范化文件的陆续出台为网点渠道销售彩票打下了基础。同时,各地"风采"系列竞相亮相,电脑票迎来了起步阶段。在此阶段,固定售彩渠道应运而生,并逐步形成了投注站渠道的雏形。

一方面,伴随电脑票起步,投注机作为销售兑奖的生产资料,对彩票销售渠道发展起了至关重要的作用。由于电脑票投注区别于纸质票投注,需要顺畅的通信网络、稳定的销售时间、安全的放置位置和及时的兑奖发放,固定的销售渠道成为电脑票起步阶段的必然选择。

另一方面,在此阶段社会人群对于电脑票尚缺乏了解,特别是对于销售彩票尚存在疑虑。商业单位大多对于销售彩票兴趣不大,各地主管部门为了快速推广渠道甚至产生了动员开设投注站的情况。经过广东深圳、江苏等地的不断探索,彩票机构逐渐就通过成本较低的代销模式拓展渠道达成了共识。同时,各地在投注站渠道的运营和管理中,经过市场调研探索出彩票销售的营收平衡点。

总结来看,电脑票起步阶段由于计算机硬件及网络等客观条件,电脑票销售渠道与大奖组销售渠道呈现了截然相反的发展方向,固定站点成为电脑票游戏产品的选择;在电脑票尚未被社会大众广泛接受的情况下,整体而言，电脑票销售渠道以低成本拓展、低成本经营为核心，彩票机构在渠道发展上选择了管理成本较低的代销模式，站点经营采取了成本较低的入驻合作模式。

3. 电脑票发展阶段

1999年是中国彩票事业划时代的一年。一方面该年12月23日，在即将迈入新千年前夕财政部和中国人民银行联合发文，彩票监管职能由人民银行划归财政部；另一方面买彩票可以中500万元大奖的新闻引发了社会的极大关注。2000年后，各地电脑票百万大奖的相继中出，彩票市场销量激增的同时，投注站的生存问题得到了根本性解决，进而使得各界对于彩票销售期望有所提升。

投注站层面，电脑票起步阶段的入驻合作投注站旋即面临租赁成本上升、新增投注站带来的竞争压力增大。彩票专营渠道因此应运而生，部分对于彩票销售预期较高的经营者自发增加了对彩票销售渠道建设的投入，通过装饰装修等方式打造专业化购彩场景。

彩票机构层面，彩票销售渠道在一些地方成为优质资源，管理者对于渠道的设立和维护不再仅追求粗放式扩张，转而从渠道运营管理、销量提升指导等层面，逐步推进专营渠道的规范建设、形象展示、标准设立。

4. 游戏扩容阶段

随着彩票监管职能调整的逐步到位，2003年后彩票游戏产品得到了优化和补充。与销量竹节攀升相对应，福彩销售渠道得到了迅速拓展，至此福彩渠道进入多票种游戏扩容阶段。在此阶段福彩游戏调整主要包括：大奖组停销、双色球上线、视频型彩票上市、快开游戏扩张。游戏产品调整的背后是彩票管理和监管体制的优化，以及政策导向的放宽，彩票娱乐属性的不断增强，这些切实带动了销量的提升和公益金的募集；同时，也体现出我国经济快速发展、技术应用进步、社会人口流动加速等因素对于彩票行业以及渠道发展的影响。

以视频型彩票为例，视频型彩票是采用计算机和通信网络系统作为发行载体，通过彩票销售厅集中销售，以投注卡结算的电子视频彩票。正是由于视频彩票游戏互动性强、博弈性强的特点,视频彩票游戏对于销售渠道做了严格要求,通过在销售厅的集中销售,加强渠道管控和风险把控。此外,从鼓励更好地筹集公益金、支持社会福利事业发展的角度出发,为了支持地市社会福利事业发展,各地对于视频彩票渠道建设投入了大量资源。视频型彩票游戏区别于其他游戏,有着一定的"门槛",参与视频彩票购彩的人群收入水平往往高于电脑票、即开票的参与人群,因此在销售厅渠道的设立层面,要考虑的不仅是地理位置因素,还要从面积大、好停车、方便管等角度,将符合购彩人群身份需求、满足游戏产品特性作为渠道设立的关键因素。

再以快开型彩票游戏为例,快开型彩票游戏由于返奖高、周期短的产品特点,刚一上市便赢得了购彩人群的认可,进而导致专营店渠道成为福利彩票和体育彩票争夺的阵地。专营站点能够为购彩人群提供适应短周期游戏的场景,对购彩者而言,快开型彩票游戏需要一个能够停留驻足研究和交流选号的购彩环境;对销售员而言,快开型彩票游戏为专营店提供了直接销量和人流客户;对机构而言,快开型彩票游戏是一个能够通过产品扩展站点、加强管理的有力抓手。因此,快开型彩票游戏因产品特点、销量贡献而成为福体两彩发展各自专营渠道的重要手段。

5. 游戏调整阶段

随着2014年的彩票行业大审计,我国彩票行业从暴发式发展的"野蛮生长"回归平静,特别是在2015年经历巡视整改、互联网售彩整顿后,福利彩票游戏产品结构逐年调整,快开型彩票、视频型彩票等主力销量票种的政策不断收紧。在彩票机构和销售站点的共同努力下,全国福利彩票的整体销量和渠道数量基本稳定,但是专营站点增长乏力、收支相抵甚至经营困难的趋势愈加凸显。究其原因主要在于现有渠道与游戏产品不相匹配,如前期鼓励新办星级专营投注站,导致渠道成本提高,再如互联网技术加持社交软件的使用,均加剧了渠道终端站点的两极化,也使行业发展信心受到打击。

与传统渠道发展的步履维艰相类似,福利彩票兼营渠道拓展受困于代销费比例低、与其他业态融合困难等因素,目前尚未形成兼营渠道体系化发展模式。互联网渠道受到禁止售彩以及打击黑彩的影响，线上引流作用难以发挥，部分线上服务渠道结合游戏产品特点，挖掘传统渠道和购彩人群的潜在需求，以合买、跟单、荐号、线上配送等方式辅助销售，但以互联网技术为代表的新一代技术在福利彩票事业上的应用价值尚未完全体现。此外，彩票自助销售渠道、电话投注渠道虽然在一些时间段、在个别地市监管环境有所放宽，但相关销售方式仍未开放，彩票行业渠道创新的环境仍不明朗。

6. 小结

习近平总书记指出，要树立大历史观，从历史长河、时代大潮、全球风云中分析演变机理、探究历史规律，提出因应的战略策略，增强工作的系统性、预见性、创造性。从福利彩票自1987年诞生至今的34年发展历程来看，福利彩票渠道发展经历了不断探索、试错和发展的过程：从有奖募捐券最初的游动销售到福利彩票即开票"大奖组"模式，从电脑票之初"风采系列"的渠道摊派、低成本兼营模式运营到"双色球""快开游戏"火爆销售后的专营投注站运营模式，从"中福在线"及快开型彩票等游戏下线后传统福彩渠道面临的困境到互联网渠道、自助渠道等技术发展在彩票行业的实践举步维艰，再到福利彩票渠道与体育彩票渠道的高度重合现状。

本文认为福彩渠道的发展历程是伴随游戏产品变化，市场行为在政策导向下寻求最优解的过程。福利彩票作为国家特许发行的国家彩票，其发行销售受到宏观因素的影响极为明显，市场、技术、资本等因素在渠道发展转型层面起到了优化作用。但同时，目前福利彩票约有17.5万个零售商，且其中专营投注站占比较高，在新时代中国特色社会主义彩票发展过程中，渠道的转型和稳定将对福利彩票机构甚至主管监管部门的行为和决策产生重要影响。

二 福利彩票渠道发展因素分析

1. 宏观政策

2021年，十三届全国人大四次会议表决通过的《中华人民共和国国民经济和社会发展第十四个五年规划和2035年远景目标纲要》中,再次将彩票写入国民经济和社会发展五年规划,提出"加强彩票和公益金管理"。

对比"十五"以来的过往五年规划,除"十三五"未提到彩票外,"十五""十一五""十二五"均将扩大彩票发行作为核心发展定位,而本次"十四五"明确将"加强管理"作为定位(见表1)。联系新时代中国特色社会主义一以贯之的"以人民为中心"、共同富裕、优化分配机制、强化系统观念等论述,福利彩票在宏观政策定位层面,通过加强彩票和公益金管理,实现福利彩票的高质量发展,以发行销售提质增效实现福利彩票在"三次分配"等社会救助层面发挥可持续作用,将成为福利彩票行业的总基调,也将成为福利彩票渠道转型发展的总目标。因此,依靠高博弈性游戏的销售驱动渠道高速拓展已不符合福利彩票定位,现有渠道模式与现有游戏产品的矛盾将迫使福利彩票渠道转型。

表1 "十五"至"十四五"规划与彩票相关内容

序号	五年规划	内容
1	第十个五年计划纲要（2001~2005）	建立可靠、稳定的社会保障资金筹措机制,通过加大征缴力度、调整财政支出结构、变现部分国有资产、扩大彩票发行规模等方式多渠道筹集社会保障资金
2	第十一个五年规划纲要（2006~2010）	规范发展体育健身、竞赛表演、体育彩票、体育用品,以及多种形式的体育组织和经营实体； 继续实行助学贷款,健全面向各阶段学生的资助制度,完善贫困家庭学生助学体系。扩大彩票公益金收益用于特殊教育的份额
3	第十二个五年规划纲要（2011~2015）	继续通过划拨国有资产、扩大彩票发行等渠道充实全国社会保障基金,积极稳妥推进养老基金投资运营
4	第十三个五年规划纲要（2016~2020）	未提及彩票
5	第十四个五年规划纲要（2021~2025）	促进慈善事业发展,完善财税等激励政策。规范发展网络慈善平台,加强彩票和公益金管理

2. 经济环境

我国经济已从高速增长阶段转向高质量发展阶段。纵观近10年国内生产总值数据,伴随经济中低速增长的新常态,我国经济已进入高质量发展阶段（见图1）。"十四五"规划"以推动高质量发展为主题"提出了"国内生产总值年均增长保持在合理区间"的目标，经济环境预计将持续向好，分配制度的优化完善、居民消费结构的调控改善，将使得居民收入水平稳步提升、中等收入人群不断扩大、新兴消费群体崛起，经济环境一方面为福利彩票渠道发展奠定基础，另一方面也将有助于渠道转型过程中参与主体调低行业营利预期、理性应对市场调整。

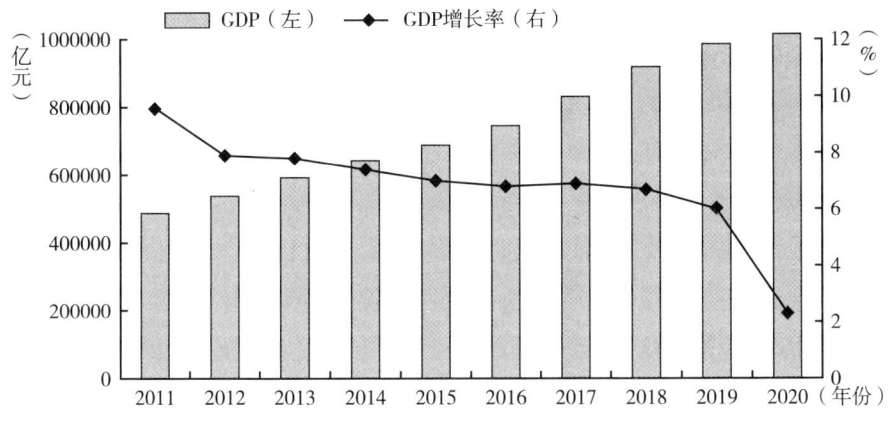

图1 2011～2020年中国GDP增长情况

资料来源：国家统计局。

3. 社会因素

第七次全国人口普查主要数据结果显示，从人口数量上看，2020年我国人口达14.1亿人，彩票市场整体潜力巨大；从年龄结构上看，我国老龄化程度进一步加剧，一方面"扶老"事业任重道远，公益金需求将持续扩大，另一方面购彩群体老化、传统渠道从业人员老化将成为制约渠道发展的重要因素；从人口迁徙流动上看，一、二线城市集聚效应明显，区域发展不平衡、不充分越发突出，渠道布局与购彩群体拓展将成为人口流入城市的渠道重点工作，渠道稳定与销量结构优化将成为人口流出城市的渠道重点工作；从人口受教育程度上看，我国人口素质不断提升，对于彩票的理解将不再限于"中奖"，福利彩票相较体育彩票在"公益品牌"方面的优势将被放

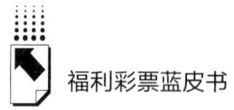

大，彩票娱乐属性之外的公益属性需求将倒逼福利彩票渠道建设中加强与民政资源对接，提升渠道公益性体验和服务。

此外，伴随新冠肺炎疫情防控常态化，福利彩票行业将面临适应新冠肺炎疫情常态化防控带来的深入影响，数字化转型、运营效率提升、洞察消费者新需求、符合渠道运营新需求（如线上为投注站提供设备维修或问题解决支持）将成为彩票机构在新时期工作的新方向。同时，尽管新冠肺炎疫情对于传统渠道冲击巨大，但鉴于传统投注站渠道在行业发展历史、购彩习惯培养等方面的影响，特别是考虑到福利彩票投注站面向部分中低收入人群提供稳定就业的重要作用，对现有实体投注站渠道的帮扶和赋能将成为彩票机构的重要工作和责任体现，而福利彩票渠道的抗风险能力提升和站点生存稳定也将成为福利彩票各级从业者所面临的长期挑战和近期关注点。

4. 技术趋势

伴随数字化发展步伐加快，"加快数字化发展 建设数字中国"成为"十四五"规划的重要组成部分，数字化将在政府转型、社会发展等领域发挥重要作用。而"互联网+"、大数据、人工智能、区块链、云计算等一系列信息技术和发展理念，将围绕"加强彩票和公益金管理"发挥重要作用。技术的发展和应用将助力福利彩票渠道转型，实现"以稳求进、以进促稳"的局面，而渠道发展也必将服务国家大局、满足人民新需求、顺应科技潮流、推进转型变革。

"互联网+"将为福利彩票紧跟时代发展提供路径，而"彩票+"和"+彩票"的模式将参照"互联网+"的探索，将彩票渠道拓展融入互联网；5G、物联网、数字人民币技术将为福利彩票渠道管控体系提供支撑，传统渠道的管控力度、兼营渠道的信息数据安全性、监管政策执行的效力将通过技术手段的进步得以加强；大数据将驱动生产方式和管理模式变革，渠道引流、渠道服务、渠道风控将以多源数据收集整理、数据关联建立为前提，明确渠道面临的问题点、风险点和优化方向，加强信息的挖掘与购彩人群的分析，切实提升渠道经营能力，最终基于大数据化解彩票行政管理与市场行为的矛盾；区块链、云计算的应用，将提升福利彩票信息存储和信息安全，发挥区块链技术和理念在彩票销售数据封存、信息安全管理应用、新型彩票游戏研发、彩票开奖公正和公益金使用公示等方面的作用。

5. 同类竞争

目前，福利彩票和体育彩票游戏的渠道建设由于管理模式、技术系统、布局规划的差异性而有所不同，但从销量贡献角度，传统投注站渠道仍是我国彩票销售的主阵地，两家彩票渠道的同质性大于差异性。

从游戏结构来看，即开型游戏、乐透型游戏、数字型游戏福利彩票和体育彩票产品同质化严重、玩法趋同；而竞猜型彩票与体育赛事的结合，天然具备拓展年轻购彩群体的优势。在市场表现上，2020年，竞猜型游戏销量已占全国彩票销量的22.43%[①]，已经成为稳定投注站经营、拓展购彩人群、吸引行业从业者的主力票种。特别是在福利彩票"快乐8"游戏尚处在市场培育期的阶段，福利彩票原有投注站销售渠道将因体育彩票产品优势产生市场变化，原有福彩专营店向福体双彩专营店转变、原有福体双彩专营店的福彩话语权下降，投注站的"用脚投票"将迫使福利彩票专营渠道转型。

从管理模式来看，体育彩票相较于福利彩票在渠道管控和渠道拓展方面体现出的技术系统统一、公司化运营优势较为明显。体育彩票自发行机构至销售机构形成了渠道团队，通过发行机构的规划指导和战略洽谈，为各地渠道管理的实践提供了支持。特别是在以便利店为代表的兼营渠道探索方面，尽管目前体彩与各便利店合作尚未形成成功模式，各便利店品牌间缺乏统筹规划，符合便利店渠道的利益分配模式和匹配设备尚待挖掘，但体育彩票通过部分排他协议的签订已经占据了兼营渠道拓展的先手。与之相对，福利彩票在渠道管理方面多依赖于各省福利彩票销售机构以及基层市县彩票机构，福彩系统尚未形成渠道发展和管控的合力。

6. 小结

上文借助PEST模型对福利彩票渠道的宏观政策进行了分析。参考福利彩票发展历史，渠道发展与游戏产品供给关系最为密切，但从宏观政策加强

---

① 根据财政部公布数据，2020年全国共销售彩票3339.51亿元，竞猜型彩票销售749.17亿元，占比22.43%。

彩票管理的定位来看，以高博弈性游戏驱动渠道快速发展已不适应新时代彩票发展目标，福利彩票渠道转型迫在眉睫。从经济、社会、技术方面来看，福利彩票渠道转型和发展具备较好的基础，新需求、新技术将为渠道转型发展提供空间和支撑。宏观政策分析后，本文通过与体育彩票渠道建设的对比，提出了两家彩票游戏结构和管理模式对于渠道的影响，未来福利彩票渠道发展需在补短板的同时，寻找"弯道超车"体育彩票渠道建设的机遇。

需要特别说明的是，同类竞争方面本文只选取了体育彩票作为对标分析，未来福利彩票和体育彩票体制机制改革、其他参与公益事业或募集公益资金的机构或企业对于彩票行业的替代可能性，受到彩票立法及相关政策影响不在本文讨论之列。

三 福利彩票渠道新时期发展定位

渠道作为产品或服务从生产领域向消费领域转移所经过的路径，产品或服务的调整必然对于路径所有参与方产生影响。根据对福利彩票渠道发展回顾和影响因素分析，在宏观政策层面越发明显的"加强管理"导向作用下，福利彩票渠道由于产品及服务的影响，将转向内涵式发展。

一是游戏产品的供给侧调整，使得产品博弈性降低，销量结构将产生变化。在市场作用下，渠道主体可能采取低成本策略以适应游戏调整。同时，游戏产品需要根据渠道自下而上的信息收集和反馈，因地制宜、因时制宜推进产品的研发上市。销售网点将不仅是渠道的末端，还将成为彩票机构产品研发、营销活动的设计者和检验者。

二是伴随福利彩票公益属性的越发凸显，公益理念将逐步成为福利彩票的文化内核和产品包装核心。福利彩票渠道在承担销售兑奖等游戏服务的同时，还将成为福利彩票"扶老、助残、救孤、济困"发行宗旨与社会大众的触点，其"人民属性、国家属性、公益属性"将更加受到各界的关注。福利彩票渠道将成为社会公益事业、第三次分配的实践者和参与者。

三是互联网对于人民群众生活的影响进一步深入，服务体验价值将成为实体渠道引流和经营的核心竞争力。福利彩票通过 34 年的发展壮大积累了一定量的购彩群体，近年来借助品牌宣传和营销活动吸引了部分非彩民群体了解和关注福利彩票，但实现购彩人群的转化需要良好的服务体验，渠道要将"幸运陪伴、公益赋能"的理念传播变成看得到、买得着、体验好的参与行为，进而使之成为品牌宣传的承载者和购彩行为的转化者。

四　福利彩票渠道转型发展相关建议

基于在新时期福利彩票渠道转型发展过程中，产品研发和营销活动的设计者和检验者，社会公益事业和第三次分配的实践者和参与者，品牌宣传和购彩行为的承载者和转化者的发展定位，本文对福利彩票各级渠道主体的工作方向初步建议如下。

（一）发行机构以上率下、勇于担当，为渠道转型提供动力

中福彩中心作为福利彩票的发行机构，需要在《彩票管理条例》及实施细则赋予的职权范围内革故鼎新，以新发展理念推动福利彩票的供给侧改革。

顶层设计层面，中福彩中心需要以国家和民政部"十四五"规划为指引，建议专项制定"十四五"渠道规划，发挥系统观念并以问题为导向，将公益传播和公益体验作为福利彩票产品的组成内容，探究福利彩票渠道发展的核心举措和实施路径；梳理渠道相关制度，查漏补缺，建立健全相关标准、制度和规范，形成渠道工作体系和拓展模式。

机制建设层面，建议中福彩中心加强发行销售系统建设，参考体育彩票技术统一优势，为渠道建设提供根本支撑；发挥法定职能赋予的激励约束机制、监督管理机制和市场调控机制作用，敢于担当、善于作为，参考体育彩票企业化运营在渠道工作中的经验，发挥公司机制、寻找后发优势，形成福利彩票机构与公司协同共进的模式，形成市场调控和监督管理合力，实现稳中求进、以稳促进的渠道发展态势。

游戏品种层面，建议中福彩中心从产品侧驱动的粗放式经营，向渠道与

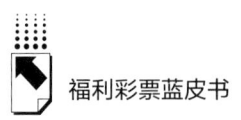

产品适配的高阶经营策略转型。根据不同渠道场景、渠道涉及的不同人群进行精细化拆分,为各类渠道提供相应的游戏产品,以渠道触达人群的转化为目的提供相应营销活动。

业务支持层面,建议中福彩中心根据市场形势变化,加强系统数据、资金归集结算、设备和技术服务等业务支持工作创新,变被动为主动,以事业发展为目标,将合规安全作为促进渠道工作转型的动能。

社会关系层面,建议中福彩中心加强渠道的形象建设和培训服务,为福利彩票参与者提供更为优质的渠道发展环境;加强与总对总渠道和规模渠道的洽谈;以新技术应用为载体,在代销管理中引入信用评价体系,探索行业工会、人员社保等方式,提升渠道工作人群的职业认同和行业归属。

(二)销售机构转变思想、躬身入局,推进渠道"放管服"

制度设计层面,建议修订完善本区域渠道管理办法和工作规范,在制度设计中坚持"放管服"原则,充分发挥终端渠道和市场运营参与方的主动性;立足当下的同时长虑顾后,以高质量的销量、有质量的项目,解决渠道的短期生存、机构的中期转型、事业的长远发展的问题;联动中福彩中心公司化探索,理顺机制、形成合力,实现"紧日子"下资源的最优配置;将传统渠道的管理有力、平稳发展,兼营渠道的拓展布局、效益优化等重点工作作为绩效考核方向,形成有竞争力的绩效激励机制。

渠道建设层面,建议建立责权利对等的渠道运营服务团队,大力加强基层网点管理运营队伍和培训团队的能力培养与体系支撑;明确销售机构筹集公益金的目标,守正创新、躬身入局,以直营渠道建设切实彰显福利彩票公益属性,以渠道合作扩大福利彩票触达点,以传统渠道帮扶作为稳定销量的压舱石。同时,需要完善渠道退出机制和距离保护政策,保证渠道布局的合理和稳定。

(三)销售网点降低成本、以稳促进,提升渠道经营能力

渠道拓展方面,综合当地人口特征和经济发展等情况,制定区域渠道拓展策略和方向计划;结合调研摸底,形成专营转兼营设点方案,对于专营渠

道采取征召结合邀约的模式尝试增机布点，对于兼营渠道挖掘利益契合点和商业模式，实现区域渠道的稳定布局。

渠道运营方面，针对机构自有渠道运营，建议根据渠道区域特点、覆盖人群的特点，选择公益文化、拓客营销等主题作为定位，通过试点总结摸索运营模式，借助民政资源和社区资源，形成自营渠道品牌窗口和线上渠道的合规流量入口。

渠道服务方面，主要针对传统渠道和兼营渠道提供培训服务和软件服务支撑。以站点管理员、区域内训师两个队伍为抓手，挖掘民间培训师和基层销售能手，通过资源整合和资源投放，激活基层从业人员自立性，实现渠道服务和帮扶效益最大化。

渠道退出方面，加强基础沟通和形势研判，降低押金成本、提前释放兑付压力，同时，优化渠道举例保护政策，制定渠道退出标准，保证退机不成潮、增点不生疑，确保渠道资源的充分利用。

渠道管理方面，形成联防联控体系，加强私彩查处、非理性购彩预警等工作，推进硬件设备准入标准和接口标准；研究符合监管政策的新渠道管控终端和相关软硬件；加强渠道管控数字化水平，积极承担彩票机构社会责任，确保渠道合规发展。

参考文献

黄树贤主编《民政改革40年》，中国社会出版社，2019。
冯百鸣：《彩票20年》，《中国经济周刊》2007年第37期。
吴琼：《从"西安宝马彩票案"看媒体新闻调查》，《新闻记者》2004年第10期。
何辉、荣耀：《彩票销量变化背后的产品结构和政府规制》，载何辉主编《中国福利彩票发展报告（2019）》，社会科学文献出版社，2020。
谭娟、汤定娜：《多渠道零售变革中实体零售商发展战略探讨》，《商业经济研究》2015年第11期。

B.5 博彩法框架下美国的互联网彩票法律规制

——兼及互联网彩票法制的发展建议

雷秋玉 刘 丽 宋慧敏*

摘 要： 美国联邦《电汇法》与《非法互联网赌博规制法案》对互联网彩票的发展形成掣肘。新罕布什尔州诉罗森案的胜利，使美国互联网彩票成功摆脱《电汇法》第1084（a）条规制，获得了前所未有的发展机遇。《非法互联网赌博规制法案》相对较为宽松的规划体系及自身存在的法律漏洞，使其无法真正制约互联网彩票。我国互联网彩票业的管控制度与美国互联网博彩业管控制度在管控体制、互联网彩票销售的罚则以及制度腾挪空间方面差异较大，但二者相似之处甚多。我国抑或美国，都应当顺应互联网蓬勃发展潮流，在适度监管的前提下放开互联网彩票市场，营造合法有序、开放自由的互联网彩票交易市场；立足现有的制度基础，辅以相关法律制度建设，使互联网彩票走上良性发展的法制轨道。

关键词： 互联网彩票 管控制度 法律规制 互联网化

---

* 雷秋玉，法学博士，安徽大学法学院教授（原昆明理工大学法学院教授），博士生导师，主要研究方向为民法学；刘丽、宋慧敏，昆明理工大学法学院2019级硕士生，主要研究方向为民法学。

博彩法框架下美国的互联网彩票法律规制

一　引言

我国昙花一现的互联网彩票开放态势，给未来留下了遐想的制度空间。在互联网时代，很难想象有何种市场运作可以独立于互联网之外。

将互联网彩票摒弃于网络之外，其初衷是良好的。彩票的销售与购买在本质上属于射幸行为。互联网运用于博彩行为，较之门店式的博彩，其流传范围更广、博彩手段的获取更为容易。例如，近期英国博彩业委员会进行的一项调查显示，移动设备成为访问在线博彩网站最流行的方式，超过50%的玩家使用智能手机。在博彩各类型中，超过62%的足球投注者使用他们的手机，国家彩票玩家的这一比例为43.5%，滚球投注在智能手机投注中更受欢迎①。互联网博彩的此种便利易得的特征，令其为青少年进入博彩大开方便之门。基于不同的考虑，各国各地区对于互联网博彩的管制甚为严格，互联网技术的日新月异似乎并不能撼动彩票门店式销售主流模式地位。

然而，彩票的市场运行固然应当以慈善、公益为目的，却并不排斥赢利的最大化。彩票发行、销售如果不能尽最大可能赢利，其服务于慈善、公益目的的效果，或许会受到较大影响。近期美国新罕布什尔州对美国司法部就跨州彩票网络销售案的胜诉，在一定程度上宣布了彩票开始摆脱其联邦法律的羁绊，走向全面的互联网化。在此名为新罕布什尔州诉罗森的诉案②中，美国第一巡回上诉法院判定1961年联邦《电汇法》禁止州际赌博的规定仅适用于体育博彩，不适用于其他类型的博彩和赌博，例如在线抽奖、在线扑克和在线彩票，从而在体育博彩之外，为包括其他在线彩票在内的博彩业之跨州作业开疆拓土③。这一上诉案件，在美国联邦司法部表明

---

① See "How The Pandemic Has Affected the iGambling Industry in the UK," 2021 WLNR 20309020.
② New Hampshire Lottery Commission v. Rosen, No. 19-1835 (1st Cir. Jan. 20, 2021).
③ See John Ottaviani, "Online Gambling Wins in the First Circuit," *Bus. L. Today*, February 2021.

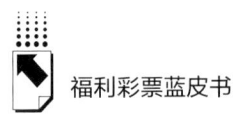

不再向联邦法院上诉之后，基本尘埃落定。我们可以看到，新罕布什尔州彩票中心执行主任 Charlie Mclntyre 在美国联邦司法局做出上述决定后，兴致勃勃地发布了一则评论："尽管我们在诉讼过程中一直充满信心，看到这样的结局依然极为兴奋。无论对新罕布什尔州还是对于整个国家，这都是一场历史性的胜利。这场胜利最大的赢家是学校和其他各种依赖彩票资金的重要事业……这一结果可以确保新罕布什尔州每年为本州学校提供超过 100 万美元资金。"①

可以毫不夸张地说，2021 年新罕布什尔州诉罗森案对于美国互联网彩票的发展是一个具有里程碑意义的法律事件。作为曾经对互联网博彩进行局部圈禁的国家，美国的经验具有一定的普适意义，它可能宣示着某种互联网时代与市场规则优先共识下不言而喻的真理，即以堵的方式为市场交易设置障碍或门槛或许并非这一时代最优的选择，改堵为疏或许更能因应时代发展的需求。

二　美国《电汇法》第1084（a）条的互联网博彩管制内涵

美国对互联网博彩的管理制度，与其联邦制的国家体制相适应，州管州的事情，州际事务则属于联邦的权限范围。从殖民时代到南北战争时期，美国联邦政府对于赌博基本采取放任的态度，直至 19 世纪末期，国会首次为规制乐透彩票制定赌博法规。20 世纪初期，相关的立法活动陷入长期停顿的局面。至 1961 年，为遏制集团犯罪行为，美国国会通过了一系列与赌博管制有关的法规，包括联邦《电汇法》（Wire Act）②、《旅游法》（Travel Act）③，以及《赌博设备州际运输法》（The Interstate Transportation of

---

① "New Hampshire Lottery Issues Statement as Us Department of Justice Will Not Appeal Wire Act Ruling," 2021 WLNK 20644796.
② 18 U.S.C. § 1084.
③ 18 U.S.C. § 1952.

博彩法框架下美国的互联网彩票法律规制

Wagering Paraphernalia Act)①。由于集团犯罪的问题并未随着上述法规之订定而获得改善，为进一步强化管制，美国国会又于1970年通过《非法赌博公司法》(Illegal Gambling Business Statute)②、《诈骗腐败组织集团犯罪法》(The Racketeer Influenced and Corrupt Organizations Act)③、《非法互联网赌博规制法案》(UIGEA)等与赌博管制相关的法令。

在诸多法令中，1961年的联邦《电汇法》最为重要，牵涉到互联网时代最为核心的法律问题。其直接与互联网彩票规制关联的条款是美国法典第1084条。该条规定包括5款，核心条款为第1款："任何从事投注或投注业务的人故意使用有线通信设施在州际或外国贸易中传输投注或投注信息或协助投注或投注任何体育赛事或比赛的信息，或为其提供有线通信服务，令其可以通过现金、信用卡进行投注、下注或者协助投注、下注，应根据本法处以罚款或不超过两年的监禁，或并处之。"

该条第1款中的"传输投注或投注信息或协助投注或投注任何体育赛事或比赛的信息"的规定，极具争议性。首先应当明确的是，《电汇法》该款的适用对象是在州际或国外通过电子通信设备接收美国公民进行赌博投注的博彩业经营者，不包括普通的赌博人。④其次，《电汇法》通过惩治博彩业经营者，即可达到禁行州际博彩的目的。而州际博彩一旦被禁，网络博彩的意义将失其大半，对网络博彩的管制目的也基本得以实现。从法律规定的文义看，该款的意义事实上至为明确，即第1084条第1款［下称第1084(a)条］所规制的投注行为，仅指体育赛事或比赛，但是在实际操作中，这一文义界限在管制者的解释语义中，却并不限于体育赛事或比赛。2002年，美国第五巡回法院在一件民事诉讼案中提出，《电汇法》的上述法律语言表达的意义明确指向体育赛事或比赛⑤。2005年5月，美国司法部刑事司

---

① 18 U.S.C. § 1953.
② 18 U.S.C. § 1963-64.
③ 18 U.S.C. § 1084a (1994).
④ 参见庄劲、汤蕴诗《美国网络赌博刑事政策之争及其启示》，《刑法论丛》2012年第4期。
⑤ See In re Master Int'l Inc., Internet Gambling Litig., 132 F. Supp. 2d 468, 480 (E. D. La. 2001).

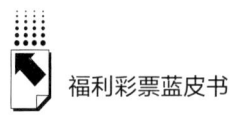

副助理总检察长致函伊利诺伊州（Illinois）彩票业监管者，表明了司法部的立场，指出伊利诺伊州即将通过的一项允许通过网络购买彩票的法案违背美国法典第1084条，即博彩业的经营者通过使用有线通信设施接受州际投注违反联邦法律，无论这些投注是否用于体育赛事或比赛。4年后，即2009年12月，纽约和伊利诺伊州就其计划使用互联网和州外交易系统向其州内的成年人出售彩票行为的合法性征询司法部刑事司的意见。两州在征询函中均提到了《美国法典》第31卷《非法互联网赌博规制法案》（UIGEA）第5361~5367条，并辩称联邦《电汇法》并未禁止这种行为，因为第1084（a）条①仅限于与体育相关的博彩行为。美国司法部刑事司回顾了其于2005年对伊利诺伊州的复函，认为第1084（a）条的适用范围不能做如此限制，即便博彩交易的发起与结束均发生于一州之内，但是其运行却是借用了跨州的交易系统和互联网，而任何此种博彩的经营者行为均在禁止之列。尽管如此，司法部刑事司也注意到了此种对法规的解读与UIGEA规定的矛盾之处。因为按照UIGEA的相关规定，如果投注或者赌注的发起和接收等行为绝对局限于一州之内，即便存在传输投注或者赌注的电子资料的中间路由（即传输电子信息通过了其他州），此种博彩经营者行为仍被排除在非法互联网博彩行为的范围之外②。司法部刑事司就此征询同部的法律顾问处（OLC），即以跨州的交易资料处置方式进行州内的彩票销售行为，是否违反联邦《电汇法》。

2011年，对于上述征询，美国司法部法律顾问处（OLC）同意第五巡回法院的意见，认为"电汇法不涉及与'体育赛事或比赛'无关的州际有线通信传输"，并最终得出各州与彩票相关的提案没有违反《电汇法》③的结论。

至2017年，态度强硬的司法部刑事司要求法律顾问处重新考虑其立场。

---

① 以下对第1084（a）条与第1084条或者第1084条第1款不做区别。
② See 31 U.S.C.A. § 5362（West）.
③ See Whether the Wire Act Applies to Non-Sports Gambling, 35 Op. O. L. C. 134, 151 (2011)（"2011 Opinion"）.

在此背景下，法律顾问处于 2018 年 11 月正式修正了 2011 年意见①。其 2018 年意见认为，第 1084（a）条显然不限于体育赛事，而且禁止使用有线通信设施在州际或对外贸易中传输信息……协助配售对任何体育赛事或比赛的投注或赌注。对此，司法部法律顾问处辩解说，其 2011 年的意见并未对法律规定的文本或者通过特定的规范构造而形塑的法律规范给予充分的关注，考虑得不够成熟，有悖于司法部的一贯立场②。当然，司法部法律顾问处也注意到，由此一些信赖利益将遭受损失。但是其同时也认为，任由这些根据 2011 年意见形成的利益持续下去是不适当的。在随后发布的备忘录中，刑事司副助理总检察长呼吁任职司法部的政府律师与法律顾问处的上述解释立场保持一致，因为此立场即为司法部的立场。对于信赖利益，备忘录指出：在本备忘录发布之前或者发布之后的 90 天内，因信赖 2011 年意见致使违反《电汇法》第 1084（a）条者，在自由裁量权的范畴内，无论在刑事抑或民事诉讼中，司法部的律师都不宜主张直接适用 2018 年意见。事实上美国司法部数次延后了 2018 年意见实施的时间，最近一次处理是延至 2020 年 11 月 1 日。

美国政府经营彩票事业至少可追溯至殖民时代，那时"彩票作为公共和私人传统融资方式的替代品而蓬勃发展"③。目前美国有 48 个州在经营彩票。新罕布什尔州就是其中之一。通过其彩票委员会（NHLC），新罕布什尔州政府在全州 1400 个站点销售传统的基于零售商的彩票。其业务不涉及对体育赛事或竞赛下注、打赌。NHLC 的利润专用于该州的教育信托基金。在 2018 财年，NHLC 向该基金捐款 8720 万美元。NHLC 的所有与彩票相关的活动都使用互联网或州际线路。在实体运营中，州彩票也依赖管理彩票库存和销售的计算机游戏与后台系统，而后者又依赖州外的备份服务器。通过其网站和各种社交媒体平台，NHLC 传达抽奖结果、宣传彩票游戏并提供一

---

① See Reconsidering Whether the Wire Act Applies to Non-Sports Gambling, 42 Op. O. L. C., at ＊23, 2018 WL 7080165, at ＊14 (Nov. 2, 2018).
② See Reconsidering Whether the Wire Act Applies to Non-Sports Gambling, 2018 WL 7080165 (O. L. C. Nov. 2, 2018).
③ "Nat'l Inst. of L. Enf't & Crim. Just., U. S. Dep't of Justice," *The Development of the Law of Gambling* 660 (1977).

般信息。司法部法律顾问处发布2011年意见后,新罕布什尔州开始运营由NeoPollard开发的iLottery系统。该系统允许玩家在线参与48种不同类型的游戏。玩家通过在线账户支付他们的赌注,只有当他们在该州境内时才能将资金存入该账户。虽然在整个交易过程中参与者本身必须位于新罕布什尔州,但交易辅助数据或信息的中间路由可能跨越州界。iLottery系统预计将在2021财年为新罕布什尔州带来600万~800万美元不等的税收收入。NHLC预测,如果其运营无法依赖互联网,销售额将急剧下降。据估计,退出多辖区游戏比如仅"强力球"一项,将使该州每年损失4000万美元的教育资金收入。如果没有司法部的进一步指导,NHLC预计银行将不愿意接受和处理iLottery交易。NeoPollard已投资数千万美元建立其iLottery系统,该系统计划部署在密歇根州和弗吉尼亚州。NeoPollard声称,确保完全遵守2018年意见确立的《电汇法》解释的唯一方法,是搁置其在新罕布什尔州的全部iLottery业务,NeoPollard在这些业务上花费了数百万美元以吸引投资者和玩家的兴趣。如果继续在新罕布什尔州经营iLottery,它将面临被追责的风险。

2019年2月15日,为了免受现行法律解释的限制,NHLC向政府提起诉讼,提出简易判决动议,要求做出宣告性判决,即宣告《电汇法》不适用州进行的彩票活动,根据《行政程序法》(APA)撤销2018年意见的命令。NHLC提出了两个基本主张:(1)第1084(a)条的禁令不适用于各州;(2)第1084条的禁令仅限于体育博彩,因此不适用于国家进行的彩票活动。就在NHLC提起诉讼的同一天,NeoPollard也提起了诉讼,请求宣布《电汇法》仅限于规制体育赛事的赌博。地区法院合并了两个案件。此案经地区法院审理后,上诉至联邦第一巡回法院,上诉的结果已如上述,在此不赘。唯须注意的是,此诉讼不同于2002年第五巡回法院判决:一是2002年第五巡回法院的诉案性质为民事诉讼,而此次诉讼为行政诉讼;二是2002年第五巡回法院虽然在民事诉讼中表明了其对第1084(a)条的意见,但是鉴于该案的性质,此种意见并不具有判决的意义,因此不足以形成先例。此次诉讼的性质是行政诉讼,审判结果是联邦司法部败诉后未再上诉,从而以司法审判的形式终局性确定了第1084(a)条的适用范围。

博彩法框架下美国的互联网彩票法律规制

三 美国《非法互联网赌博规制法案》与《电汇法》的交集、区分与内容展开

对于互联网赌博业来说，除《电汇法》外，《美国法典》第 31 卷《非法互联网赌博规制法案》（UIGEA）是另一部重要的规制性法律文件。

（一）历史与定义

为制定非法网络赌博管制的专门法案，美国众议员 James Leach 在屡遭失败后，于 2005 年以《互联网赌博禁止法案》（Internet Gambling Prohibition and Enforcement Act，H. R. 4411）为名提出法案，次年改为《非法互联网赌博规制法案》（Unlawful Internet Gambling Enforcement Act），在众议院高票通过。进入参议院时，通过希望似乎渺茫，然而 2006 年 6 月，时任参议院多数党领袖的 Bill Frist 以巧妙手法于最后时刻力挽狂澜，使得原本通过概率极低的法案竟然以高票通过，传为佳话①。该法现在实际编入《美国法典》第 31 卷第 4 分卷第 53 章第 4 分章，名为《非法互联网博彩资金提供行为禁止法》②，共计 6 个条文，其中最为重要的条文为定义条文，即其第 5362 条。

第 5362 条包括 11 个子项，依次为：（1）下注或打赌；（2）博彩业务；（3）指定支付系统；（4）金融交易提供者；（5）互联网；（6）交互式计算机服务；（7）限制交易；（8）秘书；（9）州；（10）非法互联网博彩；（11）其他条款。

最为重要的子项，即其第（10）项。第（10）项的规定可分 5 个方面③：第一，非法互联网赌博的一般界定。"非法互联网赌博"是指下注、接收或者以其他明知的方式传输赌注，无论其以何种方式，至少其部分

---

① 参见郭绒晋《Gambling 2.0：美国"网络赌博"法制之研究——兼论我国刑法对于网络赌博之评价》，载我国台湾地区《科学法学评论》2008 年第 2 期。
② 为符合其一贯的称谓，仍称为《非法互联网赌博规制法案》。
③ 31 USC. A. § 5362（West）.

095

涉及互联网的使用，且根据下注等相关行为（包括发起、接收或以其他情形）发生的州或者部落保留地的联邦法或者州法，此种下注行为都是非法的。第二，州内交易。"非法互联网赌博"不包括在下述投注、接收赌注或以其他方式传输赌注的行为：（1）投注或者赌注的发起、接收以及以其他方式进行传输的行为均发生在一州之内；（2）下注行为、打赌的行为或者赌注发起、接收以及以其他方式传输的行为，得到该州法律明确允许且根据法律进行，同时该州的法律应当包含合理的年龄限制、位置验证要求（用于阻止该州以外的未成年人或者其他人员访问），以及适当的数据安全标准（以防止任何年龄的、未经国家法律法规允许的人在其当前所在地未经受授权即可访问赌博网站）。第三，投注或赌注不违反以下任何规定，即1978年《州际赛马法》①、《美国法典》第28编第178章（俗称《职业和业余体育保护法》）、《赌博设备运输法》②、《印第安人博彩监管法案》③。第四，与相关法律规范的关联。第五，中间路由。电子数据的中间路由不应用以确定下注等相关行为（包括下注行为的发起、接收或以其他情形）的位置（包括一个或多个位置）。

尤其值得关注的有两项规定：一是州内交易；二是中间路由。根据这两项规定，下列行为不被视为"非法互联网赌博"：完全在单一州内完成赌注的发起、接收或者以其他方式完成投注，即便赌博相关的电子资料（或者电子信息，electronic data）经过了中间路由（intermediate routing），也不影响赌注的发起、接收或者以其他方式完成投注的地点确认。中间路由实质是指电子资料的传输经过了其他州。这一条款的规定内容与《电汇法》的条款第1084（a）条存在冲突。根据第1084（a）条的规定，任何从事投注或投注业务的人故意使用有线通信设施在州际或外国贸易中传输投注或投注信息或协助投注或投注任何体育赛事或比赛的信息，或为其提供有线通信服务，令其可以通过现金、信用卡进行投注、下注或者协助投注、下注的行为均属跨州。按照

---

① 15 USC 3001.
② 15 USC 1171 et seq.
③ 25 USC 2701 et seq.

第1084（a）条的规定，即便完成某赌注的全部行为发生在一州之内，但是其电子资料的传输行为经过了其他州，此种行为仍将被认定为非法。

厘清《电汇法》第 1084（a）条与《非法互联网赌博规制法案》第 5362 条第 10 项的关系，实为重中之重。在此拟结合大陆法的相关原理进行简要分析：第一，《电汇法》是旧法，《非法互联网赌博规制法案》是新法，按照新法优于旧法的原则，在两者有矛盾时，应当优先适用新法。但是《电汇法》也同时是特别法，《非法互联网赌博规制法案》是一般法（专法），故此处不能简单适用新法优于旧法的规则，而应当适用特别法优于一般法的规则。按照特别法优先适用的规则，《电汇法》应当优先适用；第二，第 1084（a）条的适用范围经由"新罕布什尔州诉罗森案"得以重新确定后，一般博彩投注不在其适用范围内，只有从事投注或投注业务的人故意使用有线通信设施在州际或外国贸易中投注体育赛事或比赛的事项，始在其适用范围内，如果存在中间路由，即便投注的发起、接收等均在一州境内，该类事项仍在该条款的禁令效力之下；第三，博彩的互联网销售，除体育赛事的博彩仍在第 1084（a）条的适用范围内，属于禁止事项，其他博彩的互联网销售，则是一般的事项，属于《非法互联网赌博规制法案》的适用范围。鉴于《非法互联网赌博规制法案》的例外规则大量存在，互联网博彩事实上取得较大的发展空间。

（二）UIGEA 的罚则与其他管制手段

UIGEA 并未完全禁止所有赌博来源。它免除了州彩票、赛马博彩、印第安人博彩和梦幻体育联盟[①]。它的目的并不是将互联网赌徒定罪；它禁止美国的银行允许使用任何银行工具，例如信用卡、支票或汇票，用于从赌博网站存款或取款[②]。

---

① See 31 U. S. C. § 5362（10）（B）（iii）（Supp. 2007）.
② See id. § 5363.

1. 禁止资金支付

具体而言，UIGEA 的工作方式是禁止任何参与非法互联网赌博的赌徒转移资金。它在相关部分规定，"从事博彩业务的人不得在知情的情况下接受与他人参与非法互联网赌博有关的"① 特定类型的金融工具，包括通过信用卡、电子资金转账和纸质支票提供的信贷。

有学者认为，这不是阻止金钱通过网站从赌徒转移到另一个赌徒或网站运营商的有效方法②。因为网站能够通过将交易错误编码为娱乐费以隐藏交易，或者可以"使用另一商户的识别号和商户类别代码并通过他的终端提交交易，并支付该商家提交交易金额一定百分比的好处费。"③

2. 民事禁令或者强制措施

UIGEA 赋予"美国地区法院通过根据本节发布的适当命令来防止和限制受限制交易的原始和专属管辖权。"④ 此外，联邦和州执法官员可以获得针对互联网中介机构的司法命令，以撤回用于促进互联网赌博的通信设施⑤。

3. 刑事处罚与永久禁令

UIGEA 规定，违反者最高可判处 5 年监禁和罚款。⑥ 此外，如果行为人被判有罪，经营者将通过永久禁令"禁止……（行为人）下注、接收赌注或以其他方式下注或打赌，发送或者接收下注的信息以及传输邀请、协助下注或者打赌信息的行为也在禁止之列。"⑦

（三）UIGEA 的实效

UIGEA 于 2006 年通过后，其实效如何？对此意见并不完全一致，但是

---

① 31 U. S. C. § 5363.
② See Joel Weinberg, "Everyone's a Winner: Regulating, Not Prohibiting, Internet Gambling," 35 *Sw. U. L.* Rev. 293, 305 (2006).
③ See Michael Blankenship, "The Unlawful Internet Gambling Enforcement Act: A Bad Gambling Act? You Betcha!," 60 *Rutgers L.* Rev. 485 (2008).
④ See §5365 (a).
⑤ See id.
⑥ See § 5366 (a).
⑦ See § 5366 (b).

唱衰乃是学界主流倾向。

Wickert 在 2008 年时曾如此评价说，UIGEA 在其通过后的短时间内，已经对美国的网络赌博产生了深远影响，几家行业巨头已经将美国境内业务全部下架，净值也因此大幅下跌。这不仅包括曾经提供在线赌博的扑克室和赌场，还包括过去允许玩家为其账户注资的中间支付系统。在短短几个月内，美国的网络赌博发生了翻天覆地的变化。然而，任何关于互联网赌博将从美国完全消失的预测都是短视的。对于休闲型赌徒，UIGEA 可能会继续实现其消除在线游戏的目的。然而，对于铁杆网络赌徒来说，UIGEA 只是为他寻求在线赌博提供了不便。如果玩家非常想在线赌博，他会将钱存入外国银行。互联网博彩业能否在美国重新站稳脚跟，还有待观察①。

Rainey 也指出，许多博彩分析师和行业分析师一致认为，UIGEA 在技术上对阻止在线赌博几乎没有作用。事实上，私人赌博业务利用了 UIGEA 中的几个明显漏洞。仍然接受美国玩家投注的赌博运营商利用 UIGEA 中的第一个漏洞涉及中间人支付处理器。此外，UIGEA 还制造了另一个简单但巨大的漏洞，即 UIGEA 规定，如果某种支付方法难以监控，它可能会被豁免。可以说，最难监控的付款方式是纸质支票，因为每年开出的美国支票数量庞大。要求银行每年手动监控 400 亿张支票以找到那些流向赌博网站的支票显然成本太高而无法执行。如果豁免纸质支票，赌徒就可以自由地向赌博网站发送支票，只需要忍受和适应等待收到支票的不便。这在逻辑上导致了一个动摇 UIGEA 的基础和目的的问题。如果支票可以免于 UIGEA 执法，为什么不使用电子支票？UIGEA 的真正功能是将蓬勃发展的行业推向私人手中，并令人难以置信地放弃可观的应税收入。研究表明，联邦政府正在通过取缔互联网赌博来拒绝超过 30 亿美元的税收收入。一般来说，受影响最大的企业是信誉良好的上市公司，它们在 UIGEA 颁布时损失了大量市场价值。

---

① See Wickert, "All In, But Left Out: How the Unlawful Internet Gambling Enforcement Act Seeks to Eradicate Online Gambling in the United States," 10 *Vand. J. Ent. & Tech. L.* 215 (2007).

此外，UIGEA 的主要目的——保护公民免受赌博带来的社会和经济危害——尚未实现。由于存在法律漏洞，人们仍然在互联网上赌博。即使可以显示互联网赌博整体下滑，仍然不能说明最需要保护的人——未成年人和问题赌徒——受到了保护[1]。

Brenner 的研究指明，美国赌博影响研究委员会（NGISC）在 1999 年关于互联网赌博的报告中宣称禁止互联网赌博是美国实现其政策目标的最佳途径。NGISC 建议：（1）全面禁止互联网赌场；（2）禁止向已知的互联网赌场或代表它们的银行进行电汇；（3）禁止允许在家中或办公室使用互联网赌场的州立法；（4）联邦政府鼓励外国政府不要庇护为美国服务的互联网赌博运营商。UIGEA 仅实现了其中两项建议。它与现有的联邦法律相结合，禁止在美国境内经营互联网赌场。它还阻止离岸互联网赌场接受来自美国的汇款。然而，如果不采纳 NGISC 的另外两项建议，UIGEA 就毫无意义。如果政府真的希望保护其公民免受赌博的危害，就必须给他们一个不赌博的理由。截至今天，如果美国的赌徒找到绕过 UIGEA 并访问互联网赌场的方法，他们就不会受到任何影响。美国还需要积极与外国政府合作，防止离岸互联网赌场接受来自美国的赌注。如果没有这些政府的合作，美国可能会在 WTO 中遇到更多麻烦，因为它继续奉行违背其 GATS 承诺的政策[2]。亦有其他研究者指出，UIGEA 通过关闭下注方法来工作。不确定它是否会有效，因为大多数愿意支持互联网赌博网站的金融机构很可能位于国外。因此，除非运营网站或金融机构的负责人进入美国，否则联邦政府将很难执行任何形式的刑事制裁[3]。

---

[1] See Rainey, "The Unlawful Internet Gambling Enforcement Act of 2006: Legislative Problems and Solutions," 35 *J. Legis.* 147 (2009).

[2] See Brenner, "Betting on Success: Can the Unlawful Internet Gambling Enforcement Act Help the United States Achieve Its Internet Gambling Policy Goals?," 30 *Hastings Comm. & Ent. L. J.* 109 (2007).

[3] The Department of Justice Has been Active in Its Prosecution of Foreign Web Site Operators. See Matt Richtel & Heather Timmons, "Web Casinos Becoming a Riskier Bet for Investors," *N. Y. Times* Aug. 21, 2006, at C1 (detailing July 16, 2006 arrest and twenty-two-count indictment).

四 中国彩票业互联网化管控制度的历史性展开

从比较法的角度看,我国彩票业的互联网化之艰难可与美国互联网彩票制度的严格管控相提并论。从互联网化的程度看,我国彩票业的互联网化程度可堪比美国彩票业的互联网化程度。

从制度史的角度观察彩票业的互联网化可以发现,我国彩票业的互联网化几经沉浮,可以粗略划分为4个不同的时期:2005~2007年,2007~2010年,2010~2015年,2015年至今①。

2005~2007年亦可称为由网络技术成熟自发催生彩票业互联网化的时期,这段时期表现出明显的技术性特征,即第三方支付技术逐渐发展成熟,网民得以养成,网购逐成习惯,等等。这些技术性因素为彩票的互联网化奠定了基础。在这一时期,互联网为新生事物,彩票的互联网化对于管理者而言仍较为陌生。这一时期彩票的互联网化,似乎更像是彩票互联网化的放任政策与彩票业者、网民自主自发在网络上销售与购买彩票行为的合谋。

2007~2010年最为明显的特征是国家管制的强力介入,已然趋热的互联网彩票一时遭遇较大打击。其标志性事件是2007年11月财政部印发第36号公告,该报告联合发文单位有财政部、公安部、民政部、信息产业部和国家体育总局。该公告发布的背景恰如其序言所宣称的那样:一是非法彩票等赌博活动泛滥成灾,譬如借销售彩票之名,行赌球或者开展六合彩活动之实等;二是诈骗猖狂。例如以预测的名义,或者假言包中等手段诈取钱财,损害百姓利益;三是设不平等条款,直接侵害购买彩票者的权益;四是向未成年人销售彩票,等等。②该公告公布了控制互联网彩票的几大措施:第一,强行停止。即非彩票机构主办的网站停止彩票销售业务。彩票机构系指依据《彩票发行与销售管理暂行规定》(财综〔2002〕13号)第4条、

---

① 参见王长斌《我国的互联网彩票:经营模式、发展策略与管制框架》,《财经论丛》2016年第2期。
② 参见财政部、公安部、民政部、信息产业部、国家体育总局公告(2007年第36号)。

第10条规定，由国家批准的彩票机构。根据该公告的要求，自该公告发布之日起30日内，非彩票机构主办的网站应一律停止彩票的销售业务。第二，严厉整顿。此为主管行政及相关部门的主动整肃、清理。第三，严厉打击。然而两年后，级别更高的规范性法律文件暨《彩票管理条例》颁行，对于互联网彩票的销售并未有任何明令禁止的规定出现。在此背景下，各路彩票销售网络看到了法不禁止即允许的默许态度，得以重操旧业。该行业得以游走在法律的灰色地带，直至2010年。

2010年《互联网销售彩票管理暂行办法》（下称"办法"）颁行。该办法虽然法律效力层级较低，属于财政部的规章，但是与此前《彩票管理条例》不同的是，它明文规定了互联网彩票销售。办法分为6个部分，计有总则、审批管理、销售管理、资金管理、安全管理与附则。值得注意的有以下规则。

第一，互联网销售彩票的概念。根据该办法第3条，互联网销售彩票是指"使用浏览器或客户端等软件，通过互联网等计算机信息网络系统销售彩票"。要点有三：（1）存在销售彩票的行为；（2）该销售行为使用了计算机软件，这些软件一般指浏览器，例如21世纪初仅有Internet Explorer一种浏览器，现在则有谷歌浏览器、360浏览器等其他选项，也可能指客户端软件等其他计算机软件；（3）该销售行为通过互联网等计算机信息网络系统进行。

第二，一般禁令。一般禁令通过第4条予以宣示："未经财政部批准，任何单位不得开展互联网销售彩票业务。"该禁令实际上与2007年第36号公告一样，重申了《彩票发行与销售管理暂行规定》（财综〔2002〕13号）第4条与第10条的规定。但是这一重申与2007年第36号公告出台的背景不一样，氛围也就有较大差异。2007年第36号公告重申《彩票发行与销售管理暂行规定》（财综〔2002〕13号）第4条与第10条的规定，其背景是由乱入治，目的在于加强管制。2010年《互联网销售彩票管理暂行办法》出台的背景是探索互联网销售彩票的规制路径，目的在于给互联网彩票销售提供法律支撑。故2010年《互联网销售彩票管理暂行办法》出台，无异于鼓励互联网彩票的销售。然而，由于行政效率偏低，规章实施缓慢，截至2014年12月，仅有两个网站经财政部批准进入试点①。

第三，彩票销售机构。彩票销售机构可以是彩票发行机构，即福利彩票或者体育彩票的发行机构（第5条），分别为民政部下属的中国福利彩票发行管理中心、国家体育总局体育彩票发行管理中心。彩票发行机构除自己销售彩票外，也可以通过合作、授权或者委托方式使其他机构或者单位进入互联网彩票销售。通过合作方式销售彩票，应当签订合作协议；通过委托方式销售彩票，应当签订代销协议。通过授权方式销售彩票，规章并未规定具体的授权方式。此外，规章对于以合作、委托方式进入互联网彩票销售的机构或者单位，规定了具体的入场条件（第7条），例如，要求具有独立法人资格，要求注册资金不低5000万元人民币，等等。因合作、委托进入销售的其他机构或者单位，不得再行委托（第14条）。

2012年由三部门（财政部、民政部、国家体育总局）制订的《彩票管理条例实施细则》颁行，再次重申非经批准彩票不得进行互联网销售的规则。

2012年财政部又单独颁行了《彩票发行销售管理办法》，其第5条对彩票销售的方式进行界定，认定"发行销售彩票所采用的形式和手段，包括实体店销售、电话销售、互联网销售、自助终端销售等"。互联网销售与其他彩票方式并列的独特界定方式，使得互联网彩票销售市场大受鼓舞，灰色市场暗潮涌动②。

然而在2015年的开端，三部门（财政部、民政部、国家体育总局）对已经抬头的灰色市场不良销售行为进行打压，联合下发了《关于开展擅自利用互联网销售彩票行为自查自纠工作有关问题的通知》，又一次对互联网销售彩票进行整顿。

从2015年三部门下发《关于开展擅自利用互联网销售彩票行为自查自纠工作有关问题的通知》进行新一轮的互联网彩票销售整顿至今，互联网

---

① 参见冯百鸣《互联网彩票：发展机遇还是潘多拉盒子?》，《中国经济周刊》2014年第47期。
② 参见王长斌《我国的互联网彩票：经营模式、发展策略与管制框架》，《财经论丛》2016年第2期。

彩票处于严管时期。2015年整肃的内容涉及：（1）彩票销售机构委托代销合同文本或者协议文本等形式的严查；（2）彩票销售机构擅自委托的品种及游戏；（3）擅自委托是否与彩票发行销售系统直接关联及关联方式；（4）擅自委托的主要销售方式；（5）擅自委托的年度销售额，以及计提彩票奖金、彩票公益金和彩票发行费比例。这次整顿的内容明显剑指委托代销方式的滥用及监管失序。2018年8月21日，财政部网站上又发布了该年第105号公告，联合发布单位有12家部门①。公告中重申了3项内容：第一，坚决禁止擅自利用互联网销售彩票行为。第二，严肃查处企业或个人违法违规网络售彩等行为。第三，加大实施失信联合惩戒力度。在第一项内容中，发布机关特别申明，截至公告发布之日，中国境内尚无任何一家互联网单位得到批准授权可以进行互联网彩票的销售。该公告同时宣称，未经批准，任何单位和个人均不能通过互联网销售彩票。在第三项内容中，十二部门声称，对于涉嫌犯罪的，将移送司法机关依法处理。事实上，早在2005年，最高人民法院与最高人民检察院联合发布的《关于办理赌博刑事案件具体应用法律若干问题的解释》第6条即明确规定："未经国家批准擅自发行、销售彩票，构成犯罪的，依照刑法第二百二十五条第（四）项的规定，以非法经营罪定罪处罚。"实务中此类案件并不少见，例如李德茂等4人非法经营案中，当事人因非法销售"六合彩"被判非法经营罪②；张梦等非法经营案中，行为人未经许可非法经营彩票业务，并占有部分投注款，因非法占有投注款数额较大，以非法经营罪与侵占罪数罪并罚③；张志彪、李冬梅、蒙姝婷等非法经营罪一案中，行为人未经批准销售彩票，扰乱市场秩序，其中被告人张志彪、李冬梅情节特别严重，其行为均被判构成非法经营罪④，等等。由此可见，十二部门所谓移送司法机关依法处理，亦绝非空言恫吓，而是实有法律

---

① 参见财政部、中央文明办、国家发展改革委、工业和信息化部、公安部、民政部、文化和旅游部、人民银行、市场监管总局、体育总局、国家网信办、银保监会公告（2018年第105号）《关于坚决禁止擅自利用互联网销售彩票行为的公告》。
② 参见湖北省宜昌市中级人民法院〔2012〕鄂宜昌中刑终字第00210号刑事判决书。
③ 参见重庆市第二中级人民法院〔2016〕渝02刑终字第57号刑事判决书。
④ 参见浙江省丽水市中级人民法院〔2020〕浙11刑再字第4号刑事判决书。

依据。

毋庸讳言的是,2012年至今,进入试点的两家互联网企业,至今仍处于试点中,抑或是试点已经停止,并无官方的只言片语。网传的试点互联网彩票销售网站有"中体彩"与"500彩票网"。在本文写作的过程中,"500彩票网"注册的页面有提示银行卡修改或者充值的按键,"中体彩"网站中有"购彩有节制,请理性投注!未满18周岁的未成年人不得购买彩票及兑奖"的提示。这说明两家试点网站仍处于试点运营当中。

总体而言,中国彩票销售机构须由法律规定或者通过其他方式产生。法定的销售机构即彩票发行机构;其他方式产生的彩票销售机构,即通过合作、授权或者委托等方式取得彩票销售经营权的机构,亦属合法的彩票销售机构。有权销售彩票的机构未必有权通过互联网销售彩票,互联网销售彩票的机构须由财政部批准。不仅如此,有权提供彩票销售业务的互联网销售平台,也需要得到财政部的批准。有权通过互联网销售彩票的机构,仅能在有权提供彩票销售业务的互联网销售平台上销售彩票,而中国仅有两家试点的彩票互联网销售平台,由此可见互联网彩票销售管控的严格。

五 中国与美国互联网彩票业法律管制的异同及发展建议

虽然在制度与传统上,我国互联网彩票业的管控制度与美国互联网博彩业(含彩票业)差异较大,但也有一些相似点。将两者进行比较,或可为彼此未来的发展提供借鉴。

(一)我国互联网彩票业与美国[①]互联网博彩业的管控制度差异

1. 管控体制不同

概观我国互联网彩票业与美国互联网博彩业的管制体制,有两点区分是

---

① 此处所指的是美国联邦层面。

比较明显的：一是我国的互联网彩票业与赌博的区分是明显的，互联网彩票业有合法与不合法的区分，而赌博仅具有非法性。而美国博彩并不严格区分赌博与一般的博彩包括彩票，两者都可能是合法的或者非法的；二是我国对于可依法进行的博彩，其管控实际上采用的是举国体制，虽然有中央与地方的利益区分，但是总体而言，均在国家利益的统一范畴内。美国的互联网博彩业存在州的独立主权或者独立的利益，这种主权和利益有时与联邦的主权或者利益可能并不一致，例如，一般来说，联邦对互联网彩票的管控限于州际范畴，州内的互联网彩票则属于州法管辖的范围。

由于联邦管控范围限于州际，故在美国，对与州际和州内管辖范围有关的法律条款的解释，成为判断适用州法还是联邦法的关键。如前所述，对《电汇法》主要条款《美国法典》第1084（a）条与《非法互联网赌博规制法案》主要条款《美国法典》第5362条条文的解释，实属至关重要。我国对于互联网彩票的管控，其规范主要出自部门规章，效力层级虽低，但是在中国全域均具有效力，其对于互联网彩票的管控主要是通过一般禁止条款（例如2010年《互联网销售彩票管理暂行办法》第4条），其条文清晰明了，无进行复杂辨析和解释的必要性。故此，美国联邦互联网彩票的管控，虽然也主要是行政法规实施层面的问题，但是在司法层面仍有进一步法律解释辩明的空间，主要围绕非法性的问题进行；而我国互联网彩票的管控，几乎当然是行政法规实施层面的问题，司法层面也基本上无法律解释辩明的需要。例如，在我国司法实践中，非法销售彩票主要涉及非法经营罪，主要需要解决的问题是判明存在非法销售彩票的行为与否，其社会危害程度严重与否及具体程度，而销售彩票行为的非法性判断标准是非常清晰的，即只要没有经过财政部批准，此种行为即具有非法性，故其非法性基本不存在进行法律解释的必要。

2. 互联网彩票销售的罚则存在一定差异

在美国，2021年新罕布什尔州诉罗森案在新罕布什尔州最终胜诉之前，即便是州内合法的互联网博彩行为，也可能根据《电汇法》而获罪，比如两年的监禁。2021年新罕布什尔州诉罗森案在新罕布什尔州最终胜诉后，一州之内的一般博彩行为，即便存在中间路由的情况，也不再认为触犯了《电汇法》第1084（a）条，不再具有违法性。但是真正的州际博彩行为，尤其是体育赛事的互联网博彩，仍将因违反《非法互联网赌博规制法案》或者《电汇法》的相关规定，可能面临行政罚款或者刑事监禁的处罚。由于美国对州内的一般博彩行为，包括彩票销售，只适用州法，如州法不认为其为非法，即便联邦法在联邦层面并不承认其合法，其仍具有合法性，仅在州法认其为非法行为时，才将其定性为非法，就此而言，其对互联网彩票管控较之我国的管控要宽松不少。我国对此认定只有一种标准，即仅在国家法的层面对其进行评价，无与国家法相违背的地方性法规适用的可能性。

对于州际的互联网彩票行为，美国法一概将其认定为非法，与体育赛事有关的州内互联网彩票行为，只要存在中间路由，美国法也一律认定其为非法。根据《电汇法》和《非法互联网赌博规制法案》，行为人将被课处罚款或者监禁。就此而言，美国对于互联网彩票行为的管控，其严厉程度要高于我国。我国的非法互联网彩票行为，一方面固然在行政法的适用范围，有一系列行政处罚罚则适用的可能性，但另一方面，我国对非法互联网彩票行为的刑事处罚，并不存在单独就此行为定罪的问题，而是要结合刑法典中各种相应的罪名，且只有在非法互联网彩票销售行为达到该种罪的定罪标准，始可能被判处相应的刑罚，例如非法经营罪。

3. 互联网彩票销售的制度腾挪空间不同

美国互联网博彩在州际的腾挪空间，主要表现为州内投注加州际路由以及特殊博彩所设定的特殊规则，如州际赛马，等等。

我国互联网博彩的腾挪空间为特许制。这种特许，一方面表现为对进行互联网彩票销售资格的特许。如前所述，这表现为财政部的批准制度。至少在我国，彩票发行机构的互联网彩票资格是需要审核批准的。这一规则为我国互联网彩票乱象的发生埋下了隐患，取得互联网彩票销售资格的此类发行机构，被赋予合作、授权或者委托等权力，因此实际上可以参与互联网彩票销售的机构就可能无限度增加。2015年三部门的发文整顿，主要针对委托销售这一环节，可见这一乱象已经达到相当严重的程度。目前我国具有资格的互联网彩票销售平台只有两个试点网站，这在一定程度上消除了到处均是彩票销售网站的乱象，但是两家试点互联网销售平台的数量限制事实上并不具有消除互联网彩票销售乱象的功能。

（二）我国互联网彩票业与美国互联网博彩业的管控制度相似点

1. 均存在法外灰色运行的问题

虽然美国与我国对互联网彩票均存在较严的管控，但是两者也都存在法外灰色运行的问题。当然运行的方式可能存在一些差异。在美国，法律规避或为主流方式，例如，如前所述，将钱存在外国银行、中间人处理器以及电子支票的使用，等等，绕过法律的管制。而我国，则更大的可能性是侥幸心理与发现处罚的概率问题，在某些特殊时期，例如21世纪初以及其他监管者放宽管制的时期，则更多的是监管者对互联网陌生无知造成的监管缺位问题。

2. 在国家层面均存在从严管控的趋势

美国虽然于经历新罕布什尔州诉罗森案后，管控似乎放松了，但是在总体趋势上，仍为趋严，其最明显的表现就是，在《电汇法》等适用范围较为单一法律之后，出现了针对非法互联网博彩业监管的一般法。此种一般法的出现，弥补了此前法律规则体系性不足的弊端。还是以新罕布什尔州诉罗森案为例，在该案之后，似乎新罕布什尔州胜诉了，从此一般的博彩业营业行为不在《电汇法》的管辖范围之内了，但是较为严酷的事实是，这些行为虽已然不在《电汇法》的管辖范围之内，但是它们仍然在《非法互联网赌博规制法案》的管辖范围内，只有符合豁免或者除外规定，此类行为才可逸出该法的管束。我国互联网彩票法律管控几起几落，但是总体趋严。虽然历次从严管控都以官方发布的不具有规范性法律文件特征的公告呈现，但是此种公告的用语一次较一次严厉，整顿措施也越来越具有针对性，在最近一轮的加强管控公告中还使用了前所未有的"移送司法处理"的用语，可见其管控态势趋严。

（三）制度方面的共同建议

1. 彩票销售互联网化是不可阻挡的技术趋势，法律应顺势而为

无论是美国还是中国，彩票销售的互联网化都是不可阻挡的趋势。美国的互联网博彩管控颠覆性的发展历程说明了这一点，中国的彩票互联网化实际上一直存在，在管控严厉的时代也依然有灰色的运作空间。

互联网带来巨大便利，以及由此种便利带来的巨大利润，是博彩业乃至于彩票互联网化发展的内在驱动力。恰如上文所述，美国新罕布什尔州停办互联网博彩，仅退出多辖区游戏如"强力球"，就将使该州每年损失4000万美元的教育资金。中国的情况与此类似。有研究指出，我国2015年互联网彩票"叫停"，福利彩票与体育彩票遭受严重损失，"2015年12月份，全国共销售彩票341.21亿元，比上年同期减少20.32亿元，下降5.6%。其中，福利彩票机构销售192.14亿元，同比减少3.47亿元，下降1.8%；体育彩票机构销售149.07亿元，同比减少16.85亿元，下降10.2%。"① 2016年为世界级顶级赛事扎堆之年，互联网彩票本应顺势而上吸取更多的资金，国家税收也可望在这方面有巨大的收益，但是由于严厉的管控，互联网彩票事业开展迟缓或者存在诸多掣肘，使得大量资金转入地下，以黑色经济的方式运作，国家与社会经济均遭受损失②。

互联网博彩或者彩票在带来博彩或者彩票收益巨幅增长的同时，的确也藏污纳垢。但是任何事情都有正反两面，如果因为某一新兴事物存在问题，便因噎废食、处处掣肘，此新兴事物的发展便可能因遭受巨大的打击而从此一蹶不振。由此互联网可能带来的那些巨大的交易市场转入地下，成为其他非法经济活动的动力与资源，反而可能对国家和社会造成意想不到的损害。正如美国学者所看到的那样，铁杆互联网博彩者，

---

① 《2015年12月份全国彩票销售情况》，中国政府网，2016年1月21日，http://www.gov.cn/xinwen/2016-01/21/content_5034998.htm。
② 参见黄东海、张浩《互联网彩票的法律规制路径》，《北京邮电大学学报》（社会科学版）2017年第6期。

其规避现行法律的手段太多，用堵的方式杜绝互联网的跨州、跨境博彩实际上效果不佳。

美国2021年新罕布什尔州诉罗森案中州与彩票机构的胜诉，使得本属《电汇法》管制下的一般博彩业转而进入《非法互联网赌博规制法案》的管控之下，即便存在中间路由，州内的互联网彩票销售亦属合法，由此为彩票业互联网化提供了巨大便利。我国对互联网彩票的销售者与互联网平台均实行审核批准制，事实上已经为互联网彩票打开了大门。再者我国彩票销售本属举国体制，两大彩票发行机构亦属体制内机构，取得互联网彩票销售资格实属毫无悬念。未来要放开的是互联网销售平台。目前全国仅有两家试点互联网彩票销售平台，从2012年进行试点至今，试点达10年之久，显然不合常理。在互联网彩票销售资格已经放开的背景下，封堵互联网彩票销售平台缺乏必要性，放开和加强监管应该同时并进，同时采用法律手段与技术手段。

2. 形成合法有序、开放自由的互联网彩票市场是法治的目的

美国在新罕布什尔州诉罗森案之前，纠结于《电汇法》第1084（a）条的司法判例宽严无序，这在一定程度上扭曲了美国的互联网彩票市场。

互联网彩票市场应当加强法治，形成长效机制，建设开放、自由而又合法有序的互联网彩票交易市场，乃是法律管控的目的。

我国目前此种学界所称的"发展—禁止—再发展—再禁止"[①]的法制管控道路，其实质是有法不依。所谓的"发展"，其实是"野蛮生长"，也就是虽然有法律摆在那里，但是无论是市场主体还是监管者，均置之不理，任由法外的空间无限膨胀。所谓的"禁止"，也就是当"野蛮生长"导致了大量的经济社会问题，到了不能不管的极限时，行政机关不得不发布命令、开展运动进行严控。一旦严控，便满目萧条。但是此种状态也无法维系多久：一是待情况好转之时，所谓的严控便难以持续，松懈难免成为常态；二是市

---

① 参见王长斌《我国的互联网彩票：经营模式、发展策略与管制框架》，《财经论丛》2016年第2期。

场主体于压抑之中左冲右突，只揣摩管控者的意图，而罔顾法律。管制者的松懈成为其突破现有监管格局的口子。先是局部的突破，继而全线崩溃，"野蛮生长"的态势重燃，经济一片繁荣，市场一片混乱，由此进入所谓的"再发展"阶段。当"再发展"导致的问题又到了不得不治的瓶颈期时，行政上的严控不得不重来一次，于是进入"再禁止"。

对于互联网彩票，我国并不缺乏法治资源，此种法治资源，有刑法、行政法和民法等，只要执法者循法而治，勿松懈，也不搞运动式执法，长此以往，形成可恒久持之的法治心态、法治环境，互联网彩票业的发展便可进入长期、稳定的状态。

3. 立足现有制度基础，是发展互联网彩票的合法且大有作为的途径

本文认为，2010年《互联网销售彩票管理暂行办法》确立的互联网彩票法律框架，是目前来说最好的一个框架，只要遵循这一法律框架，再辅之以相关法律制度的建设，我国的互联网彩票即可进入良性发展的轨道。

虽然前文对此略有批判，但是总体来说，这一制度对中国互联网彩票发展实为一大利好。这一框架的法律规则之利好，主要体现在对销售者权利的尊重和适度规制。对于互联网彩票销售权利的尊重，表现在它构建了一个完善、体系化较强的销售权利配置体系。具有法定销售权的彩票发行机构，是权利配置的第一层次，通过合作、授权或者委托形成的合同销售权，是权利配置的第二层次。法定销售权与合同销售权形成良好的二元体系。适度规制主要通过对合同销售权进入者的法定条件设置、法定销售权向合同销售权转化的形式管控等达到。这部法规对于销售管理、资金管理、安全管理的很多规定，仍是沿袭旧法，并不求刻意创新，尊重既有的法律基础，而非为了创新而在市场主体身上课加太多的负担。如果确要顺应互联网时代的技术发展潮流，可以此制度框架为基础，理顺互联网彩票发行销售的各种法律规则，在发展与管制之间构筑一条折中的道路。

参考文献

张小军:《美国的彩票为教育而发》,《新华每日电讯》2002 年 8 月 16 日。

黄梅、丁文:《美、英互联网体育博彩的法律规制及对中国的启示》,《学术论坛》2016 年第 3 期。

陈煊:《互联网彩票销售存在的问题与应对之策》,《改革与开放》2014 年第 1 期。

冯百鸣:《互联网彩票:发展机遇还是潘多拉盒子?》,《中国经济周刊》2014 年第 47 期。

王薛红:《我国互联网彩票监管中的若干问题研究》,《财政科学》2017 年第 10 期。

Edward A. Morse, "The Internet Gambling Conundrum: Extraterritorial Impacts of U. S. Laws on Internet Businesses," *Computer Law and Security Review: The International Journal of Technology and Practice* 6 (2007).

Dennis Halcoussis, Anton D. Lowenberg, "All in: An Empirical Analysis of Legislative Voting on Internet Gambling Restrictions in the United States," *Contemporary Economic Policy* 1 (2015).

社会公益篇

Public Welfare Fund and Communication

B.6
2020年彩票公益金筹集、分配和使用报告

蒋 楠*

摘 要： 本文对2020年我国彩票的发行及公益金的筹集、分配和使用情况进行了梳理，包括彩票公益金的提取比例、中央集中公益金和山东省公益金的筹集、分配和使用内容等。根据不同层级公益金的筹集、分配和使用现状及变化情况，结合我国新发布的相关文件，提出要继续优化并完善公益金使用的监督评价机制，加强公益金使用的可见性，提高公益金的使用效率。

关键词： 彩票公益金 分配及使用 监督评价

---

* 蒋楠，管理学博士，中国社会科学院大学商学院讲师，兼任中国社会科学院大学企业社会责任研究中心研究员，主要研究方向为公司财务和资本市场。

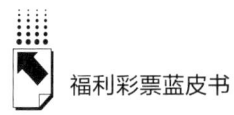

彩票发行的主要目的是筹集资金,用于社会福利和公益事业。因此,对于彩票市场而言,我们不仅要关注每一年彩票的市场销售情况,而且要关注当年彩票公益金的筹集情况。那么,2020年我国通过彩票销售筹集到的彩票公益金的情况如何?又是如何进行分配和使用的?下面,本文将分别从2020年彩票公益金的筹集情况、公益金的分配情况、中央集中彩票公益金项目、民政部彩票公益金项目以及地方彩票公益金项目的分配和使用情况进行梳理和分析。

一 2020年全国彩票公益金筹集情况

因受新冠肺炎疫情的影响,2020年我国彩票行业受到了严重冲击,全国发行销售彩票3339.51亿元,其中福利彩票销售额为1444.88亿元,体育彩票销售额为1894.63亿元,共筹集彩票公益金967.81亿元。从类型分布上看,2020年发行销售乐透数字型彩票金额为2219.08亿元、竞猜型彩票金额为749.17亿元、即开型彩票金额为294.20亿元、视频型彩票金额为67.95亿元、基诺型彩票金额为9.11亿元,分别占彩票总销量的66.5%、22.4%、8.8%、2.0%、0.3%(见表1)。

表1 2020年彩票销售类型及占比情况

单位:亿元,%

项目	乐透数字型	竞猜型	即开型	视频型	基诺型
销售额	2219.08	749.17	294.20	67.95	9.11
占比	66.5	22.4	8.8	2.0	0.3

资料来源:根据财政部2021年发布的数据制作。

截至2020年底,我国彩票累计发行45050.27亿元,共筹集彩票公益金12667.61亿元(见图1)。其中,福利彩票累计销售额为23554.52亿元,筹集公益金7013.23亿元(见图2);体育彩票累计销售额为21495.75亿元,筹集公益金5654.38亿元(见图3)。

2020年彩票公益金筹集、分配和使用报告

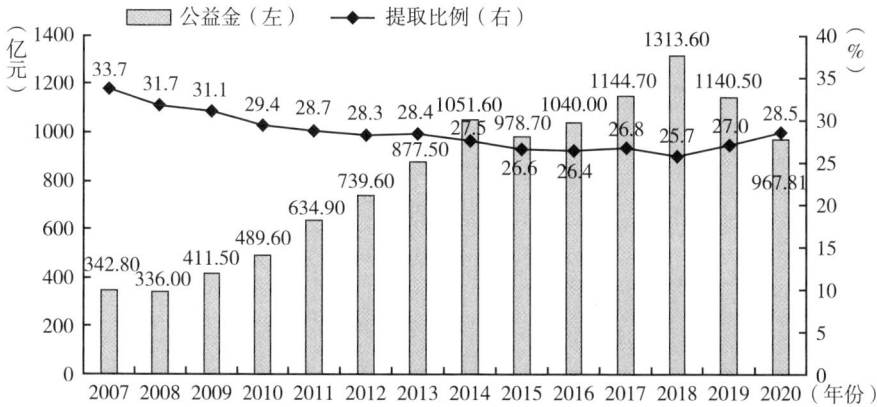

图1 2007~2020年彩票公益金筹集数量和提取比例

注：因部分体育彩票数据缺失，图中的统计数据从2007年开始。图2、图3同此。
资料来源：根据财政部、民政部、国家体育总局2007~2021年发布的数据制作。

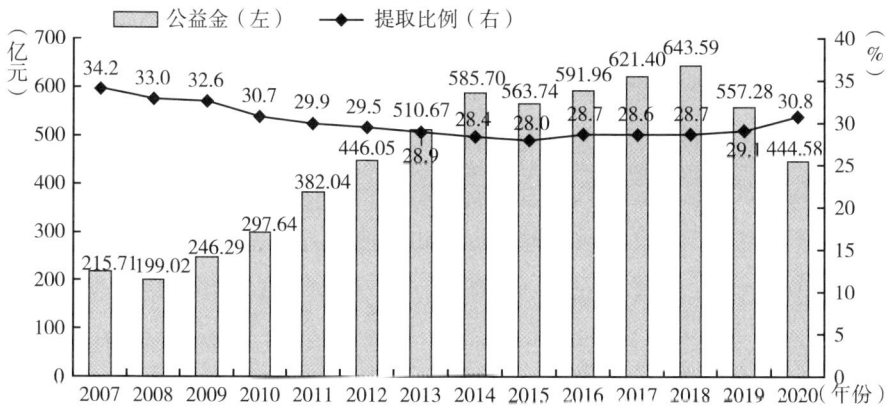

图2 2007~2020年福利彩票公益金筹集数量和提取比例

资料来源：根据财政部、民政部2007~2021年发布的数据制作。

通过图1~图3可以看出，从2008年以来，无论各年的公益金筹集总量还是福彩公益金或是体彩公益金筹集量，除了2015、2019和2020年之外都是逐年增加的，2020年因受疫情影响降幅较为明显，公益金提取比例总体呈现先下降后上升的趋势。从2018年起，福彩和体彩的公益金提取比例逐年加大，分别是28.7%、29.1%、30.8%和23.4%、25.3%和26.8%。

115

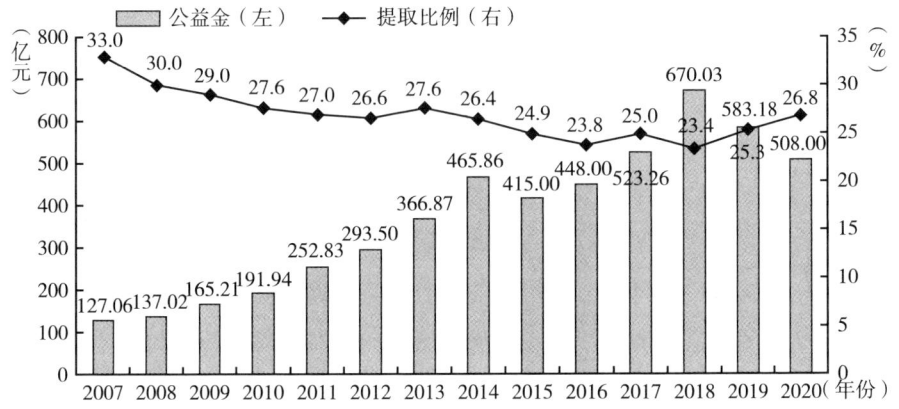

图3　2007~2020年体育彩票公益金筹集数量和提取比例

资料来源：根据财政部、国家体育总局2007~2021年发布的数据制作。

从图2和图3历年公益金提取比例看，福彩公益金的提取比例全部在28%及以上，显著高于体彩的公益金提取比例，原因在于作为体彩销量占比较大的竞猜型彩票，公益金提取比例只有18%，在体彩游戏中是提取比例最低的一种彩票，从而体彩的公益金筹集比例整体相对较低。

根据我国《彩票管理条例》及《彩票公益金管理办法》的相关规定，彩票公益金是将发行彩票取得的销售收入扣减掉发行费用和返奖奖金后剩余的净额，加上逾期未兑奖的部分计算得出。2020年，我国共筹集彩票公益金967.81亿元，根据发行彩票的不同种类，彩票公益金的提取比例也有所不同，2020年各品种彩票的资金分配比例及公益金筹集具体情况如下[①]（见表2）。

一是乐透数字型彩票。其中，全国性乐透数字型彩票的公益金提取比例约为36%，奖金和发行费的提取比例约为51%和13%；地方性乐透数字型彩票，多数彩票游戏的公益金提取比例为29%，奖金和发行费的提取比例为58%和13%。2020年乐透数字型彩票共筹集彩票公益金722.91亿元。

二是竞猜型彩票。大部分彩票游戏的彩票公益金提取比例为21%，奖

---

① 《2020年彩票公益金筹集分配情况和中央集中彩票公益金安排使用情况公告》，https://www.zhcw.com/c/2021-09-01/677233.shtml，最后检索时间：2021年9月1日。

金和发行费的提取比例为70%和9%,2020年竞猜型彩票共筹集彩票公益金153.05亿元。

三是即开型彩票。彩票公益金的提取比例为20%,奖金和发行费的提取比例为65%和15%,2020年即开型彩票共筹集彩票公益金58.84亿元。

四是视频型彩票。彩票公益金的提取比例为22%,奖金和发行费的提取比例为65%和13%,2020年视频型彩票共筹集彩票公益金14.95亿元。

五是基诺型彩票。大部分彩票游戏的彩票公益金提取比例为30%,奖金和发行费的提取比例为58%和12%,2020年基诺型彩票共筹集彩票公益金2.79亿元。

除了以上5种类型彩票筹集的952.53亿元公益金外,2020年全国彩票筹集的公益金总额中,还包括了2020年度逾期未兑奖奖金15.28亿元。

表2 2020年不同类型彩票收入的资金分配比例和公益金筹集额

单位:%,亿元

彩票类型	公益金提取	彩票奖金提取	发行费提取	公益金额
乐透数字型	36	51	13	722.91
竞猜型	21	70	9	153.05
即开型	20	65	15	58.84
视频型	22	65	13	14.95
基诺型	30	58	12	2.79
总计				952.53

说明:因四舍五入,总计值可能与分项数据之和不符,但本文中仍以官方统计数据为准。下同。
资料来源:根据财政部2021年发布的彩票发行数据制作。

二 2020年全国彩票公益金分配使用情况

公益性是彩票生存和发展的生命线,彩票公益金的分配和使用彰显了彩票的公益性。我国"十四五"规划明确要求要"加强彩票和公益金管理",彩票行业不能再像以前那样只追求发行的销量,而是要更加注重公益金的使用效益和社会影响。根据国务院发布的彩票公益金分配政策,彩票公益金在中央和地方之间要按照各50%的比例进行分配,包括中央集中彩票公益金和地方留成彩票公益金两部分,专项用于社会福利、体育等社会公益事业,按照政府性基金管理办法纳入预算,实行财政收支两条线管理,专款专用。地方留成彩票公益金由省级财政部门会同民政、体育等有关部门研究确定分配原则;中央集中彩票公益金由中央财政在全国社会保障基金、中央专项彩票公益金、民政部和国家体育总局之间分别按照60%、30%、5%和5%的比例进行分配。2020年,中央财政当年收缴入库彩票公益金为480.6亿元,加上上一年度结转收入3.99亿元,2020年共筹集公益金484.59亿元。2020年中央财政安排彩票公益金支出298.64亿元,分别按60%、30%、5%和5%的比例在全国社会保障基金、中央专项彩票公益金、民政部和国家体育总局之间进行分配。为了加大扶贫力度,进一步巩固扶贫成果,2020年中央集中彩票公益金根据已有的政策对分配比例进行了适当调整,在降低社保基金分配比例的同时加大了中央专项彩票公益金的投入力度。其中,中央公益金分配给全国社保基金理事会113.82亿元,用于补充全国社会保障基金;分配给中央专项彩票公益金165.85亿元,用于国务院批准的社会公益事业项目;分配给民政部9.48亿元,按照"扶老、助残、救孤、济困、赈灾"的宗旨,用于资助老年人、残疾人及儿童福利等方面;分配给国家体育总局9.48亿元,用于落实全民健身国家战略,提升竞技体育综合实力,加快推进体育强国建设(见表3)。下面就分别对以上4项支出进行详细说明。

表3 2020年中央集中彩票公益金分配情况

单位:亿元,%

类别	分配金额	分配比例
全国社会保障基金	113.82	38.11
中央专项彩票公益金	165.85	55.54
民政部	9.48	3.17
国家体育总局	9.48	3.17
总计	298.64	100.00

资料来源:根据财政部2021年发布的数据制作。

（一）全国社保基金

2020年分配给全国社会保障基金113.82亿元，占中央集中彩票公益金年度分配总额的38.11%。作为国家社会保障性储备基金，全国社会保障基金（以下简称全国社保基金）的资金来源主要由中央财政预算拨款、国有资本划转、基金投资收益以及国务院批准的其他资金筹集构成，用于养老保险等社会保障支出的补充和调剂。

全国社保基金理事会发布的《2020年社保基金年度报告》数据显示，2020年财政性拨入全国社保基金313.81亿元，其中：一般公共预算拨款100亿元；彩票公益金213.60亿元；国有股减持资金0.21亿元。彩票公益金占比为68.07%，占一半多的比例。

表4数据显示，自从全国社保基金会成立特别是2014年以来，彩票公益金投入额度和比例整体增加。截至2020年末，财政性拨入全国社保基金资金和股份累计达9930.31亿元，其中：一般公共预算拨款3498.36亿元，国有股减转持资金和股份2843.71亿元（减持资金971.59亿元，境内转持股票1028.57亿元，境外转持股票843.55亿元），彩票公益金3588.24亿元，贡献高达36.13%，超过了一般公共预算拨款。虽然这部分资金并未立即用于与社会福利相关的项目，但是彩票公益金显然已成为全国社保基金所有来源中比重最大的一个，从而为增进我国人民福祉、维护社会正常稳定提供了重要保障。

表4 彩票公益金投入与财政性拨入社保基金比例情况

单位：亿元，%

年度	彩票公益金	当年财政性拨入社保基金	占比
2002	23.75	415.76	5.71
2003	45.00	49.08	91.69
2004	60.53	278.54	21.73
2005	46.05	228.70	20.14
2006	73.67	574.24	12.83
2007	83.28	308.14	27.03

续表

年度	彩票公益金	当年财政性拨入社保基金	占比
2014	269.81	552.64	48.82
2015	327.34	706.40	46.34
2016	315.60	700.60	45.05
2017	318.24	597.83	53.23
2018	358.45	573.77	62.47
2019	364.49	464.93	78.40
2020	213.60	313.81	68.07

注：由于社保基金理事会2008~2013年度报告中取消了现金流量表，也未披露财政性拨入情况，故2008~2013年度的数据未纳入表中。

资料来源：根据全国社保基金理事会公布的2002~2021年社保基金年度报告数据制作。

（二）中央专项彩票公益金

中央专项彩票公益金主要由教育部、中央文明办、中国教育发展基金会、国务院扶贫办、中国残疾人联合会及中国法律援助基金会等部门用于社会公益项目支出。受疫情影响，2020年中央专项彩票公益金为165.85亿元，比2019年中央专项彩票公益金175.92亿元减少5.72%，但是占中央集中彩票公益金总额分配比例升至55.54%，比2019年增加了31.02个百分点。在确保合理配置资金的前提下，财政部、民政部积极响应国家脱贫攻坚政策，坚持中央专项彩票公益金重点向较为贫困且脱贫任务重的革命老区县倾斜。特别对"三区三州"内、中西部地区、建档立卡贫困人口数量多、巩固脱贫成果任务重以及仍未脱贫摘帽的深度贫困革命老区县加大扶持力度，以实际行动践行中央重大战略布局。2020年中央专项彩票公益金具体分配支出安排见表5。

表5 2020年中央专项彩票公益金分配情况

单位：亿元，%

序号	项目名称	实施部门	资金总额	占比
1	未成年人校外教育	教育部	9.2	5.55
2	大学生创新创业		0.5	0.30
3	乡村学校少年宫建设	中央文明办	9.92	5.98

续表

序号	项目名称	实施部门	资金总额	占比
4	教育助学	中国教育发展基金会	10.00	6.03
5	医疗救助	国家医疗保障局	18.00	10.85
6	养老公共服务	民政部	9.93	5.99
7	扶贫事业	国务院扶贫办	20.60	12.42
8	文化公益事业	国家艺术基金管理中心	1.00	0.60
9	残疾人事业	中国残疾人联合会	22.28	13.43
10	红十字事业	中国红十字会总会	3.75	2.26
11	法律援助	中国法律援助基金会	1.50	0.90
12	农村贫困母亲"两癌"救助	中国妇女发展基金会	3.02	1.82
13	留守儿童快乐家园	中国儿童少年基金会	0.15	0.09
14	出生缺陷干预救助	中国出生缺陷干预救助基金会	3.00	1.81
15	足球公益事业	中国足球发展基金会	3.00	1.81
16	地方社会公益事业	各省级财政部门	50.00	30.15
总计			165.85	100.00

资料来源：根据财政部2021年发布的数据制作。

1. 未成年人校外教育9.2亿元。该项目由教育部组织实施，主要用于支持全国中小学生研学实践教育基地和营地建设等。

2. 大学生创新创业0.5亿元。该项目由教育部组织实施，主要用于建设创新创业教育优质课程、相关课程教师教育教学能力培训及"青年红色筑梦之旅"等活动。

3. 乡村学校少年宫建设9.92亿元。该项目由中央文明办组织实施，主要用于新建及已开展活动的乡村学校少年宫的修缮装备和运转补助。

4. 教育助学10亿元。该项目由中国教育发展基金会组织实施，主要用于奖励普通高中品学兼优的家庭经济困难学生，资助家庭经济特别困难的教师，家庭经济困难的大学新生入学交通费和短期生活费，并救助遭遇突发灾害的学校。

5. 医疗救助18亿元。该项目由国家医疗保障局组织实施，主要用于资助困难群众参加城乡居民基本医疗保险，并对其难以负担的基本医疗自付费用给予补助。

6. 养老公共服务9.93亿元。该项目由民政部组织实施，主要用于支持地方开展居家和社区养老服务改革试点。

7. 扶贫事业20.6亿元。该项目由国务院原扶贫办组织实施，主要用于支持贫困村的小型生产性公益设施项目建设。中央财政在"十三五"期间共安排专项资金100亿元，全面覆盖了397个革命老区县，并着重对脱贫攻坚任务和巩固脱贫成果任务较重的贫困革命老区县给予进一步的支持。为了适应经济发展的新形势、新要求，在延续脱贫攻坚期有效做法的基础上，财政部和国家乡村振兴局在2021年6月25日联合印发的《中央专项彩票公益金支持欠发达革命老区乡村振兴项目资金管理办法》（财农〔2021〕50号）中进一步调整优化了项目资金的使用管理方式，拓展了资金用途，资助范围由最初一般意义上的"贫困革命老区县"调整为"经济社会发展相对落后的革命老区县"，通过加大对乡村振兴示范区建设的支持力度，更好地凸显了公益金的集聚效应。2020年，财政部将原有的中央专项彩票公益金支持贫困革命老区脱贫攻坚资金调整优化为中央专项彩票公益金支持欠发达革命老区乡村振兴项目资金，当年安排项目资金20.6亿元。

8. 文化公益事业1亿元。该项目由国家艺术基金管理中心组织实施，主要用于支持生产艺术创作、推广传播交流和人才培养等项目。

9. 残疾人事业22.28亿元。该项目由中国残疾人联合会组织实施，主要用于残疾人体育、盲人读物出版和公共文化服务，以及残疾儿童康复救助、贫困智力精神和重度残疾人残疾评定补贴、助学、贫困重度残疾人家庭无障碍改造、残疾人康复和托养机构设备补贴、残疾人文化等方面的支出。

10. 红十字事业3.75亿元。该项目由中国红十字会总会组织实施，主要用于贫困大病儿童救助、中国造血干细胞捐献者资料库、红十字会人道救助救援、红十字生命健康安全教育、失能老人养老服务、人体器官捐献等项目。

11. 法律援助1.5亿元。该项目由中国法律援助基金会组织实施，主要用于为农民工、残疾人、老年人、妇女家庭权益保障和未成年人提供法律援助服务。

12. 农村贫困母亲"两癌"救助3.02亿元。该项目由中国妇女发展基金会组织实施，主要用于救助农村患有乳腺癌和宫颈癌的贫困妇女。

13. 留守儿童快乐家园0.15亿元。该项目由中国儿童少年基金会组织实施，主要用于为农村留守儿童配置校外活动场所设施并开展关爱服务。

14. 出生缺陷干预救助3亿元。该项目由中国出生缺陷干预救助基金会组织实施，主要用于出生缺陷救助、检测、防治宣传和健康教育等工作。

15. 足球公益事业3亿元。该项目由国家体育总局委托中国足球发展基金会组织实施，主要用于支持培养青少年足球人才和社会足球公益活动。

16. 地方社会公益事业50亿元。该项目主要由中西部等地区结合具体实际情况统筹使用，重点用于养老、扶贫、基本公共文化等社会公益事业发展薄弱环节和领域，通过改善落后的现状促进全国社会公益事业的协调发展。2020年，中央专项彩票公益金支持地方社会公益事业资金与2019年基本持平，占中央专项公益金项目总金额的比例从2019年的28.42%上升至30.15%，具体各地区公益金的情况详见图4①。为进一步规范并加强中央专项彩票公益金对地方社会公益事业发展资金管理的支持力度，提高资金使用效益，更好地体现国家彩票的公益属性和社会责任，根据《中华人民共和国预算法》《中华人民共和国预算法实施条例》等有关规定，财政部在2021年6月22日发布了《中央专项彩票公益金支持地方社会公益事业发展资金管理办法》（以下简称"办法"），对2019年7月发布的财综〔2019〕21号做出了部分修订和完善。新版办法在资金分配方式上更加细化，明确要求各省级财政厅（局）按照财政部规定的转移支付预算、资金使用方向和分配

---

① 《中华人民共和国财政部印发〈关于提前下达2020年中央专项彩票公益金支持地方社会公益事业发展资金预算的通知〉》，http://www.mof.gov.cn/gkml/caizhengwengao/202001wg/202001wg/202005/t20200522_3518595.htm，最后检索时间：2020年5月22日。

办法及原则,通过采取因素法、项目法、因素法与项目法相结合等方法,根据本地社会公益事业发展的实际情况提出资金分配方案,尽可能加大彩票公益金的"可见性",通过直观的感性认知或营造合适的社会氛围向社会公众呈现彩票的公益形象①,并按照相关规定接受社会监督。同时,对于西藏、新疆、贵州、原中央苏区以及山东沂蒙革命老区等地社会公益事业资金予以倾斜支持,具体资金分配方式需在财政部报送国务院的资金分配意见中予以明确。

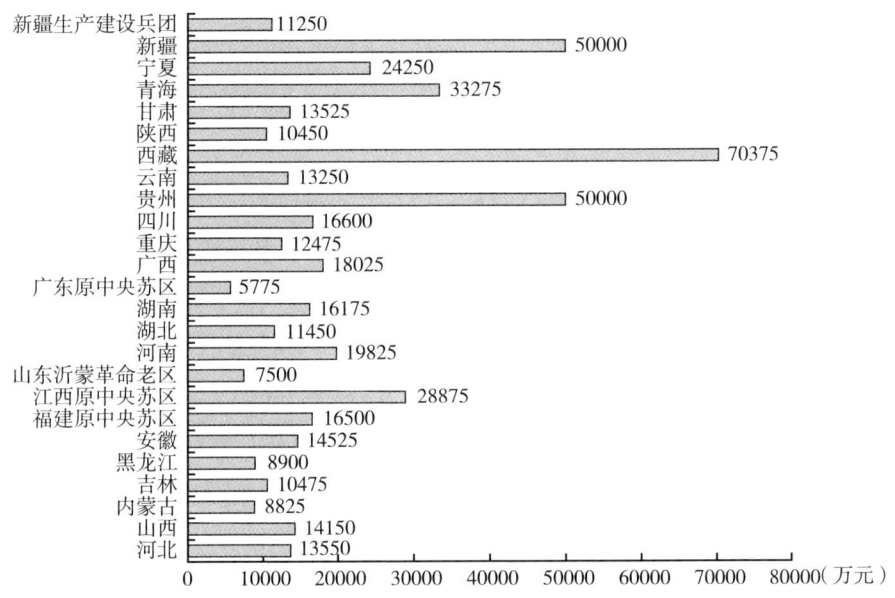

图 4　2020 年中央专项彩票公益金支持地方社会公益事业发展资金分配

资料来源:根据财政部 2020 年发布的数据制作。

自从 2008 年将扶贫事业纳入中央专项公益金支持范围以来,截至 2020 年,用于革命老区扶贫系列项目的中央专项彩票公益金已累计达 130.95 亿元,扶贫已是目前中央专项彩票公益金投入的一个重要领域。国务院扶贫办公室公布的数据显示,在 2008~2010 年的 3 年试点期间,由财政部安排用

① 何辉:《关于设立"全国彩票公益日"的设想》,《中国老年报》2020 年 10 月 21 日,第 3 版。

于部分革命老区县实施整村推进试点项目的中央专项彩票公益金累计达 5.1 亿元,试点范围共涉及全国 11 个省（区）27 个县的 360 个贫困村。为了支持贫困老区县建档立卡贫困村开展村内小型生产性公益设施建设项目,中央财政在 2016 年安排了专项彩票公益金 15 亿元。随后在 2017 和 2018 年,中央财政加大了扶持力度,分别安排专项彩票公益金 18 亿元、20 亿元用于贫困老区县的扶贫及其贫困村的小型生产性公益设施项目建设。2019 年,为了更好地支持 397 个贫困革命老区县贫困村的小型生产性公益设施建设,中央财政安排专项彩票公益金达到 26.4 亿元,同比增长 32%。统计数据显示,为了加强对贫困革命老区的扶贫开发力度,"十二五""十三五"期间中央分别累计安排专项彩票公益金达 52.25 亿元和 96.2 亿元,实现了对革命老区县的全覆盖。

（三）民政部公益金

遵循福彩公益金"扶老、助残、救孤、济困"的使用宗旨及公益金使用的相关规定,民政部 2020 年将 94848 万元的公益金预算全部用于民政社会福利及相关公益事业,具体包括社会福利基本设施建设项目、社会福利服务项目、符合宗旨的培训等能力建设项目和符合宗旨的其他社会公益项目。

1. 补助地方项目资金情况

《民政部彩票公益金预算操作规程》（2020）明确要求①,补助地方项目切块资金预算总额为民政部彩票公益金预算总额减去民政部项目预算总额。切块比例和项目额度按照老年人福利类项目总额（含民政部和补助地方项目）不低于民政部彩票公益金总额的 55%、社会公益类项目总额（含民政部和补助地方项目）不超过民政部彩票公益金总额的 10% 来控制;剩余额度切分给补助地方残疾人福利和补助地方儿童福利类项目,原则上按 1∶1 分配。2020 年,民政部将本级彩票公益金补助地方项目资金 93226 万元分

---

① 《民政部办公厅关于印发〈民政部彩票公益金使用管理办法〉等六个办法的通知》,http://www.mca.gov.cn/article/gk/cpgyjgl/gyj/202001/20200100022865.shtml,最后检索时间：2020 年 1 月 8 日。

别用于老年人福利、残疾人福利、儿童福利、社会公益和"三区三州"等专项倾斜资金项目。其中,老年人福利类项目38401万元,残疾人福利类项目10423万元,儿童福利类项目27279万元,社会公益类项目3386万元,"三区三州"等专项倾斜资金13737万元①(见表6)。

表6 2020年民政部补助地方项目资金分配情况

单位:万元,%

项目名称	资助金额		占比
老年人福利	38401		41.19
残疾人福利	残障群体示范性配置康复辅具及手术矫正治疗(福康工程)	3925	11.18
	残疾人福利机构建设及购买服务项目	6498	
儿童福利	孤儿助学	27279	29.26
社会公益	殡葬基础设施设备建设更新改造项目	2344	3.63
	社会工作和志愿服务项目	1042	
"三区三州"等专项倾斜资金	13737		14.74
合计	93226		100.00

资料来源:根据民政部2021年发布的数据制作。

(1)老年人福利类项目,38401万元。资金主要用于地市级及以下特困人员敬老院和以服务生活困难、失能老年人为主的城镇老年社会福利机构、社区养老服务设施新建、改扩建和设施设备配置;采取以奖代补等方式,引导和帮助收费水平在当地属于中低档水平的民办养老机构及社区养老服务设施按照国家工程建设消防技术标准配置消防设施器材,针对重大火灾隐患进行整改;按照相关规范标准对被纳入特困供养、建档立卡范围的高龄、失能和残疾老年人家庭实施适老化改造;开展居家上门养老服务、居家社区探访及为失能老年人提供帮扶服务,增加家庭养老床位。

---

① 《民政部2020年度彩票公益金使用情况公告》,http://www.cwl.gov.cn/c/2021-06-30/485334.shtml,最后检索时间:2021年6月30日。

（2）残疾人福利类项目，10423万元。资金主要用于残障群体示范性配置康复辅具及手术矫正治疗（福康工程）和残疾人福利机构建设及购买服务项目。其中，福康工程3925万元的资金主要用于为深度贫困地区（含深度贫困村）建档立卡贫困户、低保家庭和特困人员中的残疾人配置假肢、矫形器和轮椅、拐杖、助行器、护理床等康复辅助器具，从中筛选具有手术适应证的肢体（脊柱除外）畸形患者进行手术矫治，并进行康复训练；残疾人福利机构建设及购买服务项目资金6498万元，主要用于康复辅助器具产业国家综合创新试点、康复辅助器具社区租赁服务试点、贫困重度残疾人照护服务、精神障碍社区康复服务、精神卫生社会福利机构与民政直属康复辅助器具机构建设和设施设备配置。

（3）儿童福利类项目，27279万元。与2019年的儿童福利服务体系建设项目39063万元、"残疾孤儿手术康复明天计划项目"13000万元和孤儿助学工程项目26596万元三部分相比，2020年度儿童福利类项目资金用途主要是对考入全日制高等院校和中等职业学校的孤儿在校期间生活、学习等方面予以补助，激励引导孤儿继续接受教育。

（4）社会公益类项目，3386万元。除了未成年人救助保护机构功能建设及购买服务项目外，2020年与2019年的资助项目基本一致，主要涉及殡葬基础设施设备建设更新改造和社会工作与志愿服务两个方面。为了补齐中西部地区和贫困地区的殡葬基础设施建设短板，促进殡葬基本公共服务均等化，保障群众基本殡葬需求，2020年殡葬基础设施设备建设更新改造项目的资金为2344万元，主要用于中西部地区的殡葬基础设施设备（包括殡仪馆、公益性节地生态安葬设施、民族地区殡仪设施，以及火化炉、殡仪车等相关设备）建设和改造。考虑到江西、湖北等6个省份存在较高比例的受新冠肺炎疫情影响的群众、易地扶贫搬迁安置以及困难群众，社会工作和志愿服务项目资金1042万元主要用于一系列的社会工作和志愿服务项目，用于帮助其修复并发展社会功能、改善实际的生活处境，通过建立社会关爱支持系统带动并引领相关省份社会工作专业人才队伍、志愿者队伍和社会工作服务机构、志愿服务组织建设。

(5)"三区三州"等专项倾斜资金,13737万元。为了更好地贯彻落实中共中央、国务院关于打赢脱贫攻坚战的决策部署,该项资金按照"老年人福利类、残疾人福利类、儿童福利类和社会公益类"的具体要求,由相关省(区)民政厅结合实际情况分配使用。

2. 民政部本级项目资金情况

根据《民政部彩票公益金预算操作规程》(2020)的规定,民政部项目资金原则上不超过民政部彩票公益金总额的5%。2020年,财政部批复民政部本级项目资金1622万元,主要包括"福康工程"指导、服务和评估项目100万元,涉外送养儿童寻根回访及中国文化教育项目252万元,"夕阳红"扶老项目1000万元以及彩票公益金第三方绩效评价、评审和审计项目270万元,占民政部2020年彩票公益金总额度的1.71%(见表7)。

表7 2020年民政部本级项目资金分配情况

单位:万元,%

项目名称	资助金额	占比
"福康工程"指导、服务和评估项目	100	6.17
涉外送养儿童寻根回访及中国文化教育项目	252	15.54
"夕阳红"扶老项目	1000	61.65
彩票公益金第三方绩效评价、评审和审计项目	270	16.65
合计	1622	100

资料来源:根据民政部2021年发布的数据制作。

(1)"福康工程"指导、服务和评估项目,100万元。该项目由民政部社会事务司实施,主要是委托第三方专业机构通过现场技术指导、产品质量抽检、技术培训、问卷调查、电话回访、实地调研等多种方式,对各地实施"福康工程"项目情况进行技术指导服务和成效评估,以保障"福康工程"项目的规范有效实施。

(2)涉外送养儿童寻根回访及中国文化教育项目,252万元。该项目由民政部中国儿童福利和收养中心实施,通过组织涉外送养儿童来华回访福利院、参加系列文化讲座以及开展社会实践活动等,帮助他们了解中国,加深对祖国的认同和热爱。2020年，受新冠肺炎疫情影响，该项目未能执行。

（3）"夕阳红"扶老项目，1000万元。该项目由国管局财务管理司负责实施，主要为身患重病、抚养残障子女等困难老年人、失能半失能和高龄老年人提供救助、康复护理及"一键通"紧急救助呼叫服务等，帮助这些老年人改善生活处境、提高生活质量。全年共为224名困难老年人人均发放帮扶资金约1.31万元，每人当年发放帮扶资金不超过5万元；为改善580名失能半失能老年人的健康状况，提供康复护理服务16724人次；为851名75岁以上高龄老年人购买"一键通"呼叫服务，实现了"一键紧急呼叫，一键生活服务"的功能。

（4）彩票公益金第三方绩效评价、评审和审计项目，270万元。该项目由民政部规划财务司实施，主要是委托第三方机构对2019年度6个公益金本级项目和104个补助地方项目分别进行了全面和抽查审计，及时整改审计中发现的问题，为规范彩票公益金的管理、提高资金使用效益提供保障。

通过表7对各个项目资金投入情况的比较分析可以看出，在2020年的4个项目中，针对老年人群体的"夕阳红"扶老项目分配额度最多，占比达61.65%；其次，彩票公益金第三方绩效评价、评审和审计项目资金270万元，占比16.65%，相比2019年的209万元支持力度有所加大；涉外送养儿童寻根回访及中国文化教育项目资金252万元，占比15.54%，与彩票公益金第三方绩效评价、评审和审计项目基本持平；"福康工程"指导、服务和评估项目资金最少，占比仅为6.17%。由于新冠肺炎疫情影响，民政部彩票公益金预算从2019年的386900万元降至2020年的94848万元，补助地方项目资金从2019年的385301万元（占比99.59%）降至2020年的93226万元（占比98.29%）。与2019年相比，2020年的"福康工程"指导、服务和评估项目与"夕阳红"扶老项目资助力度与2019年持平，取消了"明天计划"监督管理服务项目和助学工程管理服务项目，彩票公益金第三方绩效评价、评审和审计项目资金同比增加75%，民政部本级项目资金基本维持不变。

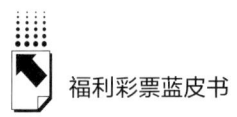

在2020年度民政部发布的彩票公益金使用情况公告中，除了《民政部彩票公益金补助地方项目资金分配表》外，还发布了《民政部彩票公益金补助地方项目整体绩效目标和民政部项目支出绩效目标完成情况表》，对于补助地方项目和民政部项目年初设定的绩效目标与绩效目标的实际完成情况进行了较为详细的介绍和说明。

（四）国家体育总局

按照财政部批复的预算，国家体育总局2020年度本级使用彩票公益金94848万元，用于开展群众体育和竞技体育工作。其中，用于群众体育工作方面的包括援建公共体育场地设施和捐赠体育健身器材2438万元、资助或组织开展全民健身活动5805万元、组织开展全民健身科学研究与宣传2361万元；用于竞技体育工作方面包括奥运争光计划纲要保障项目28488万元、运动队文化教育与科研386万元、重大奥运场地设施建设51250万元、备战杭州亚运会和巴黎奥运会梯队建设129万元以及改善训练条件3991万元。

三 2020年山东省公益金筹集、分配及使用情况

相比中央专项和民政部的彩票公益金，省级彩票公益金资金来源途径较为多样化，由全国筹集的彩票公益金、中央专项彩票公益金、民政部和国家体育总局公益金四部分构成。2020年全国共筹集彩票公益金967.81亿元，按照中央和地方各50%的分配比例划分，地方各级政府可以使用的公益金是483.91亿元；同时，在2020年中央专项彩票公益金165.85亿元中，有50亿元明确用于支持地方社会公益事业的发展，占中央专项彩票公益金的30.15%，比2019年的28.42%增加了1.73个百分点，剩余的资金也以不同形式分配到地方项目。根据最新发布的《民政部彩票公益金预算操作规程》（2020）要求，补助地方项目切块比例和项目额度按照老年人福利类项目总额不低于民政部彩票公益金总额的55%、社会公益类项目总额不超过民政

部彩票公益金总额的10%来控制；剩余额度切分给补助地方残疾人和儿童福利类项目，原则上按1:1分配。民政部2020年本级彩票公益金补助地方项目主要集中在老年人福利、残疾人福利、儿童福利、社会公益和"三区三州"等专项倾斜5个方面，支持资金93226万元，占民政部年度公益金的98.29%，比2019年的99.59%下降了1.3个百分点。

省级福彩公益金和体彩公益金进行单独核算，一般由各省财政厅（局）与民政、体育等部门研究确定具体的分配原则并支配使用。以山东省为例，2020年全省共销售彩票2408248.88万元，筹集彩票公益金675059.46万元。其中，福利彩票销售919042.15万元，筹集公益金286631.75万元（含弃奖收入4826.8万元）；体育彩票销售1489206.73万元，筹集公益金388427.71万元（含弃奖收入4203.01万元）。从发行类型看，乐透数字型彩票1477733.27万元、竞猜型彩票644634.33万元、视频型彩票48328.71万元、即开型彩票229322.83万元、基诺型彩票8229.74万元，分别占彩票销售总量的61.36%、26.78%、2%、9.52%和0.34%。

按照现行的彩票管理规定和山东省的公益金分配政策[①]，2020年上缴中央彩票公益金333014.83万元，其中，福利彩票公益金140902.48万元，体育彩票公益金192112.35万元；省级留成彩票公益金125066.15万元，其中，福利彩票公益金44018.20万元，体育彩票公益金81047.95万元；市县分成彩票公益金216978.48万元，其中，福利彩票公益金101711.07万元，体育彩票公益金115267.41万元。具体使用方向，2020年山东省级彩票公益金安排项目支出96009万元，其中省本级支出46238万元、对市县转移支付49771万元，主要涉及社会福利项目、体育事业项目、社会救助项目、残疾人事业项目和其他公益事业项目五大类（见表8）。

---

① 彩票公益金在中央和地方之间按各50%的比例分配，弃奖收入形成的彩票公益金全部留归地方。省留成的彩票公益金，福利彩票公益金按省级30%、市县70%（省级与青岛市为15%、85%）的比例分配；体育彩票公益金按省级40%、市县60%（省级与青岛市为15%、85%）的比例分配。

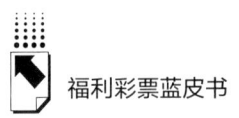

表8 2020年山东省省级彩票公益金使用情况统计

单位：万元

项目名称	省本级支出	对市县转移支付	合计
社会福利项目	0	25000	25000
体育事业项目	41218	2144	43362
社会救助项目	810	17550	18360
残疾人事业项目	0	377	377
其他公益事业项目	4210	4700	8910
合计	46238	49771	96009

资料来源：根据《山东福彩2020社会责任报告》和山东省财政厅2021年发布的数据制作。

2020年，山东省级福利彩票公益金安排项目支出43360万元，主要用于社会福利和社会公益事业。其中，省本级项目支出810万元，全部用于资助贫困家庭残疾人假肢康复辅助器具配置项目，为淄博和济宁两市符合条件的1156名贫困家庭肢体残疾人配置各类康复辅具2451件；对市县转移支付42550万元，用于养老服务体系建设项目、困难群众基本生活救助项目和公益性公墓建设奖补项目（见表9）。

表9 2020年山东省级福彩公益金使用情况统计

单位：万元

项目	项目名称	金额
省本级支出	贫困家庭残疾人假肢康复辅助器具配置	810
对市县转移支付	养老服务体系建设	25000
	困难群众基本生活救助	14550
	公益性公墓建设奖补	3000
合计		43360

资料来源：根据《山东福彩2020社会责任报告》发布的数据制作。

除了山东省留成的公益金使用外，2020年中央集中彩票公益金补助山东省福彩公益金8117万元，其中由民政部安排使用的资金为4553万元，用于老年人、残疾人和儿童福利类项目，另有来自中央专项彩票公益金的3564万元用于养老公共服务改革试点项目；由中央专项彩票公益金拨付山东省40257万元，分别用于未成年人校外教育、乡村学校少年宫建设等项目（见表10、表11）。

表 10 2020 年山东省接受中央集中及专项彩票公益金资金分配情况

单位：万元，%

资助部门及项目名称		全国资助额度	山东省资助额度	占比
民政部	老年人福利类	38401	2637	6.87
	残疾人福利类	10423	516	4.95
	儿童福利类	27279	1400	5.13
	社会公益类	3386	0	0
	"三区三州"等专项倾斜	13737	0	0
	用于"夕阳红"救助服务等	1622	0	0
	合计	94848	4553	4.80
中央专项彩票公益金	未成年人校外教育	92000	5453	5.93
	乡村学校少年宫建设	99174	4676	4.71
	教育助学	100000	210	0.21
	大学生创新创业	5000	230	4.60
	医疗救助	180000	3873	2.15
	养老公共服务	99300	3564	3.59
	扶贫事业	206000	0	0
	残疾人事业	222800	12737	5.72
	法律援助	15000	869	5.79
	农村贫困母亲"两癌"救助	30200	1145	3.79
	留守儿童快乐家园	1500	0	0
	地方社会公益事业	500000	7500	1.50
	合计	1550974	40257	2.60
总计		1645822	44810	2.72

资料来源：根据财政部、民政部和山东省福利彩票发行中心 2021 年发布的数据制作。

表 11 2020 年山东省中央集中福彩公益金使用情况

单位：万元

项目类型	项目类别	金额
市县项目	老年人福利类项目	6097
	残疾人福利类项目	379
	儿童福利类项目	1400
省本级项目	老年人福利类项目	104
	残疾人福利类项目	137
总计		8117

资料来源：根据《山东福彩 2020 社会责任报告》发布的数据制作。

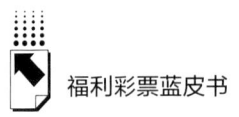
福利彩票蓝皮书

四 结论及建议

公益金的分配和使用是彩票公益性的重要体现,而彩票的公益性又是彩票行业可持续健康发展的源泉和动力。我国彩票行业正是出于对老年人、残疾人、孤儿等困难或贫困群体进行救助这一慈善行为的需要,同时又基于社会公益的目标而出现并逐步发展起来的,这是我国彩票发展过程中不能忘记的"初心"。通过对 2020 年全国及山东省彩票公益金筹集、分配和使用情况的梳理分析可以看出,公益金已经成为构建具有中国特色社会保障体系的重要支撑,是增进我国民生福祉的重要资金来源。虽然彩票公益金提取比例整体呈逐年下降趋势,但是 2020 年无论是福彩还是体彩的公益金提取比例并未受到疫情的影响,分别高达 30.8% 和 26.8%。除了各级彩票机构发布年度社会责任报告外,财政部、民政部及各省级财政厅、民政厅也已连续多年发布了公益金筹集、分配和使用情况报告。例如,在《关于下达 2021 年中央专项彩票公益金支持地方社会公益事业发展资金预算的通知》中①,财政部对划拨到各省区市用于支持地方社会公益事业发展的中央专项彩票公益金设置了更为详尽的绩效目标,在结合各省区市实际情况建立各自年度总体目标的同时,还从产出、效益和满意度三个层面制定了具体的绩效考核三级指标。其中,一级指标包括产出、效益和满意度指标,产出指标有数量、质量和时效三个二级指标,效益指标有经济效益、社会效益和可持续影响三个二级指标,满意度指标下设服务对象满意度一个二级指标;进而又根据不同的支持对象(如社会福利类、残疾人类、教育类等)以及具体工作情况(如项目验收合格率、资金下达及时性、受益群体满意度等)设立三级指标及相关的指标值。这不仅推动了公益金信息的公开透明,降低了不当行为带来的负面影响,也创造了更多的机会让社会公众了解彩票肩负的责任和使

---

① 《关于下达 2021 年中央专项彩票公益金支持地方社会公益事业发展资金预算的通知》,http://zhs.mof.gov.cn/zhengcefabu/202107/t20210713_3735567.htm,最后检索时间:2021 年 7 月 14 日。

2020年彩票公益金筹集、分配和使用报告

命,充分发挥了公益金在社会保障、脱贫攻坚、教育助学、医疗救助、养老服务等民生领域的保障作用,为不断满足人民群众对美好生活的需要、促进社会和谐稳定发展做出了巨大贡献。

为了积极应对我国老龄化问题,建立完善的多层次社会保障体系,"十二五"规划提出要通过扩大彩票的发行销售渠道来充实全国社保基金。随后,我国在"十四五"规划和2035年远景目标纲要"第十四篇 增进民生福祉 提升共建共治共享水平"中"第四十九章 健全多层次社会保障体系"的"第二节 优化社会救助和慈善制度"中再次强调,要"规范发展网络慈善平台,加强彩票和公益金管理"。这一变化表明,彩票行业的发展正逐步从重数量向重质量、从重分配向重管理、从重规模向重效益转变,这也与我国近年来提倡彩票肩负社会责任、高频快开游戏退市等一系列管控行为相呼应。如何解决彩票销量过快增长引发的公益金管理规范问题,保障彩票事业高质量、可持续性地发展成为我国"十四五"时期完善社保体系过程中需要重点关注的内容。

2021年7月,财政部出台了一系列彩票资金管理办法,包括《彩票公益金管理办法》[1]、《彩票市场调控资金管理办法》[2]、《中央专项彩票公益金支持地方社会公益事业发展资金管理办法》[3]以及《中央专项彩票公益金支持欠发达革命老区乡村振兴项目资金管理办法》[4]。其中,为了充分体现彩票公益金管理、分配和使用的公益属性,新版《彩票公益金管理办法》(以下简称"办法")主要增加了公益金的分配和使用原则、项目管理制度及绩

---

[1] 《财政部关于印发〈彩票公益金管理办法〉的通知》,http://www.cwl.gov.cn/c/2021-06-17/485349.shtml,最后检索时间:2021年6月17日。

[2] 《财政部关于印发〈彩票市场调控资金管理办法〉的通知》,http://zhs.mof.gov.cn/zhengcefabu/202106/t20210618_3721692.htm,最后检索时间:2021年6月18日。

[3] 《关于印发〈中央专项彩票公益金支持地方社会公益事业发展资金管理办法〉的通知》,http://zhs.mof.gov.cn/zhengcefabu/202106/t20210622_3722304.htm,最后检索时间:2021年6月22日。

[4] 《关于印发〈中央专项彩票公益金支持欠发达革命老区乡村振兴项目资金管理办法〉的通知》,http://nys.mof.gov.cn/czpjZhengCeFaBu_2_2/202106/t20210623_3723005.htm,最后检索时间:2021年6月25日。

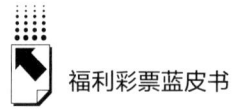

效管理等相关内容，要求加强彩票公益金全过程绩效管理，建立公益金绩效评价常态化机制，强化绩效评价结果应用，明确了公益金使用公告应该公布的具体内容和要求，并增加了对违规行为的处罚规定等。例如，办法"第三章　分配和使用"的第九条到第十二条进行了重新修订，指出"列入中央本级支出的彩票公益金，应由民政部和国家体育总局以项目库为基础提出项目支出预算安排建议"；第十六条新增加了"（四）中央财政安排用于其他专项公益事业的彩票公益金支持项目因政策到期、政策调整、客观条件发生变化等已无必要继续实施的，按规定程序予以取消"；第十八条对于申请使用彩票公益金需提交的项目申报材料中，新增加了"项目绩效目标"这一内容；第十九条对于加强彩票公益金项目管理，新增设了"建立健全项目入库评审机制"要求；新增第二十三条"加强彩票公益金全过程绩效管理，建立彩票公益金绩效评价常态化机制。省级以上财政部门以及民政、体育行政等彩票公益金使用部门、单位应建立和完善彩票公益金支出绩效自评及评价制度，提高彩票公益金资源配置效率和使用效益"。为了更加适应当前的彩票市场环境和对公益金的管理需求，促进调控资金的合理分配，新修订的《彩票市场调控资金管理办法》主要在资金使用范围、分配和预算下达、绩效管理和监督检查等方面进行了较大的改进和完善，规定调控资金应采取因素法进行分配。新版《中央专项彩票公益金支持地方社会公益事业发展资金管理办法》强调要加大对西部及山东沂蒙革命老区等社会公益事业资金的支持力度，着重对转移支付方面的问题进行了补充和修订，例如省级财政部门可结合本地的实际情况，采用因素法、项目法、因素法与项目法相结合等方法，提出资金分配方案，并负责管理监督等工作，使得资金分配方式更加细化。进一步地，《中央专项彩票公益金支持欠发达革命老区乡村振兴项目资金管理办法》又对具体的支持范围、资金支持方式和资金用途进行了详细规定。有关单位和部门应深入贯彻落实《彩票管理条例》（2009）、《彩票管理条例实施细则》（2018）、《彩票公益金管理办法》（2021）、《彩票市场调控资金管理办法》（2021）、《中央专项彩票公益金支持地方社会公益事业发展资金管理办法》（2021）以及《中央专项彩票公益金支持欠发达革命老区乡村振兴项目资金管理办法》（2021）等文件精神，依法、合规且最大限度地筹集公益金，利用项目库、大数据审计等信息化手段，做到资金的合理配置、有效使用，同时进一步完善公益金资金管理和绩效考核制度，强化责任落实，明确省市级财政部门的监管权力，通过直观感知或营造合适的社会氛围呈现彩票的公益形象，增强公益金使用的"可见性"①，提高公益金的使用效率。

参考文献

国彩：《让彩票的"公益品牌"看得见、摸得着》，《中国老年报》2021年8月11日，第004版。

胥艳芳：《我国地区彩票销量与经济发展的相关性分析》，《今日财富》2021年第12期。

马天平、王盼：《彩票供求的"二元"对立矛盾：基于"政府－市场"的化解框架》，《甘肃社会科学》2021年第3期。

李继海、邵祥东、刘佳宁：《基于区块链技术的福利彩票事业优化路径探究》，《社会福利》（理论版）2021年第5期。

刘辉煌、王红岩：《体育彩票公益金政策监控面临的困境与监控机制的构建》，《四川体育科学》2021年第3期。

何辉：《福利彩票公益金分配使用尚有很大提升空间》，《经济参考报》2020年10月22日，第008版。

马福云：《公益金分配使用要确保社会公益目标》，《经济参考报》2020年9月10日，第008版。

马福云：《彩票运营以公益责任为基石》，《经济参考报》2020年8月27日，第008版。

何辉：《公共价值是我国彩票事业健康发展的方向》，《经济参考报》2020年7月30日，第008版。

何辉主编《中国福利彩票发展报告（2019）》，社会科学文献出版社，2020。

刘含琦、邵祥东：《福利彩票公益金使用问题研究》，《辽宁行政学院学报》2020年

---

① 何辉：《关于设立"全国彩票公益日"的设想》，《中国老年报》2020年10月21日，第003版。

第 3 期。

申卫平、齐志:《我国彩票公益金公共性本质与管理模式优化》,《改革》2009 年第 8 期。

邵祥东、朱春霞:《彩票公益金"项目制"改革与财政精准监管》,《地方财政研究》2018 年第 8 期。

杨克:《美国彩票公益金的运行机制与公共属性:对中国的启示》,《社会福利》(理论版) 2015 年第 8 期。

民政部政策研究中心编《我国福利彩票公益金使用管理研究》,中国社会出版社,2013。

B.7
2020年我国省级福彩机构公益活动报告

孙蕾 何辉*

摘　要： 基于公开报道的数据统计，2020年我国共有26个省级福利彩票机构举办了87项公益活动，共花费公益资金17871.432万元。这些活动分为6种类型，即扶老类、助学类、助残类、救孤类、济困类和公益文化及其他类。其中济困类活动最多。在资金投入和活动数量方面，东部地区占比最高，其次是西部地区。基于2020年度各省福彩机构开展公益活动在公益管理、资金投入、产出、公益合作、公益沟通等5个方面的现状，提出推动公益创新、建设责任福彩，加强外部引入机制、推进智慧福彩，开展多维公益项目、打造品质福彩，增加公益生机活力、开启青春福彩的建议。

关键词： 彩票公益金　公益活动　社会责任

2020年，是全面打赢脱贫攻坚战收官之年，是全面建成小康社会目标实现之年，在这关键时刻，中国福利彩票必将付出更大努力，助力脱贫攻坚目标圆满完成；2020年，是病毒突袭而至，疫情来势汹汹之年，在这重要关头，中国福利彩票更须承担更多责任，推动全民抗"疫"、共克时艰。

福利彩票事业的健康发展，包括公益金的筹集和分配使用两个环节。公

---

* 孙蕾，中国社会科学院大学经济学院教师，主要研究方向为老年社会工作、社会工作与社会福利；何辉，经济学博士，中国社会科学院大学商学院党总支书记，副教授，中国社会科学院大学社会责任研究中心主任。

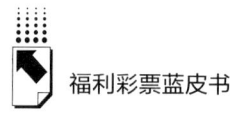

益金的分配使用环节主要体现彩票的公益性，而彩票销售和公益金筹集环节则主要体现经济性。省级福利彩票中心（以下简称省级福彩机构或福彩机构）负责当地福利彩票的发行销售。推动彩票销售的稳定增长、增加公益金的筹集量是其主要职责。与此同时，在彩票销售环节传播福利彩票的公益理念，在全社会塑造福利彩票的公益形象，也是省级福彩机构的重要社会责任。

近些年来，各地的福彩机构开展了大量的公益活动，涉及扶老、助残、救孤、济困等方面。这些活动既是福彩机构的一种营销策略，也是福彩公益理念的重要传播渠道，很好地体现了"扶老、助残、救孤、济困"的发行宗旨。

各地福彩机构开展的公益活动，在活动数量、活动类型、活动内容、资金来源、品牌建设方面呈现不同的面貌，对彩票销售和公益理念传播发挥了不同的作用。本文梳理了2020年全国26个省级（含深圳）[①] 福利彩票销售机构举办的公益活动，分析归纳这些活动的特点，并在此基础上，就如何更好地开展公益活动提出政策建议。

一 省级福彩机构公益活动的概况

我们通过搜索网络上的相关新闻报道等公开信息的方式，收集各省级福彩机构2020年开展的公益活动的情况。数据主要来源于中国福彩网、公益时报中华彩票网、中彩网及各省福彩机构官方网站。经统计，2020年全国32个省级福利彩票机构中有26个省区市开展了相关的扶老、助残、救孤、济困等公益活动共87项。在资料收集中未获得6个省份的相关信息，因此本次统计分析并不是各省份举办公益活动的全部。

（一）类型和数量

基于已获取26个省区市的公益活动主题和内容，可以将这些活动分为

---

① 深圳市福彩中心一直作为拥有独立地位和权限的二级（省级）福彩销售机构，自成立以来就被授予二级彩票销售机构权责，也同样拥有与其他省级彩票机构一样权限开展福彩公益活动，拥有专有网站，所以单独列出。

6种类型，即扶老类、助学类、助残类、救孤类、济困类和公益文化及其他类。扶老类公益活动主要包括对一些老年群体进行救助，对一些养老机构等进行帮扶等，例如湖南省开展的"福泽潇湘·金秋惠老"关爱敬老院老人和社区孤寡老人慰问活动，江苏省的"进社区爱心敬老"活动和"寒冬送温暖、福彩献爱心"敬老活动等。2020年各地开展扶老类公益活动9项。助学类公益活动，主要是面向家庭经济困难的学生，特别是高中生和考取大学的学生开展的各项资助活动，例如陕西省开展的"'公益福彩·亲情助学' 2000万元福彩公益金资助贫困家庭大学新生"活动、河北省"福彩献真情，爱心助学子"活动及浙江省"福彩暖万家·助圆大学梦"公益活动。2020年各地开展助学类公益活动26项。助残类公益活动围绕着残疾人群体的需求，例如山东省的"齐鲁福彩助残行动"，为肢体残疾人免费安装或更换假肢和矫形器具。2020年各地开展助残类公益活动4项。救孤类公益活动，面向儿童福利院的孤儿群体开展，例如山东省"福彩圆梦·孤儿助学"活动。2020年各地开展救孤类公益活动4项。济困类公益活动面向困难家庭、困难群体开展活动。例如新疆"情寄留守爱心暖冬"公益活动、山东省"为福添彩"公益救助活动等。2020年各地开展的济困类公益活动27项。福彩机构还开展了一些宣传福利公益理念和文化的活动，例如深圳举办的"常回家看看"公益活动。除此之外，因疫情的特殊原因，很多地区也开展了抗击疫情主题活动，例如湖北省"福泽潇湘·致敬白衣天使"公益活动等。2020年各地开展的公益文化及其他类公益活动17项（见表1）。

表1 2020年度省级福彩机构举办公益活动的类型和占比

类型	数量（项）	活动省份（个）	占比（%）
济困	27	15	31.0
助学	26	17	29.9
公益文化及其他	17	9	19.5
扶老	9	8	10.3
助残	4	4	4.65
救孤	4	4	4.65

资料来源：根据各省级福彩机构公开资料汇总。

公益活动最多的类型为济困类，15个省级福彩机构开展了济困类公益活动27项，占总活动31%；18个省级福彩机构开展了助学类公益活动26项，占总活动29.9%；10个省级福彩机构开展了公益文化以及其他类活动17项，占总活动19.5%；8个省级福彩机构开展了扶老类活动9项，占总活动10.3%；助残类和救孤类各4项公益活动均有4个省级福彩机构开展，两类活动各占总活动4.65%。

表1显示，2020年度各省级福彩机构开展活动与往年相比数量较少，在87项公益活动中，济困类活动占比最多，助学类、公益文化及其他类排在第二和第三，三项相加达到70项，占到所有活动的4/5。

我们分地区对其5种公益活动的数量进行了统计（见表2）。表2还列出了每一个省份2020年开展的公益活动中，数量最多的活动类型。表2显示，各省级福彩机构自身开展的公益活动中，活动类别比重最多的类型为助学类活动。

表2 2020年度各省级福彩机构举办公益活动情况

省份	扶老	助学	助残	济困	救孤	公益文化及其他	活动类别第一比重
广东		1		2			济困
深圳						2	公益文化及其他
江苏	2	2		3	1	2	济困
山东		2	1	1	1	1	助学
浙江		1		1		1	助学、济困、公益文化及其他
河南		1					助学
四川		2					助学
湖北		3	1	1			助学
湖南	1	1	1	1		1	扶老、助学、济困、助残、公益文化及其他
河北	1	1		1			扶老、助学、济困
安徽		2					助学
辽宁	1	2		1			助学
陕西		1					助学
江西				4			济困
重庆	1	1		2		4	公益文化及其他
广西		1				1	助学、公益文化及其他
天津			1				助残
云南	1			1		1	扶老、济困、公益文化及其他
内蒙古	1						扶老

续表

省份	公益活动类型及数量(项)						活动类别 第一比重
	扶老	助学	助残	济困	救孤	公益文化及其他	
山　西		1		3			济困
黑龙江					1		救孤
新　疆				2		3	公益文化及其他
甘　肃	1	2		2			助学、济困
海　南				2			济困
宁　夏		1					助学
西　藏		1		1		1	助学、救孤、公益文化及其他
总　计	9	26	4	27	4	17	

资料来源：根据各省级福彩机构公开资料汇总。

（二）公益活动的资金来源

2020年度公益活动共花费公益资金17871.432万元，其中86项活动共使用公益金17711.432万元；1项活动使用了发行费160万元；具体来讲，2020年度公益活动资金除发行费160万元外，其余均为公益金（见图1）。

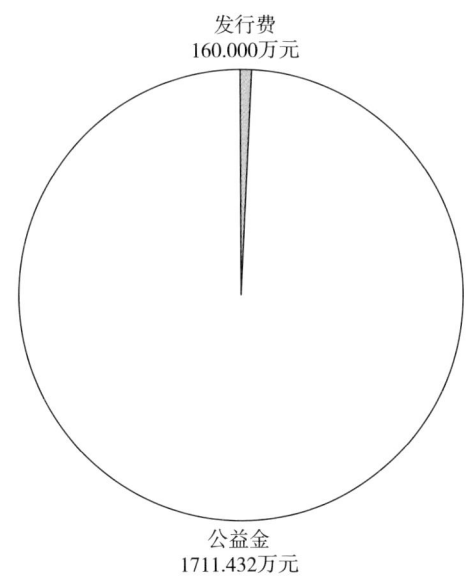

图1　2020年度资金来源

资料来源：根据各省级福彩机构公开资料汇总。

图 2 是 26 个省级机构举办公益活动投入的资金量情况。公益活动资金投入前 10 名是浙江、山东、河北、陕西、湖北、四川、江苏、湖南、重庆、深圳。浙江省投入资金达到 3040 万元，是公益活动投入最多的省份。

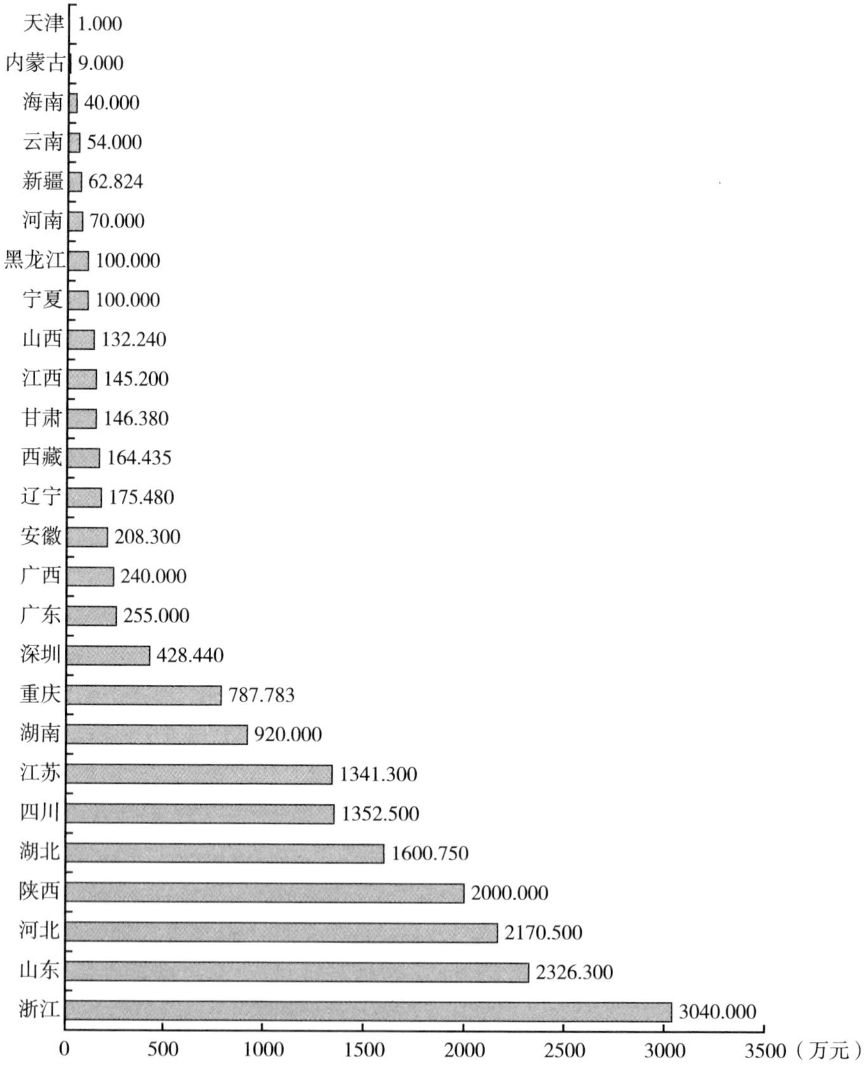
天津 1.000
内蒙古 9.000
海南 40.000
云南 54.000
新疆 62.824
河南 70.000
黑龙江 100.000
宁夏 100.000
山西 132.240
江西 145.200
甘肃 146.380
西藏 164.435
辽宁 175.480
安徽 208.300
广西 240.000
广东 255.000
深圳 428.440
重庆 787.783
湖南 920.000
江苏 1341.300
四川 1352.500
湖北 1600.750
陕西 2000.000
河北 2170.500
山东 2326.300
浙江 3040.000
0
500
1000
1500
2000
2500
3000
3500（万元）

图 2　2020 年度 26 个省级福彩机构举办公益活动投入的资金量

资料来源：根据各省级福彩机构公开资料汇总。

二 东、中、西部地区公益活动的比较

为方便分析,我们按照东部、中部、西部3个地区,将26个省级福利彩票发行机构进行比较。东部地区包括天津、河北、辽宁、江苏、浙江、山东、广东、深圳、广西、海南。中部地区包括山西、内蒙古、黑龙江、安徽、江西、河南、湖北、湖南。西部地区包括重庆、四川、云南、西藏、陕西、甘肃、宁夏、新疆。通过对比,可以发现2020年度东部、中部和西部省级福彩机构的公益活动在资金投入、公益活动数量、活动类型等方面存在较大差异。

(一) 东部、中部和西部公益活动的比较

1. 东部、中部和西部公益活动的资金投入

在公益活动的资金投入上,东部省级福彩销售机构共花费公益资金10018.02万元,中部省份共花费公益资金3185.49万元,西部省份共花费公益资金4667.922万元。东部省级福彩销售机构公益活动比中部省份和西部省份投入力度大,资金量大于中部省份和西部省份资金量之和。图3显示的是不同地区的省级福彩机构开展公益活动投入资金数量的情况。资金投入前10名中,有5个来自东部地区,3个来自西部地区、2个来自中部地区。

2. 公益活动的数量

东部省份2020年度共开展公益活动36项,占总活动数量的41.4%,多于中部省份和西部省份公益活动数量;中部省份2020年度共开展公益活动21项,占总活动数量的24.1%;西部省份2020年度共开展公益活动30项,占总活动数量的34.5%。

3. 不同类型活动的分布

东部省份公益活动中扶老类公益活动4项,占扶老类公益活动数量的44.5%;助学类公益活动10项,占助学类公益活动数量的38.5%;助残类公益活动2项,占助残类公益活动数量的50%;济困类公益活动11项,占

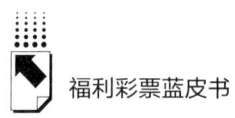

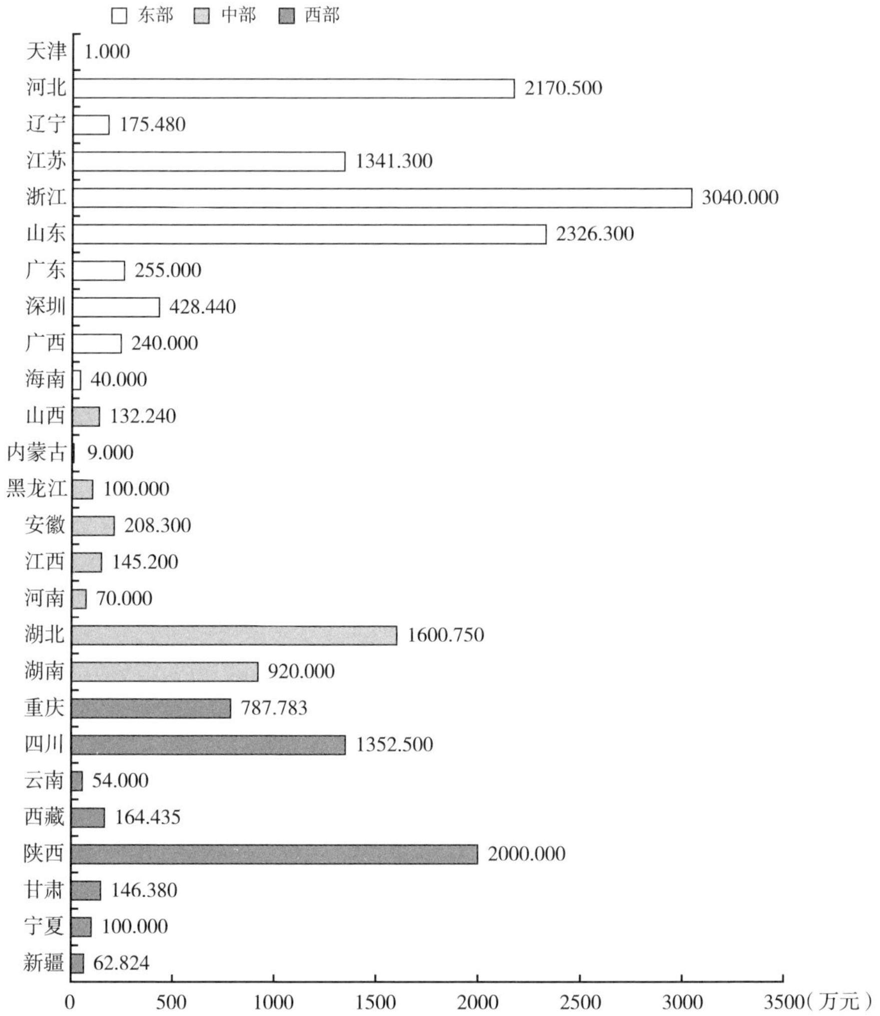

图 3 2020年度不同地区省级福彩机构公益活动投入资金量的比较

资料来源：根据各省级福彩机构公开资料汇总。

济困类公益活动数量的42.3%；救孤类公益活动2项，占救孤类公益活动数量的50%；公益文化及其他7项，占公益文化及其他活动数量的41.2%。除公益文化及其他类活动，东部省份其他类别活动数量都是最多的。中部省份公益活动总体数量最少，扶老类公益活动2项，占扶老类公益活动数量的22.2%；助学类公益活动8项，占助学类公益活动数量的30.75%；助残类公益活动2项，占助残类公益活动数量的50%；济困类公益活动7项，占济困类公益活动数量的26.9%；救孤类公益活动1项，占救孤类公益活动数量的25%；公益文化及其他类公益活动1项，占公益文化及其他类活动数量的5.9%。西部省份公益活动中，扶老类公益活动3项，占扶老类公益活动数量的33.3%；助学类公益活动8项，占助学类公益活动数量的30.75%；助残类公益活动0项；济困类公益活动9项，占济困类公益活动数量的30.8%；救孤类公益活动1项，占救孤类公益活动数量的25%；公益文化及其他类公益活动9项，占公益文化及其他类公益活动数量的52.9%。其中公益文化及其他类活动西部省份开展最多。

（二）2020年东、中、西部地区各省区市公益活动的具体情况

1. 东部地区

东部地区包括天津、河北、辽宁、江苏、浙江、山东、广东、深圳、广西、海南10个省区市。

天津市开展助残活动——"天津福彩新春慰问儿童福利院"，投入福彩公益金1万元。

河北省福彩公益活动共使用公益金2170.5万元，举办三类活动。助学类活动"福彩献真情，爱心助学子"项目是河北省的一个年度品牌公益活动，已连续举办了18届。其间，河北省福彩机构共投入福彩公益金2.15亿元，资助了近6万名寒门学子。2020年度该活动投入公益金1569万元，占总花费72.3%；另外两个项目包括济困类"福彩暖冬助困"活动，扶老类"情暖孤老，新春送福"走访慰问活动。

辽宁省福彩公益活动资金全部来源于公益金，共使用公益金175.48万元。受疫情影响，辽宁省福彩公益活动少于往年。其中助学类活动是辽宁省主要公益活动，"大连民政·福彩助学"活动和"慈善·福彩"助学活动共使用公益金130.5万元，占总花费74.4%；济困类"福利彩票，为您的生活增福添彩"主题活动共使用公益金42.98万元，占总花费24.5%。此外辽宁省还举办了扶老类"慰问夕阳红老年公寓"活动项目。

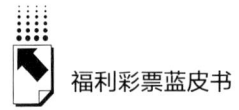

江苏省福彩公益活动共使用公益金1341.3万元。扶老类活动是该省的主要公益活动，分别是"'进社区爱心敬老'活动"、"寒冬送温暖、福彩献爱心"冬季敬老活动，共使用公益金485万元，占总花费36.2%；助学类项目"爱心助学"公益活动已经连续5年举办，2020年度使用公益金300万元，"江海阳光·慈善·福彩"助学活动使用公益金70.4万元，共占总花费27.6%；救孤类活动1项；济困类包括"情暖江苏"春节慰问、"三关爱公益行动"活动、"福彩·爱满彭城"三项活动。公益文化及其他类活动有两项抗疫活动，分别是公益金助力战"疫"活动和"天佑华夏，武汉加油"活动。江苏省举办公益活动类型较多，仅未举办助残类活动。

浙江省福彩公益活动共使用公益金3040万元。助学类"福彩暖万家·助圆大学梦"公益活动为江苏省主要公益活动，占总花费59.2%；济困类"福彩助力·点亮梦想"公益活动，使用公益金1200万元；公益文化及其他类活动"福彩有爱，一路有你"困难环卫工人资助活动使用公益金40万元。"福彩暖万家"系列活动为浙江省品牌公益活动。

山东省福彩救孤类"福彩圆梦·孤儿助学"活动为其主要公益活动，共使用公益金1400万元，占总花费的60.2%；助残类活动"齐鲁福彩助残行动"活动，使用公益金810万元；助学类活动举办"为福添彩·福利彩票圆梦大学生行动"活动和"福彩助力·情系学子"活动两项；济困类"为福添彩"公益救助活动一项。公益文化及其他类活动为"福彩公益路灯，照亮村民回家路"活动。2020年度山东省福彩公益共使用公益金2326.3万元。

广东省福彩公益活动共使用公益金255万元。其中助学类公益活动"育苗计划"为延续品牌；济困类活动除延续品牌"福彩夏令营"活动外，新增"牵手行动"活动，关注留守儿童和遇险儿童的成长与健康状况。

深圳福彩公益活动共使用公益金428.44万元，用于公益文化及其他活动类的"'爱心福彩'资助来深建设者春节返乡"活动、"'常回家看看'公益活动"两个活动，主要对象是外地来深圳的建设者。

广西壮族自治区福彩公益活动资金来源于公益金，共使用240万元，其中助学类"'福彩情·学子梦'助学活动"使用公益金210万元,为广西主要公益活动,占总花费87.5%,公益文化及其他类"福彩情·健步走"活动,使用发行费占总花费12.5%。这两个活动均为延续品牌。

海南省福利彩票公益活动共使用公益金40万元。2020年度海南公益活动均为济困类,主要有"寒冬送温暖"慰问活动和"公益进校园"两项公益活动。

2. 中部地区

中部地区包括山西、内蒙古、黑龙江、安徽、江西、河南、湖北、湖南8个省份。

山西福利彩票公益活动共使用公益金132.24万元。济困类"福彩圆梦·困境儿童成长计划"公益活动、"情暖朔州"教育救助活动和"阳光福彩关爱民警"助警活动为其主要公益活动,占总花费62.2%;助学类公益活动1项。

内蒙古自治区共使用公益金9万元,用于扶老类"敬老公益行、温情暖夕阳"活动。

黑龙江省使用公益金100万元,用于救孤类"福彩圆梦·情系孤儿学子"资助活动。

安徽省共使用公益金208.3万元,均用于助学类公益活动,其中"福彩助你上大学"公益活动为延续品牌。

江西省共使用公益金145.2万元,用于济困类活动"福彩公益行·走近千万家"、"福彩公益行·走近扶贫点"、"福彩公益行·走进××地"和"福彩公益行·下乡送温暖"4项活动,其中前3项活动为持续举办的品牌活动,后1项为2020年新增公益活动。

河南省共使用公益金70万元,开展一项助学类"情系学子·寄望未来"福彩慈善助学公益活动。

湖北省共使用公益金1600.75万元,助学类活动为其主要公益活动,3项活动共花费公益金958.49万元;济困类和助残类公益活动各1项。

湖南省公益活动资金来源于公益金和发行费,共使用920万元。其中助

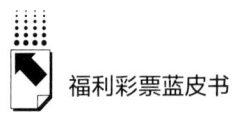

残类"福彩助残"项目为该省主要公益活动,使用公益金500万元,占总花费54.3%;公益文化及其他类"福泽潇湘·致敬白衣天使"公益活动共使用公益金180万元;助学类"福泽潇湘·扶贫助学"公益活动共使用发行费160万元;扶老类"福泽潇湘·金秋惠老"慰问孤寡贫困老人公益活动为延续品牌;除此之外还举办了济困类"福彩帮帮帮"活动。

3. 西部地区

西部地区包括重庆、四川、云南、西藏、陕西、甘肃、宁夏、新疆8个省份。

重庆市福利彩票公益活动资金全部来源于公益金,共使用公益金787.783万元,公益文化及其他活动为重庆市福彩主要公益活动,"福彩爱心帮帮帮"活动、"福彩有爱·送福到家"儿童救助公益创投项目、"福彩有爱·送福到家"爱心温暖公益项目和"福彩有爱·送福到家"集善公益文化项目4个项目共使用公益金507万元,占总花费的64.4%;助学类活动"公益福彩·幸福校园"工程活动为延续品牌,共使用公益金125万元,占总花费15.9%;济困类活动"'福彩助学·爱心直通车'资助在校大学生'2小时公益'"活动、"聚焦脱贫攻坚·福彩在行动"活动共使用公益金115.783万元,占总花费14.7%,其中资助在校大学生"2小时公益"活动为延续品牌;扶老类活动"福彩有爱·送福到家"扶老、助老、敬老、爱老主题活动使用公益金40万元,占总花费5%。2020年度重庆市福利彩票公益活动种类较多。

四川省福利彩票公益活动资金全部来源于公益金,共使用公益金1352.5万元,用于助学类"放飞梦想·托起四川希望的明天"活动和"志翔班"项目。

云南省福利彩票公益活动资金来源于公益金,共使用公益金54万元。济困类"耕耘计划"为云南省福彩主要公益活动,占总花费79.6%;公益文化及其他类"助农抗旱引甘霖"活动使用公益金10万元,占总花费18.5%;扶老类"寒冬送温暖"公益活动,使用公益金1万元。

西藏自治区福利彩票公益活动共使用公益金164.435万元,助学类"公益福彩·情暖高原"公益助学活动为西藏福彩主要公益活动,公益文化及其他类举办一项"公益福彩·情暖高原"关爱环卫女工三八公益活动;救孤类"福彩圆梦·孤儿助学工程"活动一项,受疫情影响,西藏福彩举办公益活动不多。

陕西省因疫情原因只保留开展一项延续品牌项目"'公益福彩·亲情助学'2000万元福彩公益金资助贫困家庭大学新生"助学类公益活动。

甘肃省共使用公益金146.38万元,助学类为其主要公益活动,包括"福彩圆梦·爱心助学"和"阳光助学"两项活动,共使用公益金92万元,占总花费62.9%;扶老类为"走进敬老院,关爱资助情暖老人心公益行"活动。济困类包括"冬日阳光"公益行动和春节慰问活动。

宁夏回族自治区共使用公益金100万元,用于助学类"宁夏福彩公益行,圆筑贫困学子梦"活动。

新疆维吾尔自治区使用公益金62.824万元,济困类"情寄留守爱心暖冬"公益活动和慰问困难群众活动,共使用公益金37.2万元,占总花费的59.2%;公益文化及其他类开展3项活动,占总花费40.8%。

三 省级福彩机构公益活动现状与发展分析

(一)"五力模型"和公益活动现状分析

从各省份福彩机构开展的公益活动来看,其涉及助学、济困、助残、救孤等领域。在2020年度开展的公益活动中,虽然许多省份福彩公益活动受疫情影响减少或未开展,但仍有一些延续多年的福彩品牌项目,产生了持续的社会效益。不过,各省级福彩机构在开展公益活动的过程中,在福彩公益管理、资金使用以及公益品牌建设等方面的做法值得进一步思考和探索。本文借鉴企业开展公益活动的"五力模型"①(见图4),从5个方面、9个要

---

① 邓国胜、钟宏武等:《中国企业公益研究报告(2015)》,社会科学文献出版社,2015,第262~277页。

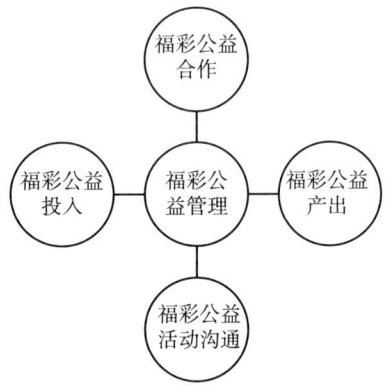

图 4　公益活动的"五力模型"

素分析我国省级福彩机构开展公益活动的情况。

1. 公益活动特点

从我国各省情况来看,主要表现为以下几点。

一是直接由省福彩机构来策划和实施,外部组织和社会的参与较少,导致社会动员不足。

二是创新性不足。创新机制不足不仅体现在公益理念和公益活动方式的创新性方面,同样体现在公益金的使用分配上,面对突发的不可抗力影响,解决社会问题的思路和决策方法仍需进一步更新。

对于2020年来说,面对疫情,常规性福彩公益活动本身在不得不停止或推迟的情况下,是否可以允许公益金的使用根据社会形势灵活分配值得思考。目前的公益活动仍无法改变公益活动的对象(弱势群体),与产品营销的对象(彩民)以及福利机构希望影响的对象(更广泛人群,有可能成为彩民的群体)之间的政策性引导缺失与关联性断层,无法做到更广的连续性、辐射性和知名度。

三是公益品牌的持续影响。统计中我们发现极少部分持续多年的系列公益活动已经成功塑造品牌,并没有受到疫情的影响而减少公益活动,例如重庆市、湖南省开展的公益活动等。但对于全国大部分省份来说,疫情对于自身省份福彩公益的品牌打造产生很大影响,有个别省份往年延续的公益品牌出现中断现象。品牌的打造，一方面可以增强认知度与影响力，另一方面，也可以逐步规范完善整个福彩项目管理过程。品牌的宣传与推广又是品牌打造的重要一环，各省份福彩官网几乎没有对品牌公益的专栏介绍与跟进，大部分网站公益活动更新不及时，甚至极少省份截至2020年仍没有福彩官方网站。开设微信公众号、微博等其他宣传平台的省份同样存在类似问题，缺少品牌维护与更新。

2. 公益活动现状分析

（1）福彩公益管理

福彩公益管理是做好公益活动的决定性因素。福彩公益管理主要涵盖以下四大要素：设计与规划、制度与机制、组织化运作、文化建设。其中设计与规划指的是各省份福彩机构在公益活动启动之前，要契合福彩的社会责任，制定整体的公益活动实施规划；制度与机制是指保障公益活动有效运作的制度措施；组织化运作指的是公益活动要求福彩机构有专业的工作机构和人员具体执行公益活动；文化建设指的是依托于公益活动，营造良好的公益文化氛围。

彩票资金包括彩票奖金、彩票发行费和彩票公益金。彩票资金的具体构成比例由国务院决定。通过销售彩票筹集的彩票公益金如何分配和使用，财政部出台的《彩票公益金管理办法》对此有明确规定。其中，地方层面的彩票公益金，按照规定，要求各省级财政与民政、体育部门共同研究确定分配原则。全国各省级地区的公益金的使用，公益活动的策划和实施，都是在省民政厅、财政厅的支持下，由中国福利彩票发行管理中心指导，直接由各省级福彩机构来策划和实施。

福利彩票因公益而生，为此，从中央到地方，从民政部门、财政部门到省福彩机构都需要为福彩公益活动的顺利推进提供组织支撑，各级机构和人员各司其职、互相配合。很多省份福彩机构都会有一定的组织运作制度，如江西省福彩机构印发《江西省福利彩票发行中心内部控制制度汇编》、江苏福彩推进标准化建设，优化终端形象。2020年疫情突袭而至，很多省份福彩机构认真落实《中国福利彩票销售场所疫情防控指南》，很快出台了相关制度,如山东省印发《山东省福利彩票销售场所疫情防控应急处置预案》。但整体来看,福彩机构开展公益活动的制度和机制建设还不够,一些省份缺少公益活动执行运作计划等。

中国福利彩票发行管理中心倡导建设"公益、慈善、健康、快乐、创新"的福彩文化,各地在福彩文化建设上也做了不少推进。不过,如何审核福彩公益的社会责任,福彩文化如何通过福彩公益活动得以多维度地体现,如何增加外部因素和社会的认同与参与,是今后各省份福彩公益发展值得深思与探讨的话题。

(2)福彩公益投入

福彩公益投入指的是资源投入。福彩机构的投入主要分为专业社会工作者等公益活动一线工作者的人力投入、资金(物资)投入。2020年度福彩公益活动在人力投入的管理层级、硬件环境、服务体系等多方面进行创新,一定程度上提升公益活动的服务专业能力。福彩公益活动的资金来源主要有两种,一是发行费,二是福彩公益金。在本次统计的26个省级福利彩票销售机构中,除1项活动使用了发行费160万元,其余86项活动均使用公益金,共计17711.432万元;但是,东部省份、中部省份、西部省份福彩花费占比分别为56.1%、17.8%、26.1%,东部省份福彩公益活动总花费大于中部省份和西部省份总和,这说明在公益活动的实施决策、资金配置,甚至是公益金筹集与分配上,东部地区与中西部地区具有明显的地域差异。

(3)福彩公益产出

福彩公益产出指的是公益活动执行的实际效果。经统计,2020年度各省份公益活动基本圆满完成,但就公益活动本身、公益活动对象、社会影响力等各方面实际效果而言,有些地区因受疫情的影响未开展公益活动,有些地区只保留最基本的公益活动项目。大部分地区公益活动都有所减少,开展的活动有待进一步提高与后续的改善跟进。我国各省市福彩公益活动类型秉承着"扶老、助残、救孤、济困"的发行宗旨,分为扶老、助残、济困、救孤等活动类型,福彩公益活动本身类型单一、缺少活动创新,主要是针对社会上的各类弱势群体成员的小额资助。同时,因缺乏创新机制或福彩资金不足等多方面原因，在面对疫情的不可抗力影响时，公益活动不能连续开展，致使公益活动本身关注度不够，无法形成品牌，进而发挥品牌效应。同时，在全民抗"疫"背景下，灵活使用福彩公益金，开展相关公益活动的地区少之又少，无法在特殊时期形成地方亮点。

（4）福彩公益合作

福彩公益合作指的是各省级福彩机构立足自身情况，在充分调研的基础上，建立多方参与的平台和相关机构，例如专业社会工作机构进行合作，从而实现资源聚合的最大效应。

福彩机构与社会工作机构的合作，可提升公益活动的专业性。社会工作机构属于社会服务机构（或民办非企业单位），但与一般的社会服务机构不同的是，社会工作机构突出社会工作的专业性，由社会工作者运用社会工作专业知识、方法和技能，开展困难救助、权益维护、心理疏导、行为矫治、关系调适等服务。目前，社会工作机构参与福彩公益活动的主要形式为政府购买服务。

福彩机构与其他社会服务机构等公益组织合作，提升福彩的公益形象。福彩机构与公益组织形成公益资源的互通，一方面，福彩机构可借助公益组织的社会公益影响力，提升公益活动本身社会影响力和知名度，从而吸引社会各界对公益活动的关注。另一方面，公益组织也可以充分运用福彩机构的资金，为其公益项目提供充分的资金支持。

福彩机构的公益活动要加强其与彩票营销活动的关联。目前的福彩公益活动几乎都是纯粹的公益活动，其活动本身对彩票销售等各环节的作用或者影响非常小。另外，彩票市场的营销活动也往往单独进行，更侧重于中奖的奖金和中奖率。也就是说，现有的福彩公益活动的对象与彩票市场的营销对象，以及福彩机构希望影响的对象之间，有一定的错位。需要探索通过公益活动与市场营销活动有机结合，实现福彩以公益影响销售、以销售带动公益的效果。

（5）福彩公益活动沟通

福彩公益活动沟通包括对活动的品牌管理与传播、活动信息的及时公开

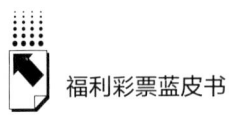

与反馈。福彩公益活动沟通之于各省份福彩机构形象以及品牌塑造是一个不可避免的话题。

公益的价值意义在于通过推广让更多的人关注，从而获得更多的支持，让公益活动真正"扬帆起航"，以公益影响生命，以生命反馈公益。从各地的情况来看，2020年很多省级福彩机构都尝试持续打造自己的品牌公益项目。中国福利彩票发行管理中心组织开展的"福彩有爱""福彩圆梦"等系列公益活动，各地福彩机构开展的资助贫困学子、慰问困难群众等公益活动，例如西藏福彩的"公益福彩·情暖高原"、浙江福彩的"福彩暖万家"、湖南福彩的"福泽潇湘"、辽宁福彩的"幸福辽宁"等公益品牌，彰显了福利彩票公益宗旨。然而在公众的印象中，全国福彩还没有一个属于全国性的有巨大影响的公益品牌。

从信息沟通角度看，2020年公益活动的宣传和传播方面仍有待加强。我们在调研时发现，个别省份的福利彩票官方网站无法打开，有些地区的网站没有及时更新信息，无法找到相关内容。在32个省级福彩机构中只检索到26个省级福彩机构开展公益活动的新闻报道等信息，另外6个无法检测到。不少公益活动新闻报道相对简单，一方面在信息传播效果上不够理想，另一方面对公益活动中涉及的金额、活动的具体内容等发布不足，透明度不高。

（二）福彩机构开展公益活动的建议

针对2020年度全国各省福彩公益活动的相关分析，提出以下4条建议。

1. 福彩活动创新，建设责任福彩

福彩公益活动要实现公益规划创新。在健全、规范公益活动的选择评审标准体系、流程和监管制度建设的基础上，同时调整用于福彩公益活动的资金分配比例，扩大福彩公益活动资金的资助范围，在公益活动类别的选择上，应根据受助地区民众因区域、资金投入数量等不同实际需求选取社会边际效应较大活动。建立常态与非常态时期下福彩公益金使用系列政策，非常时期可在一定范围内灵活主动对福彩公益金的使用情况进行调整。不断优化公益活动评估机制、评估主体、评估内容、评估方式等，增加有效整合公益活动与福彩公益品牌营销的长期规划，使公益活动更符合品牌的核心价值。同时，将各省级福彩机构官网公益活动进度、资金使用情况公示作为评估考量要素，各地福彩机构按时在其官方平台公布公益活动信息对增加社会认同感、树立品牌效应有很大的帮助，更有助于福彩公益社会责任的提升。

2. 加强外部引入机制，推进智慧福彩

引入有经验的组织和个人，加强福彩公益合作。福彩公益活动的顺利开展与持续影响离不开福彩机构、成熟的社会组织、社会工作机构、基金会或社会公益组织、福彩工作者与公益人的联系与互动，实现在福彩公益活动中的合作，扩大在社区、街道等基层的影响力与知名度。同时不断坚持立足当前、着眼长远，不断提升福彩工作智能化、数字化、精细化、精准化管理水平。大胆采用全新理念与技术支持，发挥网络技术优势，推动新媒体信息化发展，在现有新媒体平台的基础上，协调中心各部门，举办线上和线下各类活动，充分利用多种途径实现福彩销售与福彩公益活动的多渠道、多维度开展。

3. 开展多维公益项目，打造品质福彩

品质福彩，是能够满足彩民对文化娱乐休闲生活需求的高质量发展的产物，是彩票销售与福彩公益联动的统一结果，是坚持新发展理念的必然要求。打造品质福彩，首先要积极研发福彩新游戏，推进站点规范化建设，从多个层面为彩民提供更好更优的福彩产品和服务，让更多的人参与到福彩项目中来。其次要打造持续有影响力的品牌的公益，重视媒体宣传，选择合适福彩公益活动宣传策略，增加福彩公益活动宣传力度，实现公益活动品牌与社会大众、彩票购买者、公益爱好者等多维主体互动与参与，形成线上线下、对内对外的整合传播。最后结合福彩"扶老、助残、救孤、济困"的宗旨和使命，开发一些精准的公益项目，整合各地福彩机构的力量，在各省特色公益项目遍地开花的同时，产生合力，产生精品，形成全国性统一品牌的公益力量。

4. 增加公益生机活力，开启青春福彩

要努力打造青年福彩公益者。突出队伍的年轻化，让年轻人成为福彩公益的生力军。加强教育培训和激励管理，积极举办各种优秀青年培训。面对疫情，青年一代不怕苦、不畏难、不惧牺牲，用臂膀扛起如山的责任，展现出青春激昂的风采，展现出中华民族的希望！青年是福彩公益发展的力量，要努力打造健康快乐的福彩文化。倡导量力而行、理性投注、健康购彩、奉献爱心。设计丰富多彩、别出"新"裁的福彩公益活动与福彩公益品牌形象，弘扬向上向善的正能量的同时，让公益行动更具意义。优化福彩公益传播渠道，开通福彩抖音号、快手号、头条号等新媒体，加快福彩新媒体平台建设，打造福彩直播间、"公益通讯社"和"新媒体集团军"，线上线下一齐发力，让年轻人了解、关注福彩公益。

参考文献

邓国胜、钟宏武等：《中国企业公益研究报告（2015）》，社会科学文献出版社，2015。

何辉：《福利彩票公益金分配使用尚有很大提升空间》，《经济参考报》2020年10月22日。

刘可：《从彩票管理体制看福彩责任》，《中国社会报》2019年5月13日。

国彩：《让彩票的"公益品牌"看得见、摸得着》，《中国老年报》2021年8月11日。

附录：

安徽省福彩中心 2020 年开展公益活动统计

类别	活动名称	活动内容	资助对象	资金来源	金额（万元）	活动持续时间	延续活动或者新增项目
助学	"福彩助你上大学"公益活动	"福彩助你上大学"公益活动是由安徽省各级民政部门和福彩机构共同开展的，以资助贫困大学新生入学为内容的公益活动。2020年的"福彩助你上大学"活动，全市共拿出福彩公益金197.5万元，资助395名贫困大学生	寒门学子	公益金	197.5		延续
	"慈善助学"暨"幸福来敲门"活动	马鞍山福彩中心资助27名学生108000元	27名家庭困难的大学新生	公益金	10.8		

重庆市福彩中心 2020 年开展公益活动统计

类别	活动名称	活动内容	资助对象	资金来源	金额（万元）	活动持续时间	延续活动或者新增项目
助学	"公益福彩·幸福校园"工程活动	2020年"公益福彩·幸福校园"工程项目重点针对贫困区县的山区、库区（中）小学校和国家鼓励发展的高（中）职院校，投入资金进行爱心书屋、爱心操场、爱心道路、爱心食堂、留守儿童关爱中心等长效使用的设施设备建设，扩大福彩专项公益金资助的社会影响和效果	贫困区县的山区、库区（中）小学校和国家鼓励发展的高（中）职院校	公益金	125	1年	延续
济困	"聚焦脱贫攻坚·福彩在行动"活动	重庆福彩举办"聚焦脱贫攻坚·福彩在行动"公益资助项目，2020年支付彩票公益金106.3万元	贫困人员	公益金	106.3		

续表

类别	活动名称	活动内容	资助对象	资金来源	金额（万元）	活动持续时间	延续活动或者新增项目
济困	"福彩助学·爱心直通车"资助在校大学生"2小时公益"活动	2020年，重庆福彩继续开展"福彩助学·爱心直通车"资助在校大学生"2小时公益"项目，主要针对在重庆的全日制高校的特困家庭在校大学生	在校特困家庭大学生	公益金	9.483		延续
扶老	"福彩有爱·送福到家"扶老、助老、敬老、爱老主题活动	2020年，重庆福彩中心联动多家媒体单位，联合开展"福彩有爱·送福到家"扶老、助老、敬老、爱老主题活动，并资助养老设施建设、第五季金婚祝福礼等"福彩扶老、社会敬老"公益金40万元	市内老人	公益金	40		延续
公益文化及其他	"福彩爱心帮帮帮"活动	2020年及时响应市委、市政府"急孝感所需，尽重庆所能"的号召及要求，捐赠200万元对口支援湖北省孝感市新冠肺炎防控救治。同时针对社会突发事件、社会急难群体等组织开展"阳光福彩·爱心急难救助"公益项目，2020年组织召开急难救助评审会6期，集中评审申请资料175份，评审出受资助对象80人，以及慰问30个因洪峰过境的受灾福彩投注站，发放资助金49.6万元。全年支付彩票公益金249.6万元	湖北孝感疫情控制中心自然灾害受灾人员	公益金	249.6		
	"福彩有爱·送福到家"儿童救助公益创投项目	2020年重庆福彩资助第七届"儿童救助公益创投"项目60万元，资助慈幼共创助医项目(资助手足残、视力障碍等困难家庭儿童)20万元	困难家庭儿童	公益金	80		

续表

类别	活动名称	活动内容	资助对象	资金来源	金额（万元）	活动持续时间	延续活动或者新增项目
公益文化及其他	"福彩有爱·送福到家"爱心温暖公益项目	2020年永川福彩资助"福彩有爱"新春慰问永川区一线困难环卫工人和停车管理员公益活动、资助爱心温暖回家路第五季公益活动等多项活动	贫困环卫工、养老院等	公益金	159.4		
	"福彩有爱·送福到家"集善公益文化项目	2020年"福彩有爱·送福到家"集善公益文化项目通过参与"感动重庆十大人物"评选活动,开展公益慈善文化进社区、进企业、进机关、进校园等系列文化活动	公益慈善人物	公益金	18		

甘肃省福彩中心2020年开展公益活动统计

类别	活动名称	活动内容	资助对象	资金来源	金额（万元）	活动持续时间	延续活动或者新增项目
助学	"福彩圆梦·爱心助学"活动	2020年是全面脱贫攻坚的决胜之年,也是兰州福彩连续开展公益助学活动的第6个年头。10月12日,兰州福彩中心举办"福彩圆梦·爱心助学"公益活动,活动共捐助助学公益金40万元,用于资助兰州市贫困大学生实现大学梦	兰州市贫困大学生	公益金	40		
	"阳光助学"活动	2020年度慈善总会提供"大慈助学金"项目2万元,继续资助甘肃省会宁县开展的对20名在校困难家庭高中生的助学活动,每人1000元。资助交大"助学公益金"项目10万元;资助农大"助学公益金"项目10万元;资助甘肃省慈善总会项目30万元	贫困大学生	公益金	52		

续表

类别	活动名称	活动内容	资助对象	资金来源	金额（万元）	活动持续时间	延续活动或者新增项目
扶老	"走进敬老院，关爱资助情暖老人心公益行"活动	2020年资助会宁县瑞祥老年服务中心项目8万元；资助银河村老年日间照料中心项目5万元；资助镇原县老年人活动中心项目5万元；资助剪岔村日间照料中心（养老机构）项目5万元；资助西峰区显胜敬老院项目10万元	福利院老人	公益金	33		
济困	春节慰问活动	2020年春节慰问庄浪县困难群众项目，项目资金11.38万元	困难群众	公益金	11.38		
	"冬日阳光"公益行动	2020年川城志愿者们为川城学校一至六年级的359名学生带了价值10万多元的棉衣、棉帽、棉手套、围巾、护手霜和学习用品等物资	川城学校一至六年级的359名学生	公益金	10		

广东省福彩中心2020年开展公益活动统计

类别	活动名称	活动内容	资助对象	资金来源	金额（万元）	活动持续时间	延续活动或者新增项目
助学	"育苗计划"	2020年广东省福利彩票发行中心、共青团广东省委等单位共同主办，广州市福利彩票发行中心和广州市青少年发展基金会承办，面向6~16岁异地务工人员子女、留守少年儿童、生活困难少年儿童等群体开展的系列艺术培训活动，项目包括音乐、舞蹈、绘画、书法、科技、体育等	来穗务工家庭	公益金	45	1年	延续
济困	"福彩夏令营"活动	2020年团广东省委、广东省福利彩票发行中心联合举办福彩夏令营，分为"我的交友梦"、"我的城市梦"、"我的大学梦"、"我的科学梦"、"我的文艺梦"、"我的军旅梦"和"我的团圆梦"7个主题	留守儿童	公益金	50		延续

续表

类别	活动名称	活动内容	资助对象	资金来源	金额（万元）	活动持续时间	延续活动或者新增项目
济困	"牵手行动"活动	2020年广东福彩面向省内15个经济欠发达地区的留守和困境儿童实施关爱帮扶,总计投入160万元举办"牵手行动"活动	留守儿童和困境儿童	公益金	160		

广西壮族自治区福彩中心2020年开展公益活动统计

类别	活动名称	活动内容	资助对象	资金来源	金额（万元）	活动持续时间	延续活动或者新增项目
助学	"福彩情·学子梦"助学活动	2020年广西对300名受助学子进行每人2000元资助,如被国家承认学历的全日制普通本科以上院校录取,将再获得5000元资助金	广西贫困学子	公益金	210		延续
公益文化及其他	"福彩情·健步走"活动	2020年"福彩情·健步走"活动走过6座城市,在弘扬健康理念的同时,每场设置不同的公益主题,为低保户、建档立卡贫困户、贫困村送去关爱和脱贫建设资金共30万元	全社会	公益金	30		延续

海南省福彩中心2020年开展公益活动统计

类别	活动名称	活动内容	资助对象	资金来源	金额（万元）	活动持续时间	延续活动或者新增项目
济困	"寒冬送温暖"慰问活动	2020年12月29日,海南省福彩中心工作人员分别赴文昌市会文镇、海口市龙华区新坡镇两地开展"寒冬送温暖"公益慰问活动,为近200户贫困家庭集中发放了冬被、大米、食用油等价值10万元的慰问物资	文昌市会文镇、海口市龙华区新坡镇两地贫困家庭	公益金	10		

续表

类别	活动名称	活动内容	资助对象	资金来源	金额（万元）	活动持续时间	延续活动或者新增项目
济困	"公益进校园"活动	2020年12月23日，海南中学在凤栖堂举行"福彩公益进校园"助学活动捐赠仪式。海南省福利彩票发行中心向海中教育基金会捐赠30万元，资助海南中学品学兼优的困难学生和符合条件的困难教师	贫困师生	公益金	30		

河北省福彩中心2020年开展公益活动统计

类别	活动名称	活动内容	资助对象	资金来源	金额（万元）	活动持续时间	延续活动或者新增项目
助学	"福彩献真情，爱心助学子"活动	2020年全省福彩总计投入1569万元福彩公益金，用于资助河北省因境贫困无力支付学费的优秀考生圆大学梦	贫困考生	公益金	1569		延续
济困	"福彩暖冬助困"活动	"福彩暖冬助困"活动2020年共资助了6000名特困群众	贫困群体	公益金	600		延续
扶老	"情暖孤老，新春送福"走访慰问活动	2020年春节前夕，沧州市福彩中心投入1.5万元公益金，对15户农村特困群众进行了"新春送福"走访慰问	市内15户农村特困群众	公益金	1.5		

河南省福彩中心2020年开展公益活动统计

类别	活动名称	活动内容	资助对象	资金来源	金额（万元）	活动持续时间	延续活动或者新增项目
助学	"情系学子·寄望未来"福彩慈善助学公益活动	2020年受新冠肺炎疫情影响，政府在财政非常困难的情况下，仍然拿出50万元福利彩票公益金，市慈善总会募集善款20万元，开展"情系学子·寄望未来"福彩慈善助学公益活动，对考入全日制普通本科院校的全市贫困大学生进行资助	贫困县大学生	公益金	70		

黑龙江省福彩中心 2020 年公益活动统计

类别	活动名称	活动内容	资助对象	资金来源	金额（万元）	活动持续时间	延续活动或者新增项目
救孤	"福彩圆梦·情系孤儿学子"资助活动	2020年黑龙江共为全省范围内的198名孤儿学子和583名困境儿童发放共计100万元的资助金	198名孤儿学子和583名困境儿童	公益金	100		

湖北省福彩中心 2020 年开展公益活动统计

类别	活动名称	活动内容	资助对象	资金来源	金额（万元）	活动持续时间	延续活动或者新增项目
助学	"泛海助学行动"慈善助学项目	2020年湖北省政府批复要求，拨付湖北省教育基金会300万元，用于"泛海助学行动"慈善助学金支出	湖北贫困高考新生	公益金	300		
助学	"慈善阳光班"助学项目	2020年由厅慈善社工处组织，省慈善总会带领，走进贫困山区开办"慈善阳光班"共计13个，共支付助学金200万元	贫困山区学生	公益金	200		
助学	民政职业学院孤儿"励志班"项目	2020年民政职业学院孤儿"励志班"项目为学院中职及高职孤儿提供资助共计458.49万元	学院中职及高职孤儿	公益金	458.49		
济困	"关心下一代"困难家庭儿童·关爱活动	2020年度湖北省总计对口帮扶团风县思源实验学校130名优秀贫困生（其中：初中生60名每人500元，高中生70人每人1000元）	团风县思源实验学校130名优秀贫困生	公益金	10		
助残	"爱心助残"行动	2020年，湖北省完成爱心助残行动服务人数1339人次，服务荣军人数1515人次，自行研发金属3D打印轻量化大腿接受腔和3D打印特殊小腿假肢产品数量为2个	荣军	公益金	632.26		

湖南省福彩中心2020年开展公益活动统计

类别	活动名称	活动内容	资助对象	资金来源	金额（万元）	活动持续时间	延续活动或者新增项目
助学	"福泽潇湘·扶贫助学"公益活动	2020年湖南福彩面向泸溪县和凤凰县贫困县市的小学、初中、高中生（含职业高中），给予一定的资助，帮助其解决学习生活上的困难。共花费专项业务费160万元	贫困学生	专项业务费	160		延续
扶老	"福泽潇湘·金秋惠老"社区孤寡老人慰问活动	2020年岳阳、娄底福彩开展"福泽潇湘·金秋惠老"关爱敬老院老人和社区孤寡老人慰问活动，投入20万元。同时攸县福彩开展县级市场福彩公益文化和品牌形象推广试点投入30万元	敬老院老人和社区孤寡老人	公益金	50		延续
公益文化及其他	"福泽潇湘·致敬白衣天使"公益活动	2020年湖北省"致敬白衣天使"公益行动计划为期两个月，在4月底前分市州分批次完成全省援鄂医护人员的慰问工作。活动为全省1470多名援鄂医护人员共送去价值180余万元的物资，包括每人一束花、一张慰问卡、一袋米、一壶油和一套床上用品	全省援鄂医护人员	公益金	180	2个月	
济困	"福彩帮帮帮"活动	2020年湖北福彩投入30万元开展"福彩帮帮帮"活动，为100余户困难对象解决燃眉之急	特困群众	公益金	30	全年	延续
助残	"福彩助残"项目	2020年湖南福彩在平江县儿童福利院开展"福彩助残"项目共计投入500万元公益金	贫困残障人士	公益金	500		

2020年我国省级福彩机构公益活动报告

江苏省福彩中心2020年开展公益活动统计

类别	活动名称	活动内容	资助对象	资金来源	金额（万元）	活动持续时间	延续活动或者新增项目
助学	"爱心助学"公益活动	2020年，江苏福彩"爱心助学"活动继续面向全省高校贫困学生开展。2020年是该活动组织实施的第15年，省中心投入省级公益金300万元，总计资助600名品学兼优、家庭贫困高校新生，资助标准为每人5000元	600名在校品学兼优的特困学生	公益金	300		延续
	"江海阳光·慈善·福彩"助学活动	2020年"江海阳光·慈善·福彩"助学金发放仪式举行，共发放助学金70.4万元，166名家庭贫困的应届新生得到资助	贫困家庭应届新生	公益金	70.4		延续
扶老	"进社区爱心敬老"活动	2020年是南通福彩举办爱心敬老慰问活动的第12年，共发放物资达412万元，活动深入市县区多家公办养老机构、主城区社区，将彩民的爱心传递，为老人们送去棉被、米、油等物资	五保老人、80岁以上空巢老人等	公益金	412		延续
	"寒冬送温暖、福彩献爱心"冬季敬老活动	2020年常州福彩冬季敬老活动最终确定12家敬老机构，并购置了粮油、床上用品、羽绒服等价值41万元的慰问物资，进一步强化机构后勤保障，提升老人生活舒适度。泰州市福彩中心先后走访慰问泰州市社会福利中心、泰州福利院、朱庄敬老院等7家敬老院和6家社区居家养老中心。活动共出资25万元。扬州福彩向高邮市周山镇等敬老院捐赠55英寸电视机30台，总价值近7万元	敬老院老人	公益金	73		

167

续表

类别	活动名称	活动内容	资助对象	资金来源	金额（万元）	活动持续时间	延续活动或者新增项目
济困	"情暖江苏"春节慰问	2020年春节慰问活动共使用江苏福彩公益300万元，大奖得主捐赠46.65万元	乡镇敬老院、慈善超市	公益金	346.65		
	"三关爱公益行动"活动	2020年江苏福彩累计向200多人次发放救助金10余万元	社区救助对象	公益金	10		延续
	"福彩·爱满彭城"活动	2020年江苏福彩资助108名大重病患者，每人领取了5000元救助金	困难家庭	公益金	54		
救孤	"福彩家园"项目	2020年常州福彩再为项目添置总价值10万余元的家用电器、衣柜及床上用品等，优化孩子们的居住环境	福利院儿童	公益金	10		
公益文化及其他	公益金助力战"疫"活动	2020年常州市福彩中心积极响应市民政局的号召，投入公益金约44万元购置了含有口罩、消毒液、洗手液、防护指南等物品的防疫包，发放到了7700多名困难居民手中。武进福彩也投入20万元公益金，用于区1400多户低保户、困境儿童、散居五保户、城市"三无"老人等困难群众家庭的生活物资保障	低保户、困境儿童、散居五保户、城市"三无"老人等困难群众家庭	公益金	64		
	"天佑华夏，武汉加油"活动	2020年常州市福彩中心积极组织职工开展"天佑华夏武汉加油"捐款活动。收到倡议，全体职工纷纷响应，短短数小时内共捐款12500元	武汉地区	公益金	1.25		

2020年我国省级福彩机构公益活动报告

江西省福彩中心 2020 年开展公益活动统计

类别	活动名称	活动内容	资助对象	资金来源	金额（万元）	活动持续时间	延续活动或者新增项目
济困	"福彩公益行·走近千万家"活动	2020年江西省福彩中心联合江西广播电视台开展"福彩公益行·走近千万家"活动，在全省范围内寻找30名家庭困难但事迹励志、能传播社会正能量的个人或家庭进行资助，每人（家庭）可获资助福彩公益金3000元	困难人群	公益金	9		延续
	"福彩公益行·走近扶贫点"活动	2020年，江西省福利彩票发行中心走近3个扶贫村	3个村	公益金	15		延续
	"福彩公益行·走近××地"活动	2020年江西福彩和市县民政局联合开展"福彩公益行·走近××地"大型公益活动，共救助1170人次	各市县贫困地区	公益金	117	全年	延续
	"福彩公益行·下乡送温暖"活动	2020年江西省福彩中心联合省文明办、省广播电视台交通频道开展了"福彩公益行·下乡送温暖"公益活动，现场对当地的困难群众进行每人3000元的福彩公益慰问	省困难群众	公益金	4.2		延续

辽宁省福彩中心 2020 年开展公益活动统计

类别	活动名称	活动内容	资助对象	资金来源	金额（万元）	活动持续时间	延续活动或者新增项目
助学	"大连民政·福彩助学"活动	2020年大连福彩资助122名贫困学子，每人得到5000元的一次性福彩助学金，大连市民政局和大连市福利彩票发行中心为此次活动总共出资61万元	贫困学子	公益金	61		延续

续表

类别	活动名称	活动内容	资助对象	资金来源	金额（万元）	活动持续时间	延续活动或者新增项目
助学	"慈善·福彩"助学活动	2020年市慈善总会举行了"汇聚慈善力量 参与决战脱贫攻坚与疫情防控助力三城联创"暨2020年度"慈善·福彩"助学金发放仪式,139名学子拿到了每人5000元的助学金	贫困学子	公益金	69.5		
济困	"福利彩票,为您的生活增福添彩"主题活动	2020年辽宁福彩共计出资42.98万元支持省荣军医院"伤残军人困难补助"、省老龄基金会"扶老助困"等公益项目	贫困群众	公益金	42.98		
扶老	"慰问夕阳红老年公寓"活动	2020年葫芦岛民政事务服务中心副主任王君会、福彩中心主任吕荣祥及副主任许绍辉一行4人来到了葫芦岛夕阳红老年公寓,对这里的设施及环境进行了实地考察,并为这里的老人送上2万元公益金,用于服务设施改造	养老院老人	公益金	2		

内蒙古自治区福彩中心2020年开展公益活动统计

类别	活动名称	活动内容	资助对象	资金来源	金额（万元）	活动持续时间	延续活动或者新增项目
扶老	"敬老公益行、温情暖夕阳"活动	鄂尔多斯市福彩中心全体工作人员于10月20日上午到达拉特旗昭君镇祥和苑敬老院和展旦召苏木颐寿苑敬老院组织开展了"敬老公益行、温情暖夕阳"慰问活动,为那里的老人送上8万元的慰问金和价值1万元的慰问物资,改善老人的居住环境和生活质量	达拉特旗昭君镇祥和苑敬老院和展旦召苏木颐寿苑敬老院	公益金	9		

宁夏回族自治区福彩中心 2020 年开展公益活动统计

类别	活动名称	活动内容	资助对象	资金来源	金额（万元）	活动持续时间	延续活动或者新增项目
助学	"宁夏福彩公益行，圆筑贫困学子梦"助学活动	2020年经自治区财政厅、民政厅研究，决定开展"宁夏福彩公益行，圆筑贫困学子梦"活动。此次活动安排100万元助学金，资助200名2020年度被国家计划内录取的二本以上，南部9县区宁夏籍家庭特别困难的新生每人5000元	宁夏籍家庭特别困难的新生	公益金	100		延续

山东省福彩中心 2020 年开展公益活动统计

类别	活动名称	活动内容	资助对象	资金来源	金额（万元）	活动持续时间	延续活动或者新增项目
助残	"齐鲁福彩助残行动"	2020年，"齐鲁福彩助残行动"在淄博、济宁、德州等市依次开展，2020年度投入福利彩票公益金810万元	困难残疾群众	公益金	810		延续
救孤	"福彩圆梦·孤儿助学"活动	2020年山东福彩对已经被认定孤儿身份、年满18周岁、就读于全日制本科、专科、高职院校等高等院校及中职院校等本科、研究生，以每年1万元资助	孤儿	公益金	1400		
助学	"为福添彩·福利彩票圆梦大学生行动"活动	2020年在山东省范围内选拔60位参加完高考的贫困学生，每人颁发5000元的圆梦基金	贫困学生	公益金	30		延续
	"福彩助力·情系学子"活动	2020年枣庄福彩开展的资助贫困大学新生活动共计资助21人，每人一次性资助3000元，以帮助他们完成学业，资助资金共计63000元	枣庄贫困学生	公益金	6.3		

续表

类别	活动名称	活动内容	资助对象	资金来源	金额（万元）	活动持续时间	延续活动或者新增项目
济困	"为福添彩"公益救助活动	2020年山东福彩对符合救助条件且具有社会正能量的困难家庭进行公益救助。总计资助50名大学生获得每人6000元的圆梦助力金	山东各市福彩中心及媒体推荐的，具有社会正能量的经济困难家庭	公益金	30	全年	延续
公益文化及其他	"福彩公益路灯，照亮村民回家路"活动	2020年枣庄福彩在全市范围内选择6个没有实施亮化工程的村庄作为资助对象，通过政府采购的方式制作路灯安装到选定村庄内，总费用为50多万元	村庄所有居民	公益金	50		

山西省福彩中心2020年开展公益活动统计

类别	活动名称	活动内容	资助对象	资金来源	金额（万元）	活动持续时间	延续活动或者新增项目
助学	"福彩助学"活动	2020年，山西福彩使用50万元"福彩助学"公益金资助贫困大学生，连续每年资助100名贫困学子圆梦大学	贫困学子	公益金	50		
济困	"福彩圆梦·困境儿童成长计划"公益活动	2020年山西朔州市扶贫基金会捐赠15000元的助学金。朔州市扶贫基金会捐赠办学经费3万元，同时为留守儿童、残疾儿童及困难家庭儿童捐赠助学金共计3万元。截至2020年年底，"彩虹圆梦坊"帮扶9760人次，"夏令营活动"100人次参加，"困境儿童个案心理疏导"帮扶150人次，"困境儿童助学金"发放16000元，发放学习用品110套，发放4400元防疫物资	山西省内缺乏家庭关爱和照护的困境儿童	公益金	9.54		

续表

类别	活动名称	活动内容	资助对象	资金来源	金额（万元）	活动持续时间	延续活动或者新增项目
济困	"情暖朔州"教育救助活动	2020年，朔州福彩继续开展第八届"情暖朔州"教育救助活动，共投入福彩公益金32.7万元，对全市161名贫困大学生进行了资助	贫困大学生	公益金	32.7		
	"阳光福彩关爱民警"助警活动	2020年山西福彩"阳光福彩关爱民警"助警活动，使用福彩公益金40万元资助了100名困难民警	困难民警	公益金	40		

陕西省福彩中心2020年开展公益活动统计

类别	活动名称	活动内容	资助对象	资金来源	金额（万元）	活动持续时间	延续活动或者新增项目
助学	"'公益福彩·亲情助学'2000万元福彩公益金资助贫困家庭大学新生"活动	2020年陕西省民政厅、省财政厅及省福彩中心联合开展的"'公益福彩·亲情助学'2000万元福彩公益金资助贫困家庭大学新生"活动	城市和农村低保户家庭大学新生；经济困难的军烈属、优抚家庭入学新生；各级福利院（儿童福利院）孤儿被普通本、专科（高职）院校录取的全部大学新生；其他家庭生活特别困难的大学新生	公益金	2000		延续

深圳市福彩中心2020年开展公益活动统计

类别	活动名称	活动内容	资助对象	资金来源	金额（万元）	活动持续时间	延续活动或者新增项目
公益文化及其他	"'爱心福彩'资助来深建设者春节返乡"活动	2020年春运，深圳福彩投入福彩公益金400万元，为来深建设者送出8000多张返乡车票，其中包括5000多张火车票和3000多张汽车票	外地来深建设者	公益金	400	1年	延续

续表

类别	活动名称	活动内容	资助对象	资金来源	金额（万元）	活动持续时间	延续活动或者新增项目
公益文化及其他	"常回家看看"公益项目	"常回家看看"公益项目是"返乡活动"的延续,活动资助来深建设者,平日里返乡、回深的路程费用,让他们在平常时间也能常回家看看,看望父母,看望儿女	外地来深建设者	公益金	28.44	1年	延续

四川省福彩中心2020年开展公益活动统计

类别	活动名称	活动内容	资助对象	资金来源	金额（万元）	活动持续时间	延续活动或者新增项目
助学	"放飞梦想·托起四川希望的明天"活动	2020年慈善·福彩帮困助学活动,省慈善总会本级募集750万元,一次性资助大学、高中困难新生1340名;连续4年持续性资助困难大学生100名	一次性资助大学、高中困难新生1340名;连续4年持续性资助困难大学生100名	公益金	750		延续
助学	"志翔班"项目	2020年,民政厅决定继续实施"志翔助学工程",资助500名困境家庭学生接受免费中等职业教育,增强其就业创业能力。1~3学年在校期间,每月补助生活费300元,共计7500元。1~2学年在校期间,每月补助国家助学金200元,共计4000元。补助学生1~3学年寒暑假往返交通费,以及门诊医疗费550元	贫困家庭学生	公益金	602.5		延续

天津市福彩中心 2020 年开展公益活动统计

类别	活动名称	活动内容	资助对象	资金来源	金额（万元）	活动持续时间	延续活动或者新增项目
助残	"天津福彩新春慰问儿童福利院"活动	2020年天津市福利彩票发行中心受邀出席了一年一度的儿童福利院新春答谢会，并对儿童福利院进行了慰问和捐赠	天津市民政局残疾儿童康复中心儿童	公益金	1	1天	

西藏自治区福彩中心 2020 年开展公益活动统计

类别	活动名称	活动内容	资助对象	资金来源	金额（万元）	活动持续时间	延续活动或者新增项目
助学	"公益福彩·情暖高原"公益助学活动	2020年"公益福彩·情暖高原"公益金助学活动受新冠肺炎疫情等因素的影响延迟开展。此次公益活动共资助西藏183名贫困大学生。目前，该项资助活动已全部资助完成	在校贫困大学生	公益金	91.5		延续
救孤	"福彩圆梦·孤儿助学工程"	2020年共为86名符合条件的孤儿，兑现助学金61.02万元	孤儿	公益金	61.02		
公益文化及其他	"公益福彩·情暖高原"关爱环卫女工三八公益活动	在2020年"三八"妇女节来临之际，正值全国抗击新冠肺炎疫情期间，为体现"扶老、助残、救孤、济困"的发行宗旨，西藏自治区福彩中心开展慰问活动，使用119150元资助466人	环卫女工	公益金	11.915		延续

新疆维吾尔自治区福彩中心2020年开展公益活动统计

类别	活动名称	活动内容	资助对象	资金来源	金额（万元）	活动持续时间	延续活动或者新增项目
济困	"情寄留守爱心暖冬"公益活动	2020年伊犁州福彩中心从农村留守（困境）儿童、留守（孤寡）老人的生活需求出发，为全州八县三市共计3000名农村留守老人、儿童及困境服务对象发放总价值达30万元的电热水暖毯	州直贫困学子、乡、镇贫困村	公益金	30		
	慰问困难群众活动	2020年1月16～21日，阿勒泰福彩中心慰问困难群众99户，送去慰问资金7.2万元	阿勒泰困难群众	公益金	7.2		
公益文化及其他	"浓浓福彩情 温暖福彩人"活动	2020年乌鲁木齐市福彩中心申请使用54950元"爱心关注"资金，组织开展"浓浓福彩情 温暖福彩人"活动。进一步加大对销售员队伍的关心关爱，增强荣誉感、归属感、获得感	一是资助2020年考入普通高等院校的销售员子女15人；二是资助近3年患重大疾病的销售员5人；三是资助2020年3月后新上岗且生活困难的销售员1人	公益金	5.495		
	"为一线环卫工人捐赠安全工作服"活动	2020年入冬后，昌吉州福彩中心投入公益金18万元，为全州环卫工人制作安全工作服3000套	昌吉州环卫工人	公益金	18		
	"青春战'疫'，践行福彩仁心"活动	2020年巴州福彩干部职工及投注站销售员，踊跃报名所辖小区志愿者工作小组，第一时间与所辖社区工作人员进行对接，参加小区巡逻，为住户居民派送生活物资等	巴州社区居民	公益金	2.129		

云南省福彩中心2020年开展公益活动统计

类别	活动名称	活动内容	资助对象	资金来源	金额（万元）	活动持续时间	延续活动或者新增项目
济困	"耕耘计划"	2020年陆良全县共资助家庭经济困难教师43人，其中家庭经济特别困难幼儿教师5人、"励耕计划"38人，共发放资助资金43万元	困难教师	公益金	43		
扶老	"寒冬送温暖"公益活动	2020年云南福彩麻风病院看望慰问了院内麻风病康复老人，并为院内25名麻风病康复老人送去了棉被、军大衣、油、米等价值1万元的物资	麻风病康复老人	公益金	1		
公益文化及其他	"助农抗旱引甘霖"活动	2020年普洱福彩中心为三棵桩村10公里饮水管道等工程投入资金10万元。	三棵桩村	公益金	10		

浙江省福彩中心2020年开展公益活动统计

类别	活动名称	活动内容	资助对象	资金来源	金额（万元）	活动持续时间	延续活动或者新增项目
济困	"福彩助力·点亮梦想"公益活动	2020年浙江福彩使用1200万元用于"福彩助力·点亮梦想"公益活动，共资助全省6000名留守、残疾等困境儿童每人2000元	困难少年	公益金	1200		延续
助学	"福彩暖万家·助圆大学梦"公益活动	"福彩暖万家·助圆大学梦"公益活动资助2020年考入高等院校、家庭比较困难的2250名大学新生获得每人8000元的公益助学金和一只行李箱	贫困学生	公益金	1800		延续
公益文化及其他	"福彩有爱，一路有你"困难环卫工人资助活动	2020年，杭州福彩中心将连续第6年开展"福彩有爱，一路有你"困难环卫工人资助活动，为200名家庭困难的一线环卫工人发放2000元/人的资助金，解决他们的燃眉之急	困难环卫工人	公益金	40		延续

B.8
推动彩票事业践行社会责任：
一个分析框架

何　辉＊

摘　要： 彩票事业是我国第三次分配的重要组成部分。彩票事业的社会责任践行，是确保其在第三次分配中继续扮演重要角色、更好地发挥支持公益慈善事业的作用的关键。与一般企业不同，彩票事业的社会责任具有多层次性、整体性、国家性和负外部性四个显著特征。彩票事业的社会责任由经济、法律、伦理和公益四个层面构成，形成一个矩形的模型。近些年彩票机构，特别是福利彩票机构在树立社会责任理念、加强社会责任建设方面有所推进。但基于彩票事业的整体视角，目前的彩票社会责任建设在突出彩票的整体性、弱化负外部性、强调国家性等方面还存在不足。建议通过构建彩票社会责任治理体系、引导理性购彩、加强公益金分配和使用的社会责任、大力传播彩票公益等，促进我国彩票事业的社会责任实践。

关键词： 彩票事业　社会责任　矩形模型

＊ 何辉，经济学博士，中国社会科学院大学商学院党总支书记，副教授，兼任中国社会科学院大学社会责任研究中心主任，中国社会科学院大学公共政策研究中心研究员，主要研究方向为政府规制和产业经济学、公益市场、彩票等。

推动彩票事业践行社会责任：一个分析框架

社会公益和慈善事业是中国特色社会主义事业的重要组成部分，是实施第三次分配、促进共同富裕的重要途径。自 1987 年开始发行彩票时起，彩票事业就是我国社会公益和慈善事业最重要的资金来源之一。彩票也因此是我国第三次分配的重要组成部分。

"十四五"规划特别强调要发挥第三次分配的作用。对于彩票事业而言，要在第三次分配中继续扮演重要角色、更好地发挥支持公益慈善事业的作用，社会责任建设就变成了当务之急。本文在梳理了彩票事业践行社会责任的背景和意义后，重点从彩票社会责任的特征和模型、彩票事业社会责任建设的发展现状、彩票的社会责任管理三个方面进行了分析。希望对我国彩票事业的社会责任建设和社会责任的践行有所助益。

一 彩票事业践行社会责任的背景

西方国家的企业开始重视社会责任的一个重要原因，是希望通过积极参与社会公益活动、履行社会责任的方式，赢得公众对企业的好感，减弱企业给人利益至上甚至唯利是图的负面形象。随着社会责任运动的推动，越来越多的企业参与社会责任实践中，对社会责任的认识也随之加深。履行社会责任，不仅仅是被动地迎合社会对企业的要求、改变可能的负面形象、获得公众好感的"面子"工作，也可以主动地从履行社会责任中获得企业发展的优势，例如培养更稳定的客户群体，增加企业在招聘市场上对优秀人才的吸引力等。

2000 年以后，我国企业越来越多接触到企业社会责任的理念。最早接触社会责任理念的主要是一些接受国外订单生产的企业。部分跨国公司在委托国内的企业生产产品时，对生产环境、员工工作时间等提出了一些要求或者明确的标准。国内的企业必须达到这些标准或者要求，才可以获得订单。这些企业属于被动地去满足跨国公司关于社会责任的要求。与这些企业不同，我国的大型企业，特别是一些国有垄断企业逐步开始主动地提出履行社会责任的理念。2010 年后，随着我国经济社会的快速发展，人们对于产品和服务有了更高的要求。人们不仅要求企业提供的产品质量合格、服务达标,而且对社会声誉好的企业更为青睐。这种状况下,更多的企业开始推动社会责任建设。

二 彩票事业践行社会责任的意义

对于我国彩票事业中的主体之一——彩票发行管理机构而言,践行社会责任的意义是什么呢?可以从三个方面来分析。

一是提升彩票的公众形象。前几年,对彩票机构的审计、巡视,以及社会上出现的一些不实言论引发的负面舆论,不仅对彩票机构,而且对我国彩票的整体形象有影响。正如企业的公众形象会影响其市场表现,彩票的公众形象也会对彩票市场的发展产生影响,进而影响彩票公益金的筹集量。从这个角度看,彩票机构重视社会责任建设、履行应有的社会责任,对于提升彩票的公众形象是有意义的。

二是可以通过与利益相关方的互动,推动彩票机构治理能力的提升。彩票机构履行社会责任的重点,是要"提升信息公开力度、注重产业链管理、提高沟通反馈效率,以协同高效、公开透明建立信任;要履行对购彩者的责任,就必须保障其合法权益,引导并建立健康、理性的购彩心态"等①,这些有助于彩票机构的内部管理、加强与利益相关者的沟通及治理。

三是彩票行业的内在属性决定的。履行社会责任是彩票的题中应有之义。国家在批准彩票发行时,就指出彩票"有其消极的一面,容易助长人们的投机心理,要从严控制"。因此,彩票的发展,是以对彩票消极面的从严控制为前提的,这也就成为彩票机构当然的社会责任。即,彩票产业在发展过程中要尽量消减其负面影响、降低社会成本②。

---

① 缪丽:《履行社会责任 助力福利彩票高质量发展》,《公益时报中华彩讯》2021年8月2日,https://mp.weixin.qq.com/s/j4malnbrSIEHVbEK-6mG_w。
② 缪丽:《履行社会责任 助力福利彩票高质量发展》,《公益时报中华彩讯》2021年8月2日,https://mp.weixin.qq.com/s/j4malnbrSIEHVbEK-6mG_w。

三 彩票事业社会责任的特征

目前流行的社会责任的框架，是基于企业的社会责任理论分析得出的。当我们应用企业的社会责任框架对彩票行业或者彩票事业进行分析的时候，首先要解决的问题是：这个框架是否适用于彩票，在多大程度上适用，框架是否要做调整。这就需要从彩票行业的特征开始分析。彩票社会责任的特征，可以从多层次性、整体性、国家性、产品的负外部性来分析。

1. 多层次性

在对中国福利彩票的社会责任研究，包括责任彩票的研究和评价中，需要从不同的层面进行分析（见图1）。

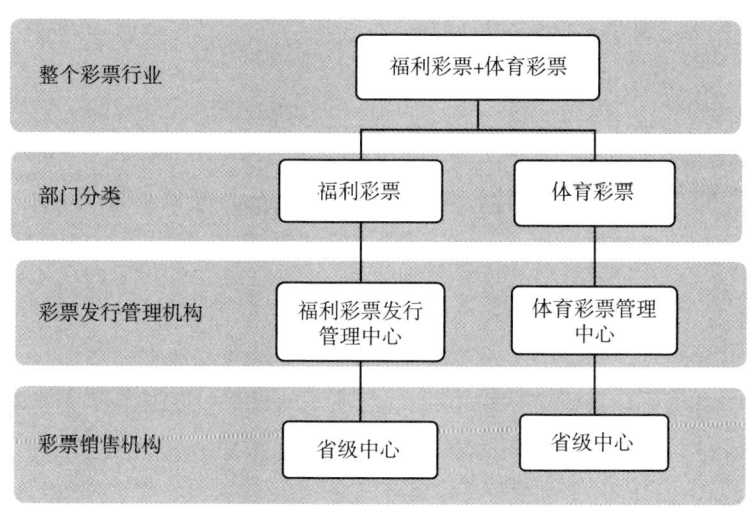

图1 彩票社会责任的层次

如果我们将分析对象限定为彩票产业，也即福利彩票和体育彩票两家彩票机构，则可以初步分为四个层次：第一层是彩票产业整体层面的社会责任；第二层是福利彩票和体育彩票各自部门的社会责任；第三层是具体到两家彩票的经营者，即福利彩票发行管理中心和体育彩票管理中心；第四层是各省级彩票销售机构。

目前我国彩票发行管理机构属于国有事业单位,进行类企业化经营。而在管理体制上主要是属地管理。各级福彩机构作为当地民政部门的组成部分,受当地政府领导,接受上级彩票机构的业务指导[①]。一些省级彩票机构在本省域内实行垂直管理,其中,体育彩票实行垂直管理的更多一些。

一是事业单位的类型与企业有很大区别,二是组织内部的管理大多为属地管理,这些显然与企业有很大的不同。因此,从社会责任的履行来看,不同层次上的主体,其相应的责任也有所不同。也正是基于这个原因,这几年除了中国福利彩票发行管理中心和国家体育总局体育彩票管理中心推出各自的社会责任报告之外,很多省级的彩票中心也推出了本省份的彩票社会责任报告。

2. 整体性

如图2所示,我国彩票从设计生产,到销售筹集公益金,再到公益金的分配和使用,包括了多个环节。我们可以将其归纳为两个部分,第一部分是彩票销售市场,主要涉及的是彩票机构、消费者。第二部分是彩票公益金的分配和使用市场,主要包括公益金如何分配、具体如何使用的环节,主要涉及公益金的分配部门、公益金使用部门[②]。由此,彩票事业是包括多个环节、两个市场的整体。

前文提到,中国福利彩票发行管理中心是事业单位,进行类企业化管理。如果我们将彩票分为产业层面和事业层面的话,则福利彩票发行管理中心的工作,主要是在彩票销售市场上,其行为类似于企业行为。而如果从事业层面来讲,则包括了彩票销售市场和公益金使用市场,这就不仅仅是企业层面的行为。

因此,与一般企业或机构不同,彩票的社会责任是整体呈现的。正如《中国福利彩票责任彩票手册》扉页所说,"中国福利彩票是负责任的彩票","中国福利彩票发行销售机构是负责任的彩票发行销售机构"。

---

① 参见本书B.12《中国福利彩票事业的混合管理体制》。
② 何辉:《彩票事业高质量发展的理念和途径》,载何辉主编《中国福利彩票发展报告(2020)》,社会科学文献出版社,2021。

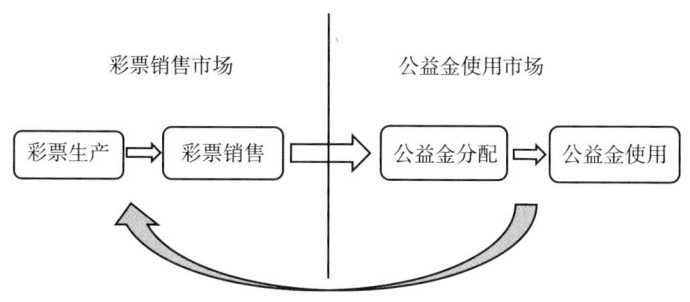

图 2　彩票事业的两个市场

中国彩票的社会责任需要跳出产业层面，从更高的视角，从事业层面分析。彩票事业的社会责任，不只是彩票发行销售机构的社会责任，更是整个事业不同环节构成的整体的社会责任。具体来讲，对于彩票的社会责任建设，除了彩票发行销售机构的社会责任建设外，还包括彩票公益金管理部门的社会责任，以及监管机构等政府部门的社会责任。

3. 产品的负外部性

彩票产品与一般产品的不同，也决定了彩票机构或者彩票产业的社会责任与一般企业的社会责任有所不同。如果不考虑彩票筹集的公益金，仅仅从产品和消费的角度分析，则彩票这种产品与酒类、电子游戏等有类似之处。适量饮酒，是一种不错的休闲、娱乐、社交方式。不过，如果饮酒过量则会伤身体，甚至导致影响家庭、社会稳定等负面问题。从经济学角度看，适度的彩票、酒类消费与一般商品没有两样，但如果过量消费，则会引发负外部性。与一般商品有别的地方在于，某种程度上讲，彩票是一种可能引发消费上瘾的商品，进而也更有可能引发负外部性。"从公共健康视角来看，博彩行为可被界定为一种连续统一体，即从没有博彩行为到健康的博彩行为再到有问题的博彩行为这样一个连续统一体"[①]。

因此，彩票一方面要在游戏设计时，减少那些可能诱发消费上瘾的内容，另一方面在销售过程中，要对购彩者的消费量有适度控制。近几年来，

---

① 李海：《基于公共健康视角的体育博彩社会责任研究》，《体育研究》2012 年第 3 期。

国家对于一些容易引发非理性购彩的彩票游戏实施了包括停止销售、控制消费量等的规制措施。

4. 国家性

"中国福利彩票是社会责任的产物，福利彩票的诞生就是为了国家的公益和福利事业"①。与大多数国家一样，我国的彩票是国家特许经营的，由政府背书，授权福利彩票和体育彩票两家彩票机构来经营。彩票是以国家公信力为背书的一种信用"商品"。

彩票的发展是否稳健，不仅是彩票机构的事，还关系到政府的信用，甚至政府执政的合法性。彩票系统尽管是国家特许发行的，有国家背书，但它毕竟是通过市场销售的。因此彩票系统的公信力建设非常重要。而公信力建设体现在两个方面：一个方面是确保其销售系统、开奖系统和资金管理系统安全可靠。这是基础，体现了彩票的公平公正公开。另一个方面，如前文所说，彩票游戏的设计和销售可能引发过度购彩和问题彩民等现象，当彩票的销售量很大时，有可能成为社会稳定问题潜在的导火索。因此，彩票机构有义务使用好国家的信用，并维护好国家的信用。对于福利彩票而言，这是其发展的准则和底线，福利彩票的蓬勃发展必须建立在不可置疑的公信力的基础之上。

因此，与一般企业不同，彩票是国家的公益事业，要求于它的不仅仅是如同一般企业那样完成合法合规生产、履行经济责任和法律责任。彩票要维护国家信用，特别是不能因为其经营行为而损害国家信用。

国家信用决定了彩票发行的目的是筹集公益资金，因此履行公益责任是关键。这一点与前面的整体性相关联。即如果将彩票发行销售机构看成一般企业，则它们只需要履行基本的经济和社会责任即可。但彩票事业是一个整体，公益金的筹集、分配和使用环节也需要履行责任。而这种责任与一般企业的责任不同，是公益性质的。

综上，彩票事业的社会责任具有层次性、整体性、负外部性、国家

---

① 李志勇：《中国福利彩票的社会责任之路》，《经济参考报》2020年10月22日。

性四个方面的特点。这四个特点，也确定了具体的彩票的社会责任的特征。

四 彩票社会责任的矩形模型

经典的卡罗尔的企业社会责任模型包括四个层次，分别是经济责任、法律责任、伦理责任和慈善责任。这四种责任呈现金字塔的形式（见图3）。

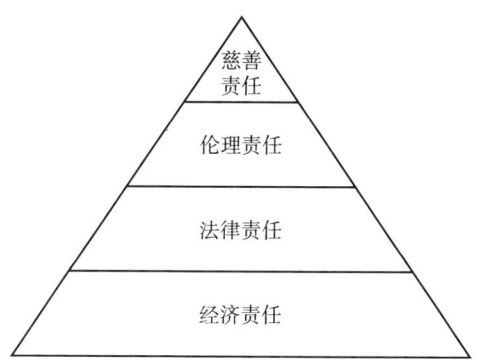

图3 企业社会责任金字塔

在卡罗尔的金字塔图中，最底下的是经济责任，也是最主要的责任，依次向上，图形逐步收窄，即从经济责任到慈善责任，企业需要承担的责任是逐步减少的。例如，就慈善责任来讲，一般来讲并不是企业必须要履行的，而是完全自愿的。

那么，与卡罗尔的经典金字塔模型相比，彩票的社会责任模型，又呈现何种形状呢？见图4。图4是一个矩形，而不是金字塔形。

彩票的社会责任也分为四个层次，代表四个层次的责任，即经济、法律、伦理和公益责任。与卡罗尔的金字塔模型相比，前三个层次的责任是一样的，第四个层次的责任，一般企业是慈善责任，而由于国家确定彩票具有公益性质，因此我们将其调整为公益责任。企业履行慈善责任是自愿自发的，彩票的公益责任是国家规定的，是必须履行的。

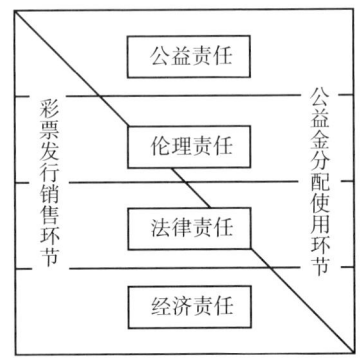

图 4 彩票事业社会责任的矩形模型

彩票社会责任之所以是矩形，而不是金字塔形，是因为这四个层次的责任，并没有明显的主次之分，特别是伦理责任和公益责任，在彩票的社会责任中占非常重要的地位。

经济责任，也即销售彩票筹集公益金的责任，是彩票事业将公益金投入公益事业的基础，当然不容忽视。

法律责任，与一般企业不同，彩票是国家授权垄断经营，自然要受到更多的法律法规的约束。

伦理责任。一般企业也存在，例如童叟无欺。不过对于彩票而言，伦理责任则变得非常重要。正如上文说的，彩票具有可能的成瘾性以及负的外部性。彩票发行机构因此不能忽视因为彩票游戏设计中可能存在的缺陷，或者刺激性营销而引发人们的非理性购彩，甚至进而引发彩民家庭乃至社会的稳定问题。国家强调彩票的人民性。因此，彩票为公众提供健康娱乐，但要尽可能减少非理性购彩，从伦理角度而言要符合社会主义核心价值观。

公益责任。一般企业是慈善责任，强调企业自发的慈善行为。而彩票之发行就是为了筹集公益资金。因此彩票的公益责任就变得非常重要。

综上，彩票事业的社会责任与一般企业的社会责任不同，从经济责任到慈善责任，在重要性上基本是等量齐观的，不存在明显的递增或者递减，因此彩票的社会责任是一个包括四个层面的矩形。

图 4 的矩形中有一条对角线，将这个矩形分为两个三角形，一个是左下

方的彩票发行销售环节的三角形。一个是右上角的，公益金分配使用环节的倒三角形。这两个三角形拼起来构成一个矩形。

先看左下角的三角形。左下的三角形代表彩票发行销售机构应该承担的与普通企业类似的社会责任。包括四个层次，也是从下到上递减。而右上角的倒置的三角形，则是彩票公益金的分配和使用机构（部门）应该承担的社会责任。这部分社会责任的特点与一般企业的相反，其需要承担的经济责任很少，从经济责任到公益责任，是递增的。也就是说，公益金分配和使用的最大的社会责任，就是公益责任。

这里是将彩票发行销售机构的社会责任和公益金分配和使用机构的社会责任放到一起，两个部分的社会责任一个呈三角形，一个呈倒三角形，两个的特征组合在一起，就变成了一个完整的矩形。

五 福利彩票社会责任实践的发展

（一）国际彩票业的社会责任实践

世界彩票协会（World Lottery Association，简称WLA）是国际上具有重要影响力的彩票协会组织，从2004年就开始研究制定责任彩票框架。2006年在新加坡举办的世界彩票协会会员大会上，协会会员一致通过《负责任彩票框架》（RGF）（以下简称框架）。该框架提出了"责任彩票原则"，包括了"推广合法的责任彩票、保护客户与弱势群体利益、开展研究并提倡责任彩票"等内容。世界彩票协会建议各彩票机构应以"责任彩票原则"指导其日常的管理和经营。除此之外，WLA还基于框架，对各国彩票机构进行责任彩票认证。

（二）福利彩票社会责任的发展

2006年，民政部提出了"安全运行、健康发展"的工作方针，提出要充分认识福利彩票工作中存在的社会风险、充分认识福利彩票安全运行对社会稳定的影响、充分认识福利彩票安全运行是福利彩票机构的社会责任。

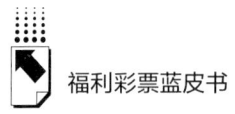

湖北省福彩中心2011年率先发布了首本省级福利彩票社会责任报告。

2012年，民政部明确提出福利彩票要坚持履行社会责任，切实增强社会责任意识，"要求福利彩票机构积极探索引入社会责任标准，完善以发行责任、公益责任、安全责任、诚信责任和道义责任为重点的社会责任工作体系"①。中国福利彩票发行管理中心在2013年建立了社会责任报告规范及相应的工作机制，并倡导各省份福彩中心发布社会责任报告②。

2013年湖北省福彩中心发布了第二本福利彩票社会责任报告（2011~2013）。

2014年，中国福利彩票发行管理中心（以下简称中福彩中心）首次发布了以"公益慈善，阳光福彩"为主题的《2013中国福利彩票社会责任报告》。浙江省福彩中心2014年发布了第一本社会责任报告。随后，中福彩中心及一些省级福彩中心开始每年都发布社会责任报告。报告主要是展示上一年度机构在经济、社会、环境方面的履责实践及成效，重点突出其公开、透明的运营理念，彩票销售情况，以及公益项目等。

编制和公开发布彩票机构社会责任报告，有利于福利机构向利益相关方呈现年度履责绩效，提升福利彩票品牌美誉度。而通过社会责任报告考核评价工作的开展，有利于推动福利彩票机构重视社会责任报告编制和发布工作，并将其作为工作规划的重要部分持续推进，从而实现社会责任报告"以编促管"的功能，更能推动福利彩票机构在日常工作规划和实际经营过程中重视社会责任理念、践行社会责任③。

中国福利彩票也积极按照国际上责任彩票发展的要求，参与国际彩票行业的评估和认证。2016年2月，中国福利彩票获得世界彩票协会的"责任彩票"二级认证，2019年进一步获得了"责任彩票"三级认证。通过两次认证，中国福利彩票的国际形象和影响力得到了进一步提升④。

---

① 李志勇：《中国福利彩票的社会责任之路》，《经济参考报》2020年10月22日。
② 胡薇、刘五书：《中国彩票业及其社会责任》，载益彩基金：《中国彩票发展报告（2015）》，社会科学文献出版社，2015。
③ 参见《中国福利彩票（省市）社会责任报告评价体系（征询意见稿）》第7页。
④ 李志勇：《中国福利彩票的社会责任之路》，《经济参考报》2020年10月22日。

在加强自身社会责任建设的同时，中福彩中心也重视规范建设。2014年中福彩中心发布《福利彩票系统社会责任标准规范》。该规范在2017年升级为《中国福利彩票社会责任指南》，意在推动国内省级机构的社会责任意识的提高和社会责任实践。

发布责任报告逐渐成为一些省份福利彩票系统与公众和媒体沟通、塑造福利彩票形象的途径。有更多的省级机构加入发布报告的队伍中，一些重视社会责任建设的省份，例如浙江省福彩系统则在城市层面发布社会责任报告。图5是2017~2019年福利彩票系统发布社会责任报告的情况。

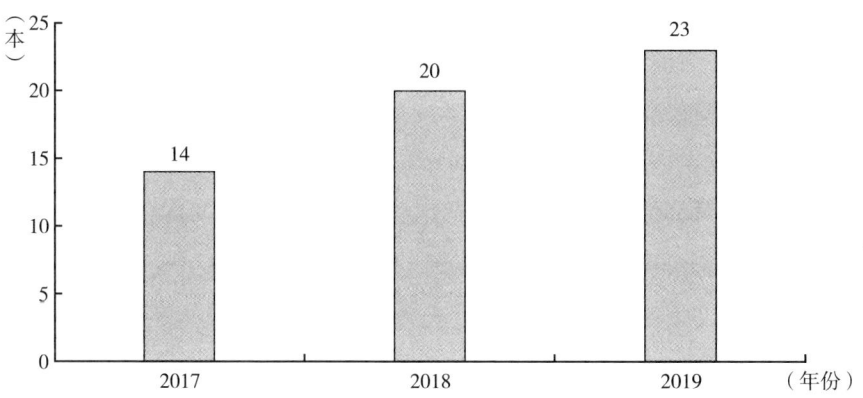

图5 2017~2019年福利彩票社会责任报告发布数量

近几年发布社会责任报告的省级福彩机构越来越多。到2021年8月底，已经有11个省份发布了2020年的社会责任报告。从报告的框架和内容等来看，一些省份的社会责任报告的编撰质量和数据、内容等都有了很大的提升。

不过也要看到，仍有一些省级福彩机构未公开发布报告，一些省份的报告内容不够全面，报告的社会知晓度也需要进一步提升。

中国福利彩票探索责任彩票虽然较早，但主要集中在彩票机构的社会责任的研究及实践方面，对责任彩票本身研究不多，尚未建立比较系统完善的理论框架体系。近几年我国的彩票监管部门加强了对彩票市场和彩票游戏的监管,严格控制社会风险。在这个政策背景下,福彩机构进一步重视责任彩票工作。中福彩中心在2020年加强责任彩票建设,厘清福利彩票的责任理念,根据《世界彩票协会责任彩票框架》,从法规政策、管理机制、执行监督、技术支撑、落实保障等方面完善责任彩票工作内容,同时结合福利彩票的实际情况,制定福彩系统责任彩票框架体系,保障福利彩票安全有序、健康运行。

2020年中福彩中心编制并印发《中国福利彩票责任彩票手册》。责任彩票手册进一步明确了中国福利彩票责任彩票的定义及其内涵和外延,提出了中国福利彩票肩负的八个方面的社会责任,包括"发行销售责任""员工与零售商责任""政府责任""公众责任""社区责任""行业责任""利益相关方责任""环境责任"。

中福彩中心基于责任彩票的框架体系,开展了对社会责任标准规范体系的更新和修订,构建了福利彩票的社会责任报告的撰写和评价的标准,推出了《中国福利彩票社会责任报告指标体系》。该体系明确了福利彩票机构的社会责任报告议题和指标,提出了社会责任报告的编制技术路线,使福利彩票系统社会责任报告编制有章可循。

六 福利彩票发行销售机构社会责任框架

(一)国际彩票界的社会责任要素

世界彩票协会提出的《负责任的彩票十要素》,包含调查研究、员工培训、游戏设计、广告与市场营销等业务要求,见表1。这些是作为世界彩票协会会员的彩票发行和销售机构必须重点关注和解决的社会责任核心议题。这十要素通过清晰明确的指引,来指导协会会员建设责任彩票体系。

推动彩票事业践行社会责任：一个分析框架

表1　世界彩票协会《负责任的彩票十要素》

序号	要素	具体内容
1	调查研究	应该与适当的利益相关者合作,以确保了解当前责任彩票的主题,例如通过发起、宣传和交流责任彩票研究的结果等
2	员工培训	应该向所有员工告知责任彩票项目以及相关该服务和产品,例如正式培训、提高认识和技能的发展活动等
3	零售商	应该向所有零售商告知责任彩票项目以及相关该服务和产品,例如正式培训、提高认识和技能的发展活动等
4	游戏设计	应该向购彩者提供健康安全的游戏,例如通过研究游戏对购彩者的影响、外部独立审核、评估计划等
5	远程游戏渠道	应该向购彩者提供负责任的远程游戏,例如通过研究是否在合法范围内,进行远程游戏风险评估、实施负责任计划等
6	广告与市场营销	应该提供符合标准和法律要求的广告和营销行为,例如通过规定特定的宣传方式和途径、详细的规章限制等
7	购彩者教育	应该向购彩者提供便捷、完善的购彩者教育服务,例如热线电话、责任彩票宣传周等
8	治疗和转介服务	应该向成瘾的购彩者提供治疗转诊计划,例如治疗转诊政策、治疗转诊计划等
9	利益相关者	应该与其他要素中的利益相关者建立联系,例如是否有完善且系统的利益相关者反馈流程等
10	报告和衡量	应该有详细的报告和评价方案,例如如何公开报告、相关性能指标是什么等

（二）福利彩票的责任彩票原则

中国福利彩票机构基于中国彩票事业发展的特点,并参考了世界彩票协会《负责任的彩票十要素》,确定了中国福利彩票机构的责任彩票原则,包括六个方面（见表2）。

表2　中国福利彩票机构的责任彩票原则

	内容
1	不单纯追求销量,使中国福利彩票的发展符合经济和社会发展水平
2	强化责任彩票研究,尤其是研发负责任游戏以及非理性购彩者识别、防范和治疗等方面的研究
3	研发负责任的彩票游戏,不发行销售博弈性强、成瘾性强的彩票游戏;运用各种工具对游戏的金额、频率、时间进行控制,从游戏机理和技术上防范非理性购彩;对游戏风险进行告知和提醒

续表

	内容
4	积极回应利益相关方的关切,对游戏、开奖、资金等信息进行公开,接受公众、媒体监督
5	利用各种渠道、方式、内容宣传福利彩票的公益性、公平公正性,提升形象;不以中大奖为宣传点,不进行虚假和失实宣传,不进行诱导性、刺激性宣传;禁止鼓动投机,禁止隐含对同业者的排他性、诋毁性内容;必须对购彩者进行引导、帮助和保护
6	对零售商进行约束和教育,提升服务水平;提供负责任的购彩服务,培训零售商技能,以便科学指导购彩者,包括不向未成年人销售彩票或兑奖、不在中小学周围一定范围内开设零售站点、不以赊销等形式造成非理性购彩等;要确保零售商在零售场所醒目位置张贴不向未成年人售彩和兑奖、倡导理性购彩的标语、警示语

资料来源：中国福利彩票发行管理中心网站,http://www.cwl.gov.cn/shzr/。

（三）福利彩票的社会责任框架

2020年中福彩中心编制并印发《中国福利彩票责任彩票手册》,基于利益相关方的视角,对福利彩票的社会责任框架等进行了清晰的表述,见图6①。

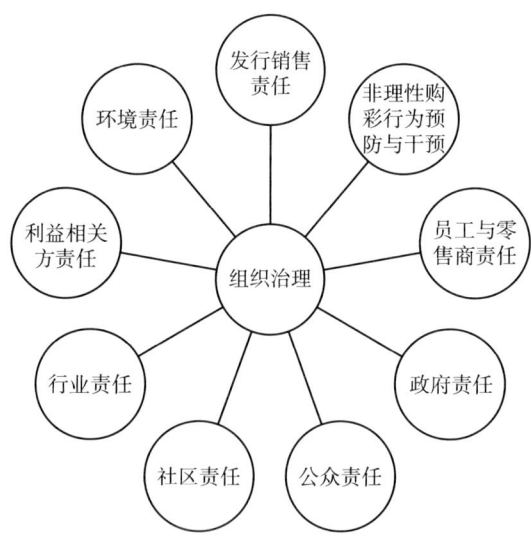

图6　中国福利彩票社会责任框架

---

① 该图基于《中国福利彩票责任彩票手册》第六页"责任彩票的框架体系"修改而成。

推动彩票事业践行社会责任:一个分析框架

社会责任框架所包含的具体内容见表3。

表3 福利彩票的社会责任议题和具体内容

福利彩票的社会责任议题	具体内容
组织治理	是中国福利彩票组维护责任彩票形象的基本保障。组织治理是福利彩票发行销售机构从其组织自身出发,通过组织目标、岗位设置、制度建设和创新,全方位增强组织在彩票发行、安全保障和可持续发展方面的内在能力
发行销售责任	是与福利彩票发行与销售相关的责任,包括游戏产品、广告与营销、渠道建设、安全运行和优质服务五个方面的社会责任
非理性购彩行为预防与干预	指过度购彩,甚至购彩上瘾至不能自抑的行为
员工与零售商责任	指组织对机构内从业者(员工)和机构外从业者(零售商)承担的责任,主要包括培训与发展、支持和关爱等内容
政府责任	指福利彩票及其发行、销售机构面向政府承担和履行的责任内容,作为人民彩票、国家彩票和公益彩票,中国福利彩票机构应从为政府分忧、为人民谋福利的高度,积极适应我国经济社会发展要求,承担起筹集福利事业公益金、支持社会福利事业可持续发展等具体责任
公众责任	指福利彩票发行销售机构对社会公众承担的责任;即以社会公众为责任对象,通过与公众加强互动、开发扶贫、助残、救孤、济困等一系列公益项目,推动社会公平正义,实现中国福利彩票机构对社会公共利益的贡献
社区责任	指维护好与社区的睦邻关系,并依据组织自身情况参与社区治理与建设,切实保护社区公共利益等
行业责任	对行业发展做出贡献,包括打击非法彩票、营造健康行业环境、推动理论研究提升彩票行业内涵、梳理福彩形象增强彩票行业影响力、完善制度建设引领彩票行业高质量发展等
利益相关方责任	指对组织有着特定投入、影响其运行发展,同时也被其经营活动所影响的个人、群体或组织承担的责任,包括供应商等
环境责任	指组织对环境整体维护承担的责任,例如采用清洁生产减少污染、科学合理地利用自然资源、对环境保护的支持与倡议等

中福彩中心基于上述框架,完善了《中国福利彩票社会责任报告指标体系》,用于指导各省级福彩机构社会责任报告的编撰。指标体系包括13个部分、36个议题、191个指标,见表4。

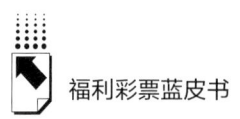

表4 《中国福利彩票社会责任报告指标体系》各议题及指标数量

序号	组成部分	议题数量	指标数量	议题内容
1	报告前言	4	11	报告规范、领导致辞、组织简介、年度进展
2	责任管理	6	21	责任战略、责任治理、责任融合、责任绩效、责任沟通、责任能力
3	组织治理	2	8	治理机制、守法合规
4	99发行责任	5	43	游戏产品、广告与营销、渠道建设、安全运行、优质服务
5	非理性购彩行为预防与干预	2	14	非理性购彩行为预防、非理性购彩行为干预
6	员工与零售商(从业者)	2	20	机构内从业者(员工)、机构外从业者(零售商)
7	政府	3	16	社会贡献、公益金筹集与使用、支持社会公共事业
8	公众	3	14	公众福祉、业务公开、增强与公众互动
9	社区	3	10	社区联络、社会参与、社区服务
10	行业	3	11	行业推动、市场秩序、国际影响
11	价值链	—	6	—
12	环境	3	13	环境管理、节约资源、减排降污
13	后记		4	
总计	13	36	191	—

在该指标体系的基础上，福彩中心还建构了对省市报告的评价方法和评价原则。在评价维度方面，主要包括报告编制、报告阅读、报告传播等；在评价原则方面，包括全面性、特征性、前沿性、公正性、独立性、沟通性和传播性7个原则；在具体的评价方式上，则基于《中国福利彩票社会责任报告指标体系》，依照过程性、实质性、完整性、平衡性、可比性、可读性、创新性7个维度对省市的社会责任报告打分评价。

七 彩票的社会责任管理：现状和建议

（一）现状和不足

前文提到，基于中国彩票事业与一般企业的不同，彩票社会责任需要有整体观。目前的社会责任建设是由彩票机构来推动和履行的，彩票公益金分配使用环节的社会责任没有充分体现。

目前各省级机构的社会责任报告还没有全覆盖，发布的时间还不规律，有些省份的发布内容还不够翔实。从2020年开始民政部"把福彩机构社会责任建设尤其是社会责任报告发布情况作为对省级民政部门年度综合考核的一项重要内容"，财政部也将"在制定市场调控资金分配指标时，把社会责任建设情况作为一项重要指标，做得好的，资金上会有所倾斜"。① 这些表明了彩票的主管部门和监管机构对彩票社会责任工作更加重视。

彩票机构在履行社会责任过程中，在经济责任、伦理责任上还有待加强。特别是在伦理责任方面，对彩民合理购彩的指导，对非理性购彩的预防和干预矫正方面，还做得不够。

公益金分配和使用环节，是体现彩票公益性和传播彩票公益性的关键。但该环节在社会责任方面还需要做很多工作。例如，如何通过提高公益金分配和使用的效率和效果，进而提升彩票的公益责任是需要相关部门进行深入的探讨和实践的。

另外，彩票是一个整体，最能体现公益性的是公益金的分配和使用环节。但公益金使用环节的具体公益项目的信息长期以来比较封闭，从信息的公开和关联度上讲，还不够。外界对这些公益信息了解得不够，彩票公益性的传播就会受限制，进而也反过来影响到彩票机构的营销。

（二）彩票属性与彩票社会责任管理的重点

国家对彩票的属性定位是人民性、国家性、公益性。在彩票的社会责任建设方面，可以重点从这三个属性定位来推进。

国家性，从社会责任角度而言，就是要强调彩票的国家性，建设公正诚信、减少负外部性的国家彩票事业。彩票发行销售和公益金分配使用构成彩票事业的整体，因此要完整地履行社会责任，不辱国家特许经营的使命，一

---

① 缪丽：《履行社会责任 助力福利彩票高质量发展》，2021年7月。

方面要强化彩票机构的社会责任意识,提高彩票发行销售的经济效率,避免彩票消费的负外部性,为国家筹集彩票公益金,维护社会稳定;另一方面在公益金分配使用环节强化公益责任。

人民性,从社会责任角度而言,彩票发展就要从满足人们的文化需求、娱乐需求角度,提供优质的彩票游戏产品,让消费者有愉快的购彩体验,进而构建彩票发展的牢固根基。对购彩者的责任,就是要保障消费者的权益,引导消费者理性购彩,做到"防患于未然","防治结合"。

公益性,从社会责任角度而言,就是要凸显公益性。福利彩票的诞生就是为了筹集公益金发展社会福利事业和"扶老、助残、救孤、济困"的公益事业,为了提升百姓的福祉。具体来讲,一是要将公益金用在刀刃上,为社会福利和公益做出贡献;二是弘扬公益文化和公益精神,加强福利彩票公益品牌建设。

(三)政策建议

1. 构建彩票系统的社会责任治理体系

党的十九届四中全会提出了推进国家治理体系和治理能力现代化的总体目标。彩票事业作为一个牵涉多个部门、不同层级的系统,仅仅依靠某一个部门或者机构的社会责任建设是不够的。需要从全局出发,构建多个利益相关方参与的社会责任治理体系。从前面的分析可以看出,这方面的建设非常迫切。在这个治理体系中,不同的主体协同推动彩票事业履行社会责任。

对于彩票机构而言,需要研发和完善健康的彩票游戏矩阵,在渠道、营销和管理方面进行创新;履行对购彩者的责任,保障其合法权益,引导购彩者树立健康、理性的购彩心态;履行对利益相关方的责任,加大信息公开力度、注重产业链管理、提高沟通反馈效率。

对于彩票的监管机构而言,需要履行好监管职责,通过优化监管工具、完善监管体系,引导彩票产业健康发展。对于彩票公益金的分配部门而言,需要结合社会的发展和需求的变化,优化分配方式和方法,通过引入市场竞争等机制来提高分配的效率,尽可能满足社会的公益需求。对于公益金的使用部门而言，需要提高资金的使用效率和效果，将公益项目的信息及时公开，并接受社会的监督。

2. 引导理性购彩、推动彩票娱乐健康发展

近几年有几个省份的彩票机构突出理性购彩的宣传，通过电话、公众号、App 等与彩民互动。Korn（2001）认为，健康博彩指的是可以维持或者提高一个人幸福感的博彩活动。具体来讲，健康博彩需要彩民对博彩的获胜概率做到知情，在低风险情况下愉快地博彩，合理地投注。反之，不健康的博彩是指各种级别的博彩问题①。对于彩票销售而言，在推动健康购彩、预防非理性购彩和干预矫正问题彩民的方面，要明确社会责任目标，从三个方面推动：一是宣传，针对购彩活动和购彩者的态度与行为进行告知，以协调他们的购彩行为；二是预防，就是预防出现与彩票消费相关的一系列问题；三是保护，也就是保护易受伤害人群和处在风险中的人群②。

3. 彩票公益金管理模式的优化

现有的公益金分配体系是相对封闭的。而且关于公益金的具体使用情况往往缺乏及时、充分的信息公开。而公开的一些信息，也因为内容笼统抽象，以及与普通公民日常生活距离比较远，无法让公众和购彩者将其与彩票消费行为及其带来的公益价值建立起直接的关联。公益金管理的社会责任表现并不如人意。

因此，可以尝试按照基金会的模式分配使用公益金。一方面，基金会的资金管理已有相对成熟的模式，可以通过面向社会的市场化方式遴选出有价值且有社会影响力的公益项目进行资金支持，提高分配效率；另一方面，基金会相对政府部门来讲，更加重视信息公开和社会影响力的传播。由此也可以最大化地传播公益价值，低成本地为彩票机构做公益宣传和产品宣传。

4. 多部门协作、推动彩票公益传播

彩票的公益传播目前主要是由彩票机构来承担。而公益金分配使用部门

---

① 李海：《基于公共健康视角的体育博彩社会责任研究》，《体育研究》2012 年第 3 期。
② 李海：《基于公共健康视角的体育博彩社会责任研究》，《体育研究》2012 年第 3 期。

基于上文说的原因，做得远远不够。

彩票销售和公益金分配使用之间缺乏关联，导致彩票公益的宣传成本很高，而效果还不明显。从彩票事业整体观的角度出发，需要相关的监管部门来统筹二者之间的关联。即彩票销售市场的监管部门，彩票公益金分配使用的管理部门之间，以及彩票机构、彩票公益金的具体使用部门（或者公益项目）需要协同，加强公益金使用项目的宣传，通过打造公益品牌项目、彩票公益日①等方式，让更多的人知晓彩票的属性和社会价值，提高对福彩公益理念的认同度，为彩票安全健康发展营造良好舆论环境。

参考文献

中国福利彩票发行管理中心：《2020年中国福利彩票社会责任报告》。

〔美〕菲利普·科特勒、南希·李：《企业的社会责任》，姜文波等译，机械工业出版社，2011。

〔日〕清川佑二：《企业社会责任实践论》，李明星译，中国经济出版社，2010。

沈洪涛、沈艺峰：《公司社会责任思想——起源与演变》，上海人民出版社，2007。

〔英〕苏·阿德金斯：《善因营销：推动企业和公益事业共赢》，逸文译，中国财政经济出版社，2006。

何辉、王晶磊：《中国福利彩票公益发展评估体系》，载何辉主编《中国福利彩票公益发展报告（2018）》，社会科学文献出版社，2019。

马福云、荆宇虹：《中国责任彩票评估指标体系》，载益彩基金：《中国彩票发展报告（2015）》，社会科学文献出版社，2015。

李海：《基于公共健康视角的体育博彩社会责任研究》，《体育研究》2012年第3期。

---

① 何辉：《建议设立全国彩票公益日》，《经济参考报》2020年8月13日。

区域篇

Regional Market

B.9
广东省福利彩票事业发展报告

曾小龙*

摘　要： 自1987年12月18日销售第一张福利彩票以来，广东省福彩系统始终坚持"扶老、助残、救孤、济困"的发行宗旨和"公平、公正、公开、公信"的发行原则，以创新求发展，以规范保安全，福彩事业实现了从无到有、从小到大的历史转变，走出了一条具有广东特色的福利彩票发展之路。截至2020年，广东福彩共筹集彩票公益金771.8亿元，资助各类福利事业项目3万多个，为社会福利和社会公益事业的发展做出了重大贡献。当前，广东福彩面临政策冲击、销售渠道拓展困难、机制建设滞后等挑战。对此，广东福彩需要进一步明确发展定位，围绕高质量发展的目标，探索"一转""两提""四化"的发展路径。

---

* 曾小龙，广东省福利彩票发行中心主任，主要研究方向为彩票销售和管理、彩票公益传播。

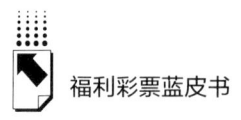

关键词： 福利彩票　发展规划　广东省

1987年12月18日，广东省销售出第一张福利彩票。自那时起，30多年来，广东省福彩系统坚持"扶老、助残、救孤、济困"的发行宗旨和"公平、公正、公开、公信"的发行原则，不断创新发展，推动广东福彩事业实现了从无到有、从小到大，探索出一条具有广东特色的福利彩票发展之路。新时期，广东福彩也遇到了多维度的挑战，如何围绕彩票事业的高质量发展，推动广东福彩的新发展？

一　广东福彩发展历程

（一）广东福彩的诞生背景

乘着改革开放的东风，中国福利彩票应运而生。1987年6月3日，经党中央、国务院批准，中国社会福利有奖募捐委员会在北京成立。从此，中国福利彩票成为发展社会福利、社会公益慈善事业的一支重要力量。1987年7月，新中国第一张彩票在天津市印刷出厂。随后，全国范围内开始开展有奖募捐活动。

广东发行福利彩票是从20世纪80年代后期开始的，为了筹集资金大力发展社会福利事业，经省政府批准，1987年8月15日成立广东省社会福利有奖募捐委员会。1987年12月18日，省募委在广州市府前路市政府门前举行社会福利有奖募捐奖券首卖仪式。第一期发行销售奖券1000万张，500万元。当时省、市领导和社会各界人士500余人出席了首卖仪式。

（二）广东福彩的成长历程

1. 第一阶段——中国社会福利奖券发行阶段

1987～1994年，本阶段有三个特点：一是彩票名称为"中国社会福利奖券"；二是发行机构为广东省社会福利有奖募捐委员会，下设办公室；三是销售网点少、设施简陋，1994年4月13日前委托工商银行广东省分行代理发行，之后由省募委会自主发行。

1987年8月15日，根据有关部门的要求，经广东省委、省政府批准，成立广东省社会福利有奖募捐委员会，并下设办公室。该机构为广东省福利彩票发行中心前身。

1987年12月18日，广州市越秀区府前路首发传统型中国社会福利有奖募捐券。这标志着广东省福利彩票的诞生，也标志着广东社会福利事业进入新的发展阶段。

1988年，面值1元的即开型中国社会福利奖券在广州市发行，这是我国第一张即开型刮开式彩票。

1988~1994年底，广东省发行的即开型社会福利奖券按照"小奖组"模式进行销售。

2. 第二阶段——全省联网发行阶段

1995~2003年，本阶段特点：一是名称改为"中国福利彩票"；二是发行电脑型福利彩票，并实现全省联网发行；三是广东省社会福利有奖募捐委员会办公室正式更名为广东省福利彩票发行中心，负责彩票销售管理工作；四是即开票"大奖组"销售模式效果突出。

1995年，广东省在全国率先采用计算机管理方式销售福利彩票，销售出了第一张电脑彩票，标志电脑彩票正式上市销售。

1998年，广东省福利彩票发行中心被省直属机关工作委员会授予"文明单位"称号。

2000年9月8日，"南粤风采"电脑福利彩票45选6游戏（2001年1月开始改为36选7游戏）正式在全省发行，这是广东福彩按照中国福利彩票发行管理中心"统一玩法规则、统一硬件标准、统一运行软件、统一管理模式、统一实时监控"原则开发的"风采系列"乐透型福彩游戏。

2002年，"南粤风采"26选5游戏在广东省内发行。

2003年，经财政部批准，中国福利彩票发行管理中心在广东福彩试点发行"中福在线"视频票。同年6月,全国首个"中福在线"销售厅在广州建成并投入使用,这标志着无纸化彩票——"中福在线视频票"在全国正式试点发行。10月,广东福彩推出"南粤风采"小组合玩法"好彩36"和"好彩26"游戏,并开通自助终端投注业务。广东福彩获得民政部颁发的"爱心捐助奖",是获奖单位中唯一一家彩票发行单位。

3. 第三阶段——全国联网发行阶段

2004～2009年。本阶段特点:一是开售全国联销游戏中国福利彩票"双色球"和3D游戏;二是票种实现多样化,即开型、乐透型、数字型、"中福在线"视频票共同发展;三是开奖期次增加,3D游戏和本地"南粤风采"36选7系列玩法每天都有开奖;四是通过高端培训、投注站专营化建设等措施使销售队伍走向正规化、专业化。

2004年,全国联合发行销售的"双色球"游戏在广东上市,并迅速成为广东省电脑福利彩票的主力游戏。

2005年,全国联销的3D游戏在广东上市。珠海市率先试点推出"刮刮乐"即开票独立热线销售系统,经由推广形成"广东模式"。这种销售模式已成为全国"刮刮乐"即开票的主要销售模式。广东福彩试运行电话投注业务。

2006年,广东省、市两级福利彩票发行中心全部通过ISO9001质量体系认证,成为全国首个省、市两级福利彩票发行中心同时获得ISO9001质量体系认证的省份。

2007年,快速开奖游戏"快乐十分"正式发行。广东省人事厅、广东省民政厅授予广东福彩"全省民政工作先进集体"称号;广东省人民政府授予广东福彩"南粤慈善奖"称号。

2009年,广东福彩荣获民政部颁发的2009年度"中华慈善奖"特别奖。

4. 第四阶段——广东福彩腾飞阶段

广东福彩进入全面提速的发展快车道。

2010年,广东福彩销售额率先突破100亿元,达113.55亿元,成为中国福利彩票发行史上首个单省销售额突破100亿元的省份。广东福彩荣获民政部集体一等功，荣获广东省扶贫开发领导小组颁发的"广东扶贫济困红棉杯金杯奖"。

2012年，广东福彩再次荣获广东省扶贫开发领导小组颁发的"广东扶贫济困红棉杯金杯奖"。

2013年，广东福彩销售额189亿元，销售额名列全国第一，筹集福利彩票公益金55亿元，荣获中福彩中心颁发的"销售总量第一名"和"福彩工作综合评价得分第一名"两项殊荣。

2014年，广东福彩销售额率先突破200亿元，达206.8亿元，成为中国福利彩票发行史上首个单省销售额突破200亿元的省份，民政部给广东福彩集体记大功。

2015年12月，广东福彩荣获新华网颁发的"2015中国彩票社会责任组织奖"。

2016年，广东福彩通过国际认证联盟（IQNet）和中国质量认证中心（CQC）社会责任管理体系（SR10：2015）认证审核，成为国内彩票行业第一家通过该项审核的单位。

2016年，广东福彩公益金资助项目"广州市老人院慈心楼（盲人楼）建设工程""珠海市福利院模拟家庭服务项目"入选中福彩中心评选的"全国最有影响力的福彩公益项目"。

2016年12月，广东福彩官方微信公众号荣获省网信办颁发的"最具影响力政务微信号"称号。

2020年，全国面临新冠肺炎疫情的挑战，广东福彩一手抓疫情防控，一手抓复工复市，加速福彩市场复苏，克服了疫情冲击、休市延长、游戏停销等多重不利影响，实现销售收入162.14亿元，连续13年蝉联全国福彩销量冠军，筹集福彩公益金50.1亿元，公益金筹集率达到30.9%，为近11年新高，实现"十三五"圆满收官。

二 广东福彩发展现状

1987年12月18日福利彩票正式在广东省发行，30多年来，广东福彩一直践行"扶老、助残、救孤、济困"的发行宗旨和"公平、公正、公开、公信"的发行原则,持续打造阳光福彩、公益福彩、责任福彩。广东福彩现在拥有21个市级机构(含深圳市),近10400个投注站,2万多名从业人员。30多年来,广东福利彩票以创新求发展,以规范保安全,实现了从无到有、从小到大的历史转变,走出了一条具有广东特色的福利彩票发展之路,为社会福利和社会公益事业的发展做出了重大贡献。

(一)历年销售情况

从1987年开始发行至2020年,广东省累计销售福利彩票2560.41亿多元,筹集公益金771.8亿元(见图1、图2)。

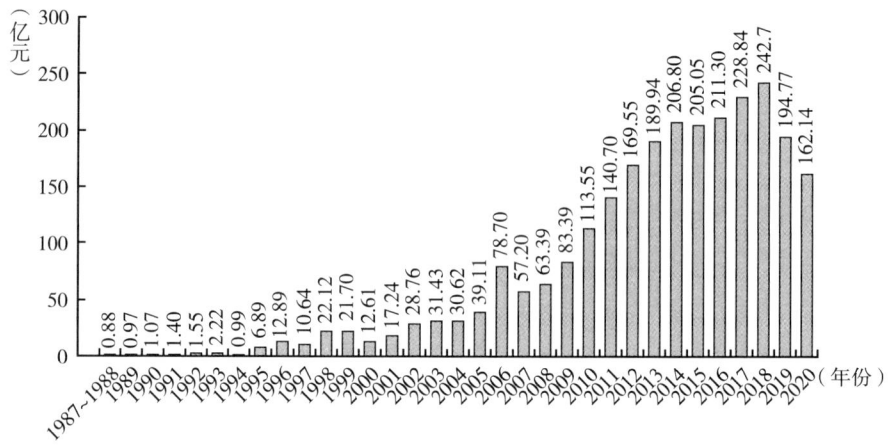

图1 1987~2020年广东福彩历年销售额

资料来源:广东省福利彩票发行中心网站。

"十三五"期间,广东省福利彩票年均销量为207.95亿元,2016~2018年逐年稳步攀升,2018年销量达到高峰242.7亿元,2019年、2020年因受快开游戏、中福在线视频票等政策调整,销量降幅明显。"十三五"期间,广东累计销售福利彩票1039.75亿元,筹集福彩公益金305.8亿元。

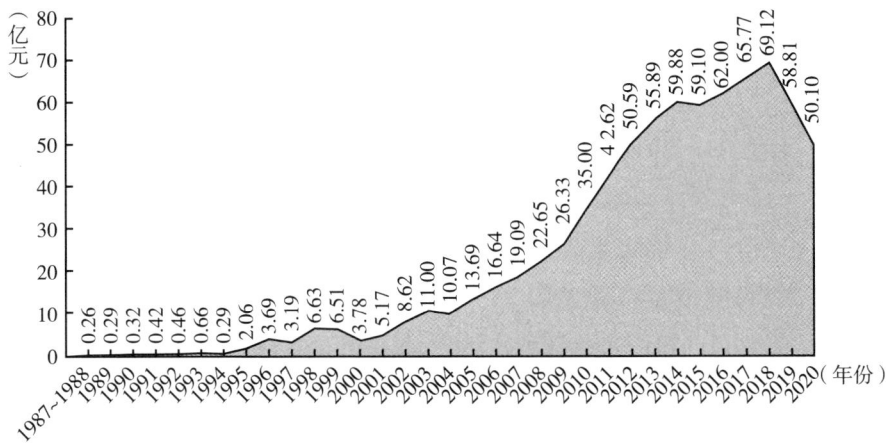

图2 1987～2020年广东福彩历年公益金筹集量

资料来源：广东省福利彩票发行中心网站。

（二）主要工作情况

1. 党建引领，提质增效

近年来，广东福彩以"六个坚持"全面加强党对福彩工作的领导，认真履行党建工作"第一责任人"职责，严格落实新时代党的建设总要求，牢牢把握新时代福彩事业发展的政治方向，努力推动党建与福彩业务工作互促共融、同步推进。具体包括以下六个方面。

一是坚持把深入学习贯彻习近平新时代中国特色社会主义思想作为首要政治任务，集体学习和个人学习同步进行，严格落实第一议题制度，开展专题宣讲、专题培训、学习研讨，努力实现党的创新理论宣传普及全覆盖。巩固深化"不忘初心、牢记使命"主题教育成果，狠抓学习成果转化，不断增强"四个意识"、坚定"四个自信"、做到"两个维护"。

二是坚持严格落实党建工作主体责任，出台《广东省福利彩票发行中心议事决策规则》，认真落实"三会一课"、谈心谈话制度，深入开展模范机关创建活动，促进党建和业务工作融合，开展"灯下黑""两张皮"问题专项整治，紧盯问题整改，落实安全检查工作，严防风险隐患，制订修订政府采购管理办法等相关制度，启动中心内控管理体系建设工作。

三是坚持以推动工作作为落脚点，落实厅直机关党建工作要点，制定中心党建工作计划，以高质量党建促高质量发展，召开福彩工作业务研讨会、市场形势分析会等，切实将党的领导贯穿到福彩工作的全过程、各环节。

四是坚持以"转观念、抓作风、明目标、强责任、防风险、促落实"为工作主线，把"专、精、细、实"工作要求贯穿于福彩工作全过程，福彩队伍工作作风明显改进。

五是坚持发挥党员先锋模范作用，紧贴重点工作谋划开展党建活动，激发党员干部在严肃党内政治生活中践行初心使命，在中福在线视频票停销、快乐8新游戏上市以及快开游戏开奖数据管理专项排查等重大专项工作中得到充分锻炼。

六是坚持狠抓党风廉政建设，深入开展警示教育，坚决落实"一岗双责"，严格落实中央八项规定精神，召开党风廉政建设工作会议，开展纪律教育学习月活动，持续整治形式主义、官僚主义突出问题，以风清气正的政治生态确保广东福彩事业健康发展。

2. 市场为先，营销为本

（1）顺应市场，择优发展。

一是从投注站"专营化"向"宜专则专、宜兼则兼"转变。2005年起广东福彩在全国首创福彩投注站"专营"市场模式，从统一标识到统一装修标准再到投注站专营化建设，逐步推进、扎实打造福利彩票的渠道阵地。截至2020年底，全省共有福彩销售网点近10400个，专营率接近100%。坚持阳光办站，全面实行投注站向社会公开征召，严格规范的投注站管理工作增强了市场公平性和竞争力。

新时期，广东福彩为适应市场需求，提出"宜专则专、宜兼则兼"原则，修订投注站管理办法，降低准入门槛，做大增量，以专营福彩投注站为经营基础，少量与其他行业合作的销售网点为补充；出台销售场所分级评定办法，奖优罚劣，动态管理，优化存量。

二是推进投注站形象升级。2012年起广东福彩深入推进投注站形象升级改造，坚持形象示范店建设和网点形象升级改造"双轮驱动"。广东福彩累计安排6702万元专项资金对全省20个市共3372个销售网点形象建设进行补助，进一步优化销售环境，提升服务质量，巩固市场基础，擦亮福彩品牌。

三是即开票坚持"一站一枪"销售管理模式及精细化管理。全省刮刮乐所有销售站点配备"刮刮乐"销售终端（扫描枪），并通过"刮刮乐"即开票发行管理销售系统，实现"销售实时、结算实时、监控实时"。与此同时，加强对"刮刮乐"即开票物流配送管理员、销售员的工作量化、考核和激励，使"刮刮乐"即开票调拨、配送、销售、结算、兑奖等各链条有效运行，提升了即开票的市场竞争力。广东福彩"刮刮乐"即开票销量连年稳步增长。在2020年疫情彩票休市长达49天的不利条件下，即开票销量依然与2019年持平。

四是稳妥完成视频票停销保障。广东福彩2020年顺利完成全省107个中福在线视频票销售厅撤销及"连环夺宝"等7款游戏的停销及兑奖退卡等工作，做到员工不上访、彩民不闹事、销售厅无纠纷、负面舆情无出现，实现全省范围内中福在线游戏平稳有序全面停销。从2003年全国第一个中福在线视频票在广东省广州市试点，直到2020年全国中福在线视频票全面停销，广东福彩视频票共销售259亿元，筹集社会公益金54亿元，创造销售厅就业岗位1400多个。

（2）特色营销，激活市场。

一是科学营销。广东福彩从市场调研（包括向各市福彩和各部门员工征求促销方案）、市场测算和论证、确定设奖方案、定制宣传用品、召开全省促销动员大会、实施促销活动到总结促销效果各个环节做了大量工作。

二是开展规模营销。广东福彩营销活动注重规模化和活动影响力，每年都对双色球、刮刮乐等重点票种开展大型营销促销活动。仅2020年，就投入5600万元开展4场全省性大型营销促销活动。

三是创新营销手段。广东福彩采用线上线下相结合的方式开展特色营销活动。如获得了全国福利彩票营销方案大赛最佳创意奖的"激情世界杯，福彩为您加油"有奖竞猜活动，该活动借助2018年足球世界杯热点，通过微信公众号邀请广大线上用户对"世界杯"期间比赛结果进行竞猜，赢得福彩体验券。同时，广东福彩将彩票公益金资助项目及公益活动照片以开屏广告形式，在用户每次点击进入活动首页时都进行弹出展示，将公益宣传和市场营销相结合。

整个活动期间参与竞猜用户近450万人次，参与竞猜次数达911.7万次，提升年轻彩民群体的参与积极性和关注度。"广东福彩"官方微信日均净增关注用户1.17万人，总净增关注用户达42.25万人。广东福彩利用这种"福彩+互联网"模式破圈引流，借助线上自有媒体平台导流到线下销售网点，实现线上线下有机融合，以精准营销进一步挖掘市场潜力。

（3）主动让利，破解难题。

一是提高代销费。近年来，福彩投注站电脑票代销费提取比例提高到8%，同时即开票销售站点代销费提高至9%，有效帮助站点缓解经营成本上升压力。二是多种形式奖励。广东福彩连续多年安排专项资金对优秀销售网点、物流配送管理员、视频票销售厅管理队伍等进行奖励。三是节日慰问。广东福彩在春节等重大节日期间慰问一线销售人员，各市开展"夏日送清凉""冬日送温暖"等慰问活动。四是设立营销奖。广东福彩结合营销促销活动奖励销售人员，不定期开展让利销售活动，按照销量比例奖励销售员，也想方设法为销售员的医保、社保争取政策层面支持。

（4）搭建矩阵，立体宣传。

近年来，广东福彩积极拓展"报、刊、网、端、微、屏"全媒体宣传渠道，规范形成"策、采、编、发"宣传流程，面对不同层面群体同步发力，做到多层次多平台"一体联动"。

面对机关部门，在"南方+"App平台开通"广东福彩"南方号，每天更新公益活动、大奖报道等各类福彩资讯；与新华网合作，由新华网负责"广东福彩"微信公众号和福彩今日头条号的运营及推广，切实加强新媒体运营工作的专业性；在《中国社会报》《公益时报》发布宣传福彩销售管理工作、福彩公益金的专版报道。

面对社会大众，除了在电视上播放公益、促销广告，在《南方日报》、《羊城晚报》、《南方农村报》、《新快报》、《信息时报》及《大社会》杂志、电台《福彩快讯》等传统媒体合作开设福彩专栏或专版，持续对外公布福彩开奖信息、报道大奖新闻、宣传福彩公益理念等福彩资讯外，广东福彩还拓展了"广佛地铁""高铁南站""全省楼宇电梯视频媒体广告""城市 LED 大屏媒体福利彩票公益广告"等户外宣传渠道。

面对彩民，在全省销售网点分批次派发印有促销活动画面的纸巾、环保手提袋等宣传品、"理性购彩"主题宣传折页、彩票公益金筹集分配比例等宣传海报和单张。针对潜在的年轻彩民群体，探索在移动互联与社交媒体进行宣传，在今日头条、抖音、微信、新浪微博、腾讯新闻、优酷、爱奇艺、喜马拉雅 FM 等新媒体渠道进行游戏品牌宣传。与此同时，广东福彩继续在自有媒体如福彩官方网站、微信公众号、抖音号、今日头条号、南方号等做好营销促销活动、公益活动等资讯的宣传推广工作。2020 年，广东福彩从流量经济角度切入，进驻广州网红打卡地"超级文和友"，打造"销售、宣传、公益、服务"综合体验平台，融合"巡游销售＋宣传推广"宣传模式、"沉浸互动体验式"销售模式、"专职＋兼职"运营模式，搭建福彩文化新阵地，搭建"福彩公益＋休闲娱乐"新阵地。

3. 规范管理，安全运行

广东福彩坚持稳中求进的工作总基调，遵循"安全运行、健康发展"的工作总方针，转观念、抓作风、明目标、强责任、防风险、促落实，严格执行依法治业管理模式。

完善制度建设。广东福彩近年以深入推进巡视整改为抓手，注重加强制度建设、技术保障、财务管理，完善应急预案，防范发行风险，制定完善 20 多项涉及技术管理、开奖兑奖、市场管理、内部管理、应急预案等的主要管理制度，规范广东福彩全省各级、各环节的管理。

强化财务管理。自 2007 年起在全省投注站实行了"实时缴款"的"零欠款"制度，确保了销售资金回收的安全，有效控制财务风险；规范了新设投注站的投注机押金、风险金缴交程序,完成投注机押金和风险金清缴,消除了管理隐患;网点即开票"一站一枪"资金预缴款制度全面实行,保障了资金归集安全;修订《广东省福利彩票发行中心对下级福彩机构资助资金管理办法》;规范彩票公益金划拨流程,省福彩中心将市、县级分成的彩票公益金收入直接缴入市和直管县级国库。近年还通过配合上级审计检查和主动聘用会计师事务所开展财务内审,查摆问题抓整改,促进财务资金规范管理。

推进系统安全。一是在硬件上选用先进、高端的主流设备,2006年建设数据灾难备份中心并投入使用,2017年更新灾备中心设备,全省销售数据实现了"双备份""双保险"。二是升级销售、管理系统。2007年、2016年分别对电脑彩票销售系统进行了升级,实现实时缴款业务以及快速开奖游戏销售,在运行的安全性、稳定性、可靠性等方面得到进一步加强。近年完成全省彩票销售信息系统的信息安全等级保护工作。开发福彩投注站管理信息系统,逐步完善投注站电子档案,促进市场管理流程化、信息化、标准化。2019年完成全省福利彩票综合业务接入系统建设,保障销售安全,减轻站点经营成本。三是及时进行投注机更新换代。2009年、2015年分别对全省投注机进行更新换代,同时对新投注机软件进行升级,确保其可靠安全运行。四是有序推进福利彩票数据中心项目,推进建设广东福彩中心彩票数据分析系统,增加全省投注站备份通信线路,建成全省福彩视频会议培训系统。

规范市场管理。一是坚持每年组成工作组深入基层一线开展内部检查、市场巡查,及消防安全排查整治工作,督促各市狠抓安全隐患的排查和整改,加强福彩安全管理工作,不断规范市场行为。二是开展全省自助终端销售福利彩票业务排查工作,开展省、市两级机构的福利彩票自查自纠工作。三是主动接受社会监督,规范信息发布流程,做到开奖中奖信息及时发布,征召渠道信息及营销促销信息重点发布,销售数据及业务经费预算等信息按要求发布。四是定期完成即开票停销尾票回收、清点和核对工作。

三 广东福彩公益开展情况和社会贡献

自发行以来,广东福彩始终秉持福利彩票"扶老、助残、救孤、济困"的发行宗旨,积极筹集福彩公益金资助社会福利事业和公益事业,并安排专项福彩公益活动费用,开展形式多样的公益活动,为推动社会福利和慈善事业发展做出重要贡献。

(一)福彩公益金使用

广东福彩积极筹集公益金,投入社会福利事业和社会公益事业,为维护和保障社会弱势群体和困难群体的基本生活权益、促进和谐社会建设发挥了重要作用,充分体现了福利彩票"取之于民,用之于民"的使命担当。

2000年起,广东福彩公益金纳入财政专户管理,实行"收支两条线"管理。2009年起,公益金纳入财政预算。福彩公益金分配使用遵循"扶老、助残、救孤、济困"的宗旨,按照科学、合理、公平、公正的原则,统筹考虑区域发展、人口数量、建设规模等因素,确定项目补助标准,重点用于老年人、残疾人、孤儿、留守儿童、困难群众等特殊群体服务的社会福利、社区服务、社会公益、残疾人事业项目,为全省社会福利和公益事业发展做出了重要贡献。

截至2020年,广东福彩共筹集福彩公益金771.8亿元,累计资助兴办各类福利事业项目3万多个,包括农村敬老院、社会福利院、光荣院以及精神病院、荣军医院、流浪乞讨人员救助设施、残疾人事业、特殊教育学校、慈善医院、社区服务中心、殡葬设施等福利服务设施的兴建、改建、扩建。公益金还资助粤东、粤西、粤北山区14个经济欠发达地区的公益项目,扶持欠发达地区社会福利公益事业的发展。

1. 扶老——让老人过上幸福晚年

民政部门高度重视养老服务,并强调通过福彩公益金手段予以倾斜。2001年,根据民政部统一部署,广东启动"社区老年服务星光计划"。至

2005年底,全省各级福利彩票公益金共投入3.9亿多元,共建设"社区星光老年之家"3885个,初步形成了广东社区老年福利服务体系。

2004~2007年,广东启动"千间敬老福星工程",投入福利彩票公益金1亿多元,完成520间乡镇敬老院的改扩建。

2005~2006年,全省各级投入福利彩票公益金6000多万元资助社区居家养老服务项目,为1.3万名社区居家老人提供养老服务。

"十二五"期间,每年投入省级福利彩票公益金3000万元用于创建广东省示范性养老机构;每年投入省级福利彩票公益金2000万元用于城市居家养老示范中心建设;每年投入2000万元用于农村养老服务幸福计划。

"十三五"期间,广东各级福利彩票公益金按不低于50%的比例集中使用于养老服务体系建设。2016~2019年,广东省级福利彩票公益金分别为3.44亿元、4.04亿元、4.07亿元、4.05亿元,其中用于养老服务体系建设支出分别为1.72亿元、2.02亿元、2.29亿元、2.28亿元,主要资助农村养老服务"幸福计划"项目,养老机构新建、扩建和改建,养老机构设施改造项目及设备购置更新,养老机构服务补贴类项目,城乡社区养老等综合服务设施建设项目等。

2. 救孤、助残——为孤残儿童撑起美好明天

2004~2006年,民政部在全国实施"残疾孤儿手术康复明天计划"(下称"明天计划"),为福利机构集中供养的孤儿开展康复手术。截至2007年4月,广东全省共完成残疾孤儿手术与矫治康复2218例(其中五官科手术508例,先天性心脏病手术323例,外科手术205例,矫治康复69例,脑瘫康复1113人),各级福利彩票公益金共投入2034万元,共有422名残疾孤儿通过手术和矫治康复后回归家庭。

近年来,广东"明天计划"项目在不断完善福利机构内孤残儿童资助的基础上,逐步向散居孤儿拓展;并进一步规范完善工作流程,降低报销门槛,放宽定点医院限制,拓展资金资助范围,建立了兜底孤儿医疗费用机制。2011~2020年,共拨付部级福彩公益金3135万多元、省级福彩公益金2553万多元兜底孤儿体检、医疗和康复费用,资助孤残儿童门诊与住院治

疗、矫形康复、康复训练、体检、服用特殊药品共15617人次。

2007年以来，广东实施儿童福利机构"蓝天计划"。"十一五"期间，部级福彩公益金共资助18个项目，资助总额4086万元，省级公益金配套5119万元，项目单位本级公益金配套2861万元。"十二五"期间，每年安排500万元省级福彩公益金资助4个地市儿童福利机构养、治、教、康项目建设。经过十年建设，地市级和部分县（市、区）级儿童福利机构配备了基本的养护、医疗康复、特殊教育、技能培训等设施设备。2017年起，广东省开展"苗圃计划"资助粤东西北欠发达地区儿童福利机构养、治、教、康设施设备建设。"十三五"期间，广东累计投入福彩公益金1亿多元实施"蓝天计划"和"苗圃计划"，不断加大儿童福利机构"养、治、教、康"设施设备建设力度。

此外，福利彩票公益金还对广东残疾人事业给予了大力资助。2003年起，按照《广东省福利彩票公益金残疾人事业专项资金管理办法》，全省各级留成的福利彩票公益金每年提取20%作为残疾人事业专项资金。2008~2010年广东共投入福彩公益金600万元，开展"爱心助行惠万家"活动，为全省3130名特困家庭残疾人员免费安装假肢，解除他们的疾患，大大提高了他们的自理能力，使他们更好地融入社会，开始新的生活。

3. 济困——帮助困难群众排忧解难

在医疗救助方面，2002年根据省政府《关于帮助困难群众解决"看病难"问题的通知》的规定要求，广东建立了城乡医疗救助制度，规定从全省各级留成的福利彩票公益金中提取20%作为基本医疗救助金，有效缓解群众看病难问题。

在社会保障方面，根据财政部规定，从2005年开始，中央福彩公益金留成部分的60%用于社会保障基金，2005~2007年三年期间，广东上缴中央福利彩票公益金中已有14亿多元用于补充社会保障基金。

在助力脱贫攻坚和乡村振兴方面，2010年，经国务院批准，确定每年6月30日为广东"扶贫济困日"。结合广东扶贫济困日活动，2010~2016年广东福彩开展了"扶贫济困专项募集"福利彩票销售活动，共计筹集扶贫济困资金 8499 万元。其中，2011 年筹集的 1300 万元"扶贫济困专用基金"用于连南瑶族自治县福彩三排移民新村建设，帮助高寒山区群众整村 62 户居民搬迁。在广东省省定贫困村韶关市新丰县紫城村的脱贫攻坚中，广东福彩安排省级福彩公益金支持"双百计划"社工服务站建设，加强对"三留守"人员的关爱帮扶，完善当地的文体活动场所等。

在赈灾济困方面，1998 年夏天长江流域遭遇特大洪涝灾害。国家增发 50 亿元专项福利彩票。广东共销售 11.74 亿元，占全国销量的 1/5 以上，筹集资金 3.5 亿元，全部用于灾区建设。在 2003 年抗击"非典"疫情斗争中，全省福彩公益金共资助 820.2 万元。2008~2010 年，开展专项彩票销售，筹集汶川地震赈灾公益金 2.2 亿元。

在兜底民生服务方面，"十三五"期间，福彩公益金支持推动了广东社工"双百计划"（第一批、第二批），在全省 19 个地市建设了 407 个乡镇（街道）社工站。社工站统筹为特困、低保、老人、儿童、残疾人等民政对象提供专业服务，精准识别有困难而未能及时得到政府帮助的困难家庭，同时进一步引导居民和社会力量有序参与社区治理，激发社区活力，打通民生服务"最后一米"。

（二）福彩爱心公益路

近些年来，广东福彩从发行经费中安排专项福彩资金，开展多项公益活动及项目，一方面帮助和支持了社会上的特定困难群体，另一方面通过公益活动进一步向社会宣传福彩公益的理念和精神。

1. 开展教育扶贫，促进教育公平

福彩助学活动一直是广东福彩公益的重头戏。广东福彩在儿童公益事业上打造了福彩爱心助学子、留守少年儿童福彩夏令营、广东大学生福彩公益奖、福彩爱心育苗计划等一系列项目。

2004~2014 年，广东福彩开展了"福彩爱心助学子——帮扶生活困难大学生"活动，一次性资助生活困难的大学生每人 5000 元，累计投入 2550 万元、资助 5090 人。

2010年起,启动广东留守少年儿童"福彩夏令营",通过开展一系列丰富多彩的活动,旨在为孩子们提供参观学习、互动交流等形式多样的综合素质训练体验平台,同时省福彩中心会同团省委号召各地市团委、福利彩票发行中心,同步开展地市本级的留守少年儿童福彩夏令营活动,让全省留守少年儿童敢于有梦、勇于追梦、勤于圆梦。10年间,全省累计投入2200多万元,超过2.2万人次儿童受惠。

2010年起,省福彩中心联合团省委和省学联共同创设"广东大学生福彩公益奖",每年安排200万元专项资金资助20多万大学生参与公益活动。

2012年起,省福彩中心联合团省委、省文明办、省教育厅,启动"福彩爱心育苗计划",资助全省各地异地务工人员子女、留守儿童、生活困难少年儿童、福利院孤残儿童等免费参加"福彩爱心育苗班"才艺培训,提供音乐、舞蹈、书法、绘画、科技、体育等前沿素质教育课程。该项目累计投入2400多万元,惠及10万人次异地务工人员子女、困境和留守儿童。

2. 落实社会救助,大爱"救心""助康"

在医疗救助方面,2009年,广东福彩安排200万元开展"广东省救助先天性心脏病患者"行动。2013年,广东福彩安排200万元资助全省欠发达地区困难家庭髋、膝关节残障患者实施关节置换手术。

在兜底困难孤儿生活保障方面,2010年,为帮助粤东、粤西、粤北等经济欠发达地区散居生活困难孤儿,广东福彩安排500万元开展"关爱贫困孤儿"大型公益行动。活动共资助5000名贫困孤儿,每人资助生活费1000元。学习成绩优良的优秀学生以及由于经济困难难以维持上学或残疾、患病的孤儿优先获得资助。

3. 干预心理危机,履行社会责任

2013年,广东福彩启动"福彩爱心 社工服务——星空连线你我他"广东社工服务热线项目,通过"福彩社工日"等专题活动,引导彩民理性购彩和进行心理危机干预,为彩民提供心理咨询和生活帮扶等相关服务。热线由省内有影响力的社工机构派出专家与具有丰富经验的电台主持人一起,就外来工问题、青少年问题、心理危机干预、理性购彩、障碍人士、老年人、艾滋病人等话题进行分析访谈。热线的开设是广东福彩在问题彩民防控方面的新举措,是为了更好地对问题彩民进行心理辅导的有益探索,是坚持履行社会责任的又一行动。

4. 各地积极创新 探索特色项目

在广东福彩的带领下,各地市也推出特色公益项目。

广州市福彩连续多年开展"福彩杯·乐善骑",围绕儿童救助服务主题,旨在帮助从化乡村儿童获得更好的教育;举办了福彩公益慈善项目大赛等。江门市福彩开展"微慈善进社区"活动,扶助困难家庭和困境儿童实现小心愿;开展"蒲公英关爱行动",精准帮扶困难家庭大学生,倡导受助学生积极参与义工服务。

阳江市福彩资助阳江市老年篮球赛,开展阳江市"福彩公益,爱老敬老"慰问活动,协办阳春市少儿才艺大赛。云浮市福彩开展"圆孤大学梦"公益活动,为孤儿大学生每人每年提供5000元生活补助。佛山市顺德区福彩连续多年资助清明节鲜花义卖活动,将全部善款用于贫困家庭的医疗救助;连续3年资助国际社工日活动,为残疾人联合会举办的"特殊马拉松"提供赞助。2012年起,佛山顺德福彩每年开展"福彩慈善班",利用寒暑假开展一系列成才教育、感恩回馈、公益实践等活动,实现"助学又助心"的慈善帮扶。佛山顺德福彩共捐赠福彩慈善班善款542.95万元,资助学生达540人次,开展活动71场,累计2015人次参与。

(三)经济社会贡献

1. 丰富群众文化生活

近年来,广东福彩销量不断走高,年销量在2010年迈过100亿元,为中国福利彩票事业率先掀开了单省销量突破百亿元的崭新一页;在2014年突破200亿元大关;在2018年达到历史峰值242.7亿元。发行彩票除了筹集公益金用于社会福利事业外,销售金额的近50%会以中奖奖金的形式返还购彩者。广东双色球从 2004 年 3 月上市以来，截至 2021 年 3 月底，已累计中出一等奖 1773 注、共计中奖奖金超 111 亿元，南粤风采"36 选 7"游戏上市销售以来累计中出一等奖 667 注、共计中奖奖金超 24 亿元，同时有更多购彩者通过各级彩票奖收获了中奖体验，彩票在丰富人民群众文化娱乐生活的同时，搭建了公众投身公益、参与慈善的平台。

2. 增加国家税收

"十三五"时期，广东福彩事业快速发展，产生了广泛而显著的效益，对社会的贡献与日俱增。5 年筹集福彩公益金 305 亿元，比部分大型国企创造的税利还多，彩票作为"绿色 GDP"更成为发展社会福利事业、社会公益事业和社会保障事业的重要资金来源。

根据税法相关规定，对单注彩票中奖金额过万元的大奖收入征收 20%的偶然所得税。"十三五"期间，广东福彩共计向地方代缴个人偶然所得税近 17 亿元，有力促进了地方经济发展。

3. 促进就业 拉动经济增长

截至 2020 年底，全省共有福彩销售网点近 10400 个，直接创造就业岗位 2 万多个，在活跃市场和维持社会稳定等方面发挥了积极作用；彩票事业的发展还带动了印刷、广告、媒体、游戏研发、技术开发、物流、运输等相关产业的发展，间接实现创业带动与就业扶持。

四 广东福彩面临的挑战

（一）外部挑战

第一，经济压力加大。近年我国经济下行压力加大，尤其 2020 年受新冠肺炎疫情影响福利彩票休市长达 49 天，彩票市场销售整体下滑明显。投注站的经营成本逐年上涨，铺租、人工等费用成本高涨，部分站点遇到了生存压力，业主申办投注站的动力下降，市场开发难度持续增大。

第二，行业竞争加剧。近年，全国体育彩票发展势头强劲，福彩市场面临竞争。一是体彩竞猜型游戏的高速发展和网点的大幅度扩张，吸引了部分年轻、消费能力较强的新彩民，带动了体育彩票的销量增长，给福彩带来较大压力。广东福彩目前市场份额已被体彩反超。二是抓住国际各类大型体育赛事的契机，体彩的主力竞猜型游戏销量增长迅猛。各地体彩通过加大营销力度、扩大销售网点规模等方式，乘势推进市场开发，有效提升市场占有率，开启新一轮加快发展热潮，福彩市场受到强烈冲击。三是体彩渠道拓展迅速。在新渠道拓展方面，广东体彩走在前端，截至2020年底，广东体彩已与多家大型连锁机构进行战略合作，并在持续拓展市场。

（二）内部挑战

第一，政策收紧对市场冲击较大。近年，随着规则调整政策陆续收紧，尤其是视频票停销、快开游戏的彻底退市严重冲击广东省彩票市场格局和销售形势。2020年广东销售电脑福利彩票137.1亿元，其中快开游戏销售67.2亿元，占比近50%，快开游戏对广东福彩销售具有举足轻重的作用。快开游戏退市后，对广东造成的影响主要体现在：一是游戏结构单一，新游戏品种难以支撑市场的扩展和新渠道的开发，新的购彩群体引入困难。双色球游戏的优势趋向稳定，市场发展后劲不足、抓手不多，稳销售保前列压力大，销售渠道布局、建设、市场运行都将面临重大挑战。二是代销费收入锐减，销售网点生存压力急剧加大。在彩票销售网点和渠道建设层面，广东现有站点数量趋于饱和，快开游戏退市将使销售网点生存压力进一步加大，预估超1/3站点面临退机风险，稳市场稳站点稳队伍的形势不容乐观。三是销量下滑导致基层机构运转困难，影响彩票业务开展。许多地市福彩中心预算支出固化，收支矛盾突出，没有更多财力开展营销宣传和促进站点提质增效，尤其是粤东西北地区业务费仅能勉强维持机构基本运行，几无剩余费用开展额外的营销宣传工作，一定程度影响福彩队伍的工作主观能动性。

第二，销售渠道拓展困难。一是投注站的经营成本高涨，在铺租、人工等费用逐年上涨但代销费没有增加的情况下，市场新申办投注站的动力下降，站点数量已出现萎缩迹象，市场开发难度持续增大。二是自助销售终端引入政策不明朗。电脑票和即开票都迫切需要开发年轻彩民群体，开发自助销售及兑奖终端是吸引年轻消费群体的一大趋势。但目前自助销售及兑奖终端的引入政策还不明朗，未能实现在电影院、加油站、候车厅、候机厅、KTV、便利店和商场等渠道拓展销售网点，这是制约电脑票和即开票渠道拓展的痛点。三是与其他业态进行渠道合作尚不成熟。广东"刮刮乐"即开票曾经与加油站、邮政、机场候机厅、天天洗衣店、KTV、医药连锁店等商家合作，但由于日常销售中，店员没有时间、精力做到主动介绍和推销，即开票销售被边缘化，导致其销量偏低，无法支撑经营成本，因此上述合作渠道能够长久存活下来的很少。

第三，福彩机制建设滞后。事业单位机构改革及绩效工资改革后，薪酬有一定幅度降低。顶层设计与体制机制的矛盾凸显，部分地市还未建立起一套有效的激励约束机制，未能有效提升队伍干事创业的热情。部分市绩效工资改革未能与销售业绩有效挂钩，使前几年建立起来的激励机制无法实施，影响了工作积极性，稳市场稳站点稳队伍的形势不容乐观。

第四，各地市市场不平衡。广东省内不同地域福彩销售很不平衡的格局长期存在，全省福彩销量主要依靠珠三角地区，2020年珠三角9个地市累计销量占全省总销量的77%以上。粤东、粤西、粤北的地市销量增幅较为缓慢，例如2020年省内销量排名后10位的地市累计年销量比广州市一个市的年销量还低，省内区域市场极不平衡，部分地市仍然有较大的销售潜力待挖掘。

五 广东福彩"十四五"发展展望

2021年是"十四五"开局之年，是全面建设社会主义现代化国家新征程开启之年，起好头、迈好步至关重要。随着福利彩票宏观政策调整逐步落实到位，福彩系统上下也迎来了革弊后鼎新、重整行装再出发的历史时刻。站在福彩事业"二次创业"全新起点上，广东福彩将坚决贯彻民政部和中福彩中心的决策部署，在省民政厅党组的正确领导下，坚持以"转观念、抓作风、明目标、强责任、防风险、促落实"为主线,持续巩固深化"治理庸懒散,提升执行力"专项行动成果,以"专精细实"为衡量标准,滚石上山、真抓实干,为助推"十四五"全国福彩事业高质量发展扛起广东担当、贡献广东力量、体现广东作为。

(一)发展定位

坚持"扶老、助残、救孤、济困"发行宗旨,彰显新时代福利彩票的人民属性、国家属性和公益属性,融入创新、协调、绿色、开放、共享的发展理念,服务于国家经济社会发展大局和民政事业整体发展要求,践行社会责任,以提质增效为中心,以促进转型升级为主线,突破和解决制约福彩事业发展的瓶颈问题,深化改革、强化创新,推动福彩事业高质量发展。

(二)发展目标和路径

按照民政部关于福利彩票"十四五"规划的指导思想,广东省认真对照"推进福利彩票健康运行""推进福利彩票创新发展""加强福利彩票公益金使用管理""福利彩票高质量发展三大重点工程"等规划任务,围绕"高质量发展"的目标,制定了广东福彩"一转、两提、四化"的"十四五"规划思路,确保与民政部规划一脉相承,确保民政部规划任务在广东落细落实,落地见效。

1. "一转":把转变思想认识作为推进"十四五"发展的总开关

一是突出"专、精、细、实"标准。彩票新政的推行折射出我国彩票销售快速增长后的一次"理性回归",是尊重彩票发展基本规律的必由之路,一系列调整有助于降低彩票高位运行中的风险隐患,有利于保障福彩事业沿着正确的轨道行稳致远。广东将积极主动适应发展新形势,将"专、精、细、实"作为"十四五"所有福彩工作的衡量标准。在"专"字上做文章,打造"专心、专业"福彩队伍;在"精"字上下功夫,精准施策、精准发力,出亮点、创精品;在"细"字上求突破,以精细化服务推进市场管理,打牢发展基础;在"实"字上见成效,担当实干,用高效率和高质量再创新业绩。二是转变发展理念。树立与福彩高质量发展阶段相适应的新发展理念：从"要销量"到"要健康的销量"转变，从"卖彩票"向"卖好彩票"转变，为群众提供安全性高、娱乐性强、健康有益的福彩产品；从"比规模、比速度"向"比可持续、比社会综合效益"转变，实现发展理念的递进；从"单一销售"向"服务型销售"转变，提升对购彩者、代销者的服务能力和服务质量，加大对站点的帮扶力度，增强代销者业务技能和服务市场的能力；从"渠道为先"向"渠道与客户并重"转变，深化以人民为中心的思想，优化过去"渠道为先"的管理服务理念，把购彩者提到重要位置，深入挖掘福利彩票的公益性、娱乐性、文化性。三是展现"顶天立地"的福彩胸怀。"顶天"是指锚定高质量发展的目标不动摇，持续巩固全国福彩排头兵地位不动摇，确保福彩销售全国第一，力争每一个票种销量领跑全国，在销量支撑的基础上推动福彩销售管理各项工作持续走在全国前列；"立地"是指脚踏实地、埋头苦干，一项一项抓，一件一件干，确保各项工作见到实效，同时严防死守，防范福彩各领域各环节的风险隐患，为福彩事业行稳致远保驾护航。

2. "两提"：促进福彩队伍素质和信息化建设水平双提升

一是把人才队伍作为第一资源。未来的竞争是人才队伍的竞争。广东长期锻造培养了一支肯吃苦、善钻研、能战斗的福彩队伍，但目前的队伍建设水平与福彩高质量发展要求还有差距，提高队伍素质任务紧迫。"十四五"期间，我们将努力打造两支队伍：努力建设一支热爱福彩事业、精通业务、服务规范的高素质福利彩票销售队伍；着力打造一支忠诚担当、干净干事的福彩管理队伍。针对一线销售队伍：打造全省性福彩人才实践培训示范阵地，定期或经常性举办管理、销售等培训班，着眼于提高福彩从业人员的政治素质、业务能力和服务意识、服务水平；力争打造全省统一的在线培训平台，为全省福彩机构人员和福彩销售人员提供线上远程培训，讲好站主故事。针对福彩管理队伍：把讲政治守廉洁放在第一位，持续加强廉政警示教育，筑牢廉洁思想防线。从上年起，广东福彩中心定下制度，在对外合作重大项目中一律要求签署廉洁协议，将廉洁条款纳入合同，前置廉洁监督关口,从源头防范廉政风险,今后我们将坚持并完善这项举措,构建亲清政商关系;人才培育方面,营造用制度引进人、用机制培养人、用文化留住人、用事业激励人的人才成长环境;强化队伍作风建设,以"专、精、细、实"的衡量标准贯穿福彩工作全过程,推动福彩队伍敢担当、勇作为、重实干。

二是把信息技术作为第一支撑力。"十四五"期间,广东将力争在新技术的融合应用上抢夺制高点,探索开发即开票手机兑奖新功能,积极探索引入全票种智能投注机,开辟实体销售渠道外的第二战场;抓住信息技术与传统行业融合的发展机遇,找准市场切入点,推动跨界合作;大力推进"智慧福彩"建设,搭建投注站管理服务信息化平台,提升信息传播、终端服务、市场推广、大数据分析能力。2021年,广东省福利彩票数据中心改造装修工程完工后搭载智能化管理系统的应用,将打造成集开奖兑奖、销售数据存储分析、销售系统运行、站点远程管理等功能于一体的智能化楼宇,为广东福彩的高质量发展打牢基础,提供强有力的技术支撑。

3. "四化":推进销售渠道多元化、营销宣传精准化、市场服务优质化、购彩群体年轻化

一是开拓多元化的销售渠道。"十三五"期间,广东省福彩销售站点的布局主要集中在城市和城乡接合部,乡镇存在大片市场空白。"十四五"期间,广东将更加注重城乡布点的平衡性,加大公开征召的力度,把站点更多投放到乡村,大力开拓乡镇彩票市场。与此同时,彩票新政带来的阵痛虽见谷底,但后续影响还将持续一段时间,福彩站点利润空间缩水、收入下降,帮助站点生存和转型是一大难题。在游戏品种固定的情况下,渠道就是生命。专营已经不能完全适合当前的发展形势,亟须立足实际和当前政策形势,构建适合当下的渠道销售体系。未来五年,我们将在"稳渠道"和"拓渠道"两方面做文章,"稳渠道"就是充分利用现有的渠道资源,以"彩票+"的方式,实施请进来的策略,引进彩票以外的附加业务,推动专营店向主营店去转型,在守阵地上采取"专营+主营"的策略,从而提高收益,比如引入物流、通信、消费等便民服务,在便民的同时引流一部分客源,或者转化一部分购彩群体。"拓渠道"就是树立"开放办福彩"的新理

念,以"+彩票"的方式,加强跨行业合作,引进各类社会资源共同参与国家公益。疫情之下,兄弟省在即开票销售展示柜做出有益探索,实践证明无接触式销售平台以其购彩便利、有安全保障的优点,在疫情防控常态化时期,仍受到彩民喜爱。广东计划在其他业态,比如连锁便利店、银行等人流量大的场所投放兼营设备,探索尝试在商场、车站等场所布局无接触购彩平台,到2025年全省兼营设备投入量占总销售终端数量的比例力争达到30%,以新渠道开发新市场。

二是提升营销宣传精准化水平。"十三五"期间,广东福彩宣传策略主要为扩张式宣传,大力拓展宣传渠道,注重宣传的规模效应。以2016年为例,广东共投入2388万元资助各市投放224块T形立柱式福彩公益广告牌,同时安排750万元在20条高速路投放大型公益广告牌,力争使福彩公益理念得到广泛传播。进入"十四五"时期,福彩机构面临收支紧张的困境,广东福彩宣传将主动适应形势,从"规模投放"向"规模和精准投入并重"转变,促进福彩宣传提质增效、深入人心,努力让购买福利彩票成为一种时尚理念、一种希望寄托、一种慈善行为、日常生活的一部分。广东将实施"3+1+N"宣传策略:"3"就是打响"公益福彩、阳光福彩、责任福彩"体现福彩核心价值三张牌,持续提升福彩透明度和公信力,做优"福彩育苗计划"等公益品牌活动,不断拓展新颖的公益品牌活动,创新举措以加强社会责任建设,擦亮公益福彩、阳光福彩、责任福彩的品牌形象;"1"就是探索在全省各市建设一批具有广东地方特色的"福彩公益驿站",依托现有福彩销售场所,布设公益设施,打造福彩传播公益理念、践行社会责任、提供便民服务的平台,通过实施投注站公益化、便民化战略,试点建设一批集彩票销售、公益活动、便民服务、形象宣传等于一体的窗口;"N"就是面向不同层次的受众人群,搭载不同类别的宣传渠道,采用分门别类宣传的形式,探索"精准宣传",增强宣传效果。"酒香也怕巷子深",福彩宣传将在宣传渠道、宣传方式上下功夫。在宣传渠道上,构建全方位、多层次、多声部的宣传矩阵,获得"墙内开花墙外香"的效果。如通过"学习强国""南方+"平台,强化与党政官媒官微联动等方式,推动福利彩票走进党政机关,提升福彩影响力;通过抖音、微信、今日头条等新媒体渠道,向年轻群体传播福彩正面形象。在宣传方式上,着力找准思想认识的共同点、情感交流的共鸣点,运用群众语言,采取生动鲜活的表达方式,满足不同群体的需求,讲好福彩故事。

三是推进市场服务优质化。代销者、购彩者等市场主体是福彩事业的立业之本,是实现高质量发展的生产力。"十四五"时期,我们将树立"服务取胜"的新理念,"以客群需求为导向",把提供优质服务的要求贯彻到工作的各个方面。首先,全力服务销售站点。我们将加强销售渠道规范化建设,健全福彩销售人员服务行为规范,以优化布局、加强服务、提升形象为重点,推动传统销售网点转型发展;加强站点精细化管理,推进销售渠道分级分类管理,综合运用直接补贴、以奖代补、以赛代补的形式加强对站点的扶持,加强培训和服务,增强站点可持续发展的能力。其次,大力培育快乐8游戏。快乐8游戏的成败,事关福彩站点的生存发展,也事关"六稳六保"大局,广东始终把快乐8市场培育摆在重在之重。从试点初期,广东日均销售133万元,稳步攀升至(2021年4月)的日均销售550万元,排名升至全国首位,市场形势稳健向好。"十四五"时期,我们将把培育快乐8作为"二次创业"的重点,围绕快乐8销售的各个环节,着力从培训、绩效、营销、引导四方面下功夫,重点推行优质化服务,努力把快乐8培育成广东福彩新的增长点,为高质量发展积蓄后劲。再次,合力优化市场环境。广东由于毗邻港澳,非法彩票时有出现,地下私彩长期活动猖獗,严重扰乱了彩票市场秩序。尤其是彩票政策调整后,私彩有抬头趋势,出现"公退私进"的现象,蚕食公彩市场。广东将联合体彩、财政部门共同推动公安、网信部门联合开展全省性打击私彩行动,并力争协调财政部门统一资金,提供办案经费,通过省市联动、打防结合等举措,达到"私退公进",有效净化彩票市场。

四是实施购彩群体年轻化战略。广东福利彩票购彩群体固化严重,中老年人和低收入人群占八成以上,年轻彩民和中年高收入群体引入困难、抓手不多。面对新难题新挑战,"十四五"期间,广东将指导各市结合历史人文和本土特色，打造精品特色福彩店，以星星之火，起燎原之势，提升广东福彩品牌的整体活力和魅力。广东还将创新销售模式，迎合年轻彩民和新彩民群体的喜好，量身打造更有新鲜感、更有体验感的福彩销售场景，以"活力福彩""新颖福彩""青春福彩"为亮点，吸引年轻人群，促进福彩消费人群结构的优化，真正实现"寓募于乐、多人少买"，凸显福彩公益属性、健康属性，促进广东福彩事业持续健康发展。

参考文献

广东省福利彩票发行中心：《2020中国福利彩票（广东省）社会责任报告》。
广东省福利彩票发行中心：《2019广东省福利彩票发行中心社会责任报告》。
广东省福利彩票发行中心：《2018广东省福利彩票发行中心社会责任报告》。
广东省民政厅、广东省福利彩票发行中心：《2018年广东省福利发行中心彩票公益金收支情况公告汇编》。

B.10
台湾彩票的发展及其启示

马福云*

摘　要： 我国台湾地区彩票出现较早，其发展的过程也较为曲折。当前的台湾彩票产生于20世纪末，其公益彩票、运动彩票采取政府主管、第三方运营的方式发行，政府管理及监督的法治化较为完善。在目前彩票运行二元模式下，其两只彩票游戏玩法间的互补性较强，彩票制度设计、运营及其监管等都值得借鉴。

关键词： 公益彩券　运动彩券　台湾

在我国台湾地区，彩票（彩券、奖券）的出现较早，后续发展演变过程也较为曲折。在日据时期、"二战"后，作为筹集工具的彩票都曾经被使用，后因不同原因被迫取消而中止发行。到20世纪90年代，彩票再次被重新设计开发利用，当前的彩票筹资对台湾的社会福利、体育运动的发展发挥着积极作用。

一　台湾彩票的发展历程

（一）早期台湾的总督府彩票

台湾社会赌风较为盛行。早在19世纪中叶的晚清时期，就十分流行各

---

* 马福云，法学博士，中共中央党校（国家行政学院）社会和生态文明教研部社会治理教研室主任、教授、博士生导师，主要研究方向为发展社会学，研究主题包括基层治理、社会服务、彩票管理等。

种彩票及赌博游戏。与广东、福建东南沿海地区类似,这时台湾比较流行的也是吕宋票。吕宋票,又称吕宋洋票,因其原发行地为当时名为"吕宋"的菲律宾而得名。清政府对于赌博一直有厉行禁止之律例,包括白鸽票、闱姓、吕宋票在内的抽奖派彩等,始终被当作赌博行为而屡遭查禁。1883年,台湾督抚会同奏请核准发布了洋票禁令,力图禁止彩票,但是依然难以彻底禁绝,彩票的私下买卖仍然相当盛行。

1895年4月,《中日马关条约》签订后,台湾被日本占据。在日据时期,台湾的赌风及购彩风气依旧盛行,各地流行的"花会"赌博被人们视为发财的捷径。1897年初,台湾总督府利用保甲制度来协助查禁,才使得赌风稍减。"花会"受到打击后,不少人开始转向购买彩票。当时的台湾有来自马尼拉的"天财票",还有来自南洋、香港、澳门、广东、湖北等地的彩票,不少台湾人花大价钱去买,导致台湾大量民间资金外流。这一时期台湾瘟疫流行,贫民流离失所、庙社荒废等问题也亟待解决。但是,台湾的财政状况却连年捉襟见肘。台湾当局拟筹办发行彩票,此举既能防止资金外流,又可将其收益用于解决社会问题。1901年2月,台湾总督府草拟了"台湾富签规则(草案)",提报日本内务省审批。结果该法案在内阁会议上未获讨论通过。1906年初台湾总督府再次提出此案,日本内务省考虑到顺从台湾民众风俗习惯、防止资金流向中国大陆,最后以不得作为一般行政费用,只能用于慈善、卫生、庙社保护等事业经费作为条件而同意总督府发行彩票。同年6月,台湾总督府发布《台湾彩票发行律令》("台湾彩票ニ关スル件",明治39年律令第7号),明确台湾总督府为慈善、卫生、庙社保护等事业发行彩票,并规定除官行彩票外严禁其他彩票之买卖。接着,总督府设立彩票局,并制定多项相关管理规则,为彩票发行做准备。9月,台湾总督府发行了第一期彩票。这次彩票发行由总督府主导,后被称为总督府彩票。总督府还发布《台湾彩票施行规则》《台湾总督府彩票委员会规则》,以及《台湾彩票局规程》等规范彩票运营[①]。第一期彩票共发行4万本,每

---

① 吴文星:《日据时期台湾彩票制度之探讨》,《教育科学研究期刊(台北)》1988年第3期。

本分10个小格，每个小格面额50钱，头奖为5万圆①。1906年11月，发行了第二期，6万本。从1907年1月起，每月发行1期，其中第三、四期都发行6万本，第五期发行5万本②。彩票发行后引发抢购热潮，一度出现加价购买、哄抬票价现象，甚至还出现了彩票走私现象。1907年2月，大阪府查获私卖台湾彩票的案件，东京等地也有发生，此即"台湾彩票事件"。台湾彩票走私到日本，会导致日本民间资金流入台湾，这显然不能为日本政府所接受，台湾彩票在日本被赋予负面形象，甚至还有众议员提出废除台湾总督府彩票局的建议案。3月，台湾总督府只能以《府报》形式宣布暂停彩票发行。

（二）"二战"后台湾的爱国奖券

1945年第二次世界大战结束后，台湾回归祖国的怀抱。面对战争及战后的混乱局面，国民党为缓解政府财政拮据困境，1950年2月，爱国公债在台湾发行。由于限定期限内爱国公债募集资金的效果不佳，台湾省政府便决定发行爱国奖券以补足爱国公债筹募不足的差额。1950年3月，台湾省财政厅委托台湾银行发行爱国奖券，将奖券收入的半数用于发奖金，半数用于购买公债。1950年4月，第一期爱国奖券发行。奖券第一期发行1万张，10万条（每10条为1张）奖券。每条奖券面额为新台币15元，特等奖奖金为20万元。第1期因面额较高，销售情况不佳，从第二期起每张面值调整为5元，且其后张不再分条。到第五七七期提高至10元，到第七八六期再次提高到20元。为庆祝爱国奖券发行一千期，当期奖券面额特别提升至100元，其后每期改为50元（每年逢春节发行的新春券仍为每期100元），一直到终止发行。1951年12月，台湾省政府通过了《爱国奖券发行办法》以规范爱国奖券的发行。由于奖券发行大受欢迎，发行方不断调高奖券的发行基数。在第二期发行20万张，第十四期发行30万张，第十七期发行40

---

① 如果没有特别说明，本篇所用币值皆指当时通用货币及价格。
② 在第三期发行的6万本中，由于第9382号、第44468号印刷不全，故将其定为废票。第三期实际发行数为59998本。

万张,第二一期发行到 50 万张。到第四二期达到了 80 万张,为最高点。其后,发行基数回调,到三一五期后基本稳定在 60 万张的基数[①]。爱国奖券从第二期起,一般每月开奖两次,开奖日多在周六或周日,从二八一期开始在台湾各大都市轮流开奖。伴随发行基数的增多,奖券奖金也在调整中提高,例如第一千期时,奖金曾提高到 1000 万元。一千零八十六期恰逢春节便扩大发行,奖金更是提高到一亿五千万元。面对如此诱人的奖金,多次发生奖券抢购风潮,很多小贩也以贩卖奖券为业,奖券逐步出现了产业化现象。

1985 年,为促进奖券发行、提高奖券筹资效率,台中地区又开发出依靠爱国奖券中奖号码而额外给付彩金的玩法,从而导致被称为"大家乐"的私彩逐步泛滥起来。台湾"行政院"研考会曾经统计,当时每 11 个台湾人中就至少会有 1 人买大家乐,大家乐附身在爱国奖券上,成为最草根、最风行的赌博[②]。大家乐涉及的利益愈来愈大,黑白两道都介入经营,而大家乐赌风所引发的迷信、违规、犯罪等社会问题也愈来愈严重,政府花费了大量人力物力也难以禁止,一时直接影响到政府的公信力。同时,伴随台湾经济的高速成长,奖券收入在财政中的地位也愈发变得微不足道。1987 年 12 月,爱国奖券在最后一期开奖后终止发行。至此,爱国奖券共计发行了一一七一期,时间跨度达 38 年之久,对台湾社会具有深远影响。

(三)当前台湾公益奖券和运动奖券发行

台湾爱国奖券停止发行后,一度引发依靠贩卖奖券谋生的老弱残障人士、失业人员等社会弱势群体的不满,虽然此问题曾被考虑到,并采取一些社会福利措施予以应对,还是一度引发抗议风波。奖券的停发也给地下"六合彩"的兴盛提供了条件。为了应对"非法六合彩"的泛滥,台北市政府通过了《台北市社会福利彩券发行办法》。1990 年 9 月,台北市政府委托台北银行发行台北市社会福利爱心彩券。爱心彩券短暂地发行了 3 个月,共

[①] 台湾省财政厅:《台湾地区发行奖券报告》,台湾银行,1986。
[②] 李海:《从彩票疯看台湾社会的赌性》,《凤凰周刊(香港)》2003 年第 10 期。

发行了三期18组，每组30万张。为了防止另一波的"大家乐"或"六合彩"的兴起及地下赌风，12月，"行政院"叫停了爱心彩券发行，并责令"财政部"研究奖券发行等相关问题。

1995年6月，"立法院"通过《公益彩券发行条例》，为公益彩票的发行提供了依据，但是彩票实际发行却一直处于搁置状态。1999年6月，《公益彩券发行条例》修订案通过。8月，"财政部"通过《公益彩券发行管理办法》。1999年9月，南投县发生20世纪末台湾最大的地震（即台湾"921"地震），人员及财产损失十分惨重。为筹措台湾"921"地震灾后重建经费，从1999年底开始，台湾银行受委托发行二合一公益彩券（即开型彩票）。2001年4月，台北银行①通过激烈的竞争赢得2002～2006年五年期的公益彩券发行权。其在2002年1月正式发行49选6电脑彩票，同时发行的还有"对对乐""吉时乐"两种即开型彩票。2002年，台北银行发行公益彩券达990多亿元新台币，折合30多亿美元，占到台湾当年GDP的1%，人均购彩的支出超过5000元。②

运动彩券的出现相对较晚。《公益彩券发行条例》规定：为举办国际认可之竞技运动，得申请主管机关核准发行特种公益彩券。这一条款为运动彩券的发行埋下了伏笔。由于赌球、打假球等现象的存在，台湾一直对运动彩券发行持十分谨慎态度。经过十多年的讨论争议，2006年"财政部"通过《运动特种彩票公益彩券管理办法》，"体委会"向"财政部"申请发行运动彩券。2008年5月，台湾的运动彩券正式上市，以篮球、棒球和足球三大球类运动作为主要投注标的物。2009年7月，台湾制定了《运动彩券发行条例》，为发行运动彩券提供了更明确的发行依据及管理规范。

台湾的公益彩券、运动彩券由不同政府部门主管，政府制定彩券发行、盈余分配使用规则，并对彩券运营进行监管。彩券运营采取招标办法，由中

---

① 2002年12月，富邦金融控股股份有限公司收购台北银行，台北银行与富邦金融控股股份有限公司旗下的富邦银行合并成立台北富邦商业银行。
② 《彩票在台卖得疯狂：制造近千富翁　多次被迫喊停》，新浪网，http://news.sina.com.cn/s/2007-02-27/131011299312s.shtml，最后检索时间：2021年8月9日。

标金融机构发行，并进行合规管理。政府还会规范彩券经销者资格，防止不符合资格的人员成为经销商。台湾多数彩票经销商以合营方式同时销售公益彩券和运动彩券，通过一店多营的方式来满足不同消费者需求，公益彩票、运动彩券的种类、玩法的差异性较大，两者在销售经营中属于合作而非竞争关系。

二　台湾彩票的现状与挑战

当前，台湾彩票有两种，即公益彩券和运动彩券。它们由不同政府部门主管，资金使用的目标方向也不尽相同，但是都通过招标的方式委托金融机构进行商业运营，都对经销人员附加资格条件要求。更重要的是，为避免恶性竞争，两种彩券在类别、玩法制度设计时就进行了较明确而合理的区分。这为不同彩券的竞合发展提供了基础性制度条件。

（一）台湾的公益彩券

1. 公益彩券的发行机构

台湾的公益彩券由"财政部"主管，主管部门以公开招标方式将公益彩券的经营权赋予特定公司，并制定相应制度规范其运行及监管。2002～2006年，台北富邦银行担任公益彩券的发行运营机构。2007～2013年改由中国信托商业银行担任公益彩券发行机构，中国信托商业银行在竞标时提出的回馈金高达每年20.87亿元，相当受人瞩目。2013年到期后，从2014年起的10年期间，中国信托商业银行所属台湾彩券公司继续取得公益彩券发行机构专营权，这期间中国信托商业银行提出的回馈金高达每年27亿元，创下台湾彩券史上的最高回馈金记录。

2. 公益彩券的类型

公益彩券有电脑型彩券、即开型彩券两种。其中，电脑型彩券包括乐透型、数字型和基诺型三种彩券。乐透型有八个品种，分别为威力彩、大乐透、今彩539、大福彩和双赢彩五个基本品种以及38乐合彩、49乐合彩和

39乐合彩三个依附品种；数字型有三星彩、四星彩两个品种，基诺型只有宾果1个品种。在电脑型彩券中，乐透型彩券销售占据主导地位，数字型销售占比很少。即开型彩券则主要以"刮刮乐"品种为主，其大额彩票的中奖概率偏高、受到女性消费者喜爱、简单易玩等是其畅销的主要因素。即开型彩券的销售占比一般在半数左右。以2017年的销量为例，乐透型彩券销售占比接近38%，数字型的销售占比2%~3%，基诺型的销售比例在10%以上，即开型彩券的销售比例达到50%。

3. 公益彩券的资金分配

公益彩券的奖金支出一般不得超过彩券票面总金额的75%。发行销售及管理费用不得超过售出彩券票面总金额的15%。售出彩券票面总金额扣除应发奖金、行销管理费用（含为发行彩票而举办活动的费用）后的余额为盈余。盈余专供政府补助国民年金、全民健康保险准备及社会福利支出之用，并不得充抵依财政收支划分法已分配及补助之社会福利经费。在公益彩券的盈余分配中，半数金额拨付给各地方县市政府用作社会福利经费使用，其经费支出限定在社会福利经费项目、社会救助、国民就业以及医疗保健业务范围内；另外45%用作国民年金使用，其他5%用作补助全民健康保险经费使用。此外，公益彩票发行机构每年还需要缴给主管机关招标时所确定的回馈金，而回馈金主要用作各地方县（市）政府的社会福利经费。

从表1可见，就公益彩券的销售额而言，自2002年销售额接近1000亿元后，出现波动下降。2007年，中国信托商业银行刚接手公益彩券时，其销量到最低点，为559亿多元，此后销量便上涨，到2012年超过千亿元；2013年到达1381亿多元，为销量的最高点，此后便一直在1100亿~1300多亿元波动。伴随彩券销量的波动，彩券盈余也随之变动。2012年后，彩券销售额大幅增长，彩券盈余在200亿~300多亿元的高位波动，从而为各项社会福利的发展提供了强大的资金支持。

4. 公益彩券的管理

公益彩券有较为系统规范的管理制度，除了作为基本管理制度的《公益彩券发行条例》和《公益彩券发行管理办法》以外，具体管理制度涵盖彩券的盈余分配、运用,以及运用考核与追回款项,还包括彩券回馈金的使用等。这些制度规范了公益彩券的发行、盈余运用与考核以及回馈金使用等管理监督的各个方面。

《公益彩券发行条例》规定,公益彩券的主管机关为台湾"财政部"。公益彩券发行的种类及总额度由主管机关核定。公益彩券发行由主管机关指定银行(发行机构)办理,彩券的发行、销售、促销、开兑奖作业、管理及其他相关事宜之办法,由"财政部"制定。发行机构经主管机关的同意,可以委托适当机构办理各类公益彩券的发行、销售、促销、开兑奖作业及管理事宜。

为监督彩券盈余分配及运用事宜,主管机关须设立公益彩券监理委员会,由政府官员、学者专家及社会福利团体代表组成,其中政府代表不超过1/2。监理委员会负责审议发行公益彩票盈余,监督公益彩票盈余分配,监督及考核各受配机关盈余运用情形等。

发行机构应在每月结束时将公益彩券发行情形制作成营业报告,连同损益表、奖金支出情形、盈余分配表及销管费用明细表,在次月十五日前报告给主管机关备案。公益彩券经销商的遴选,应该优先考虑具备工作能力的身心障碍者、原住民及低收入的单亲家庭;经销商雇佣5人以上的,应至少雇佣需优先考虑人员1名。

公益彩券的中奖人应在兑奖之日起三个月内,凭中奖的公益彩券与本人身份证件或其他身份证明文件按照规定领取,逾期未领的则视为放弃领奖权,不再发给;逾期未领奖金全数归入公益彩券盈余。

主管机关可随时派员或委托专业机构或令发行机构派员查核彩票发行、销售事宜之机构及经销商之业务财务有关资料,或令其于限期内提交报告等相关资料。公益彩券发行期间,如果出现影响社会安宁或善良风俗的重大事件,经主管机关函送"立法院"同意后,可停止彩券的继续发行。

《公益彩券发行管理办法》规范了公益彩券的发行、销售、促销、开兑奖、管理及其他相关事宜。它规定,发行机构发行彩券,应先拟具发行计划,报请主管机关核准后始得发行。发行机构发行传统型彩票及即开型彩票时，受委托销售机构应为金融机构，且经销商应全部为身心障碍者、原住民或低收入单亲家庭。发行机构应邀请独立公正人士监督彩票的开奖过程，在开奖前后检查各项相关设备，并指导开奖作业。主管机关得限制彩票开奖频率、最高奖金为彩票价格的倍数及未中奖奖金得累积为下期奖金的次数。

表1 公益彩券、体育彩券的销售、盈余统计

单位：千万元（新台币）

年度	公益彩券		体育彩券	
	销售额	盈余额	销售额	盈余额
2000	2489.4	555.1		
2001	901.3	220.1		
2002	9907.4	2966.7		
2003	8018.4	2260.9		
2004	8639.9	2483.8		
2005	7188.5	2035.1		
2006	7402.4	2036.2		
2007	5593.3	1553.3		
2008	7504.8	2081.4	522.8	
2009	7109.8	1965.4	1393.2	
2010	7868.8	2121.1	1504.0	197.5
2011	8995.4	2345.8	1282.7	166.0
2012	10524.6	2721.1	1514.6	196.5
2013	13814.1	3607.1	1493.4	195.0
2014	11608.2	2836.6	2404.8	244.6
2015	13664.0	3357.8	2815.2	285.6
2016	11717.5	2659.6	3120.0	312.0
2017	12097.6	2842.8	3305.8	330.6
2018	11406.1	2670.6	4340.0	434.0
2019	11794.7	2738.0	4160.0	426.0
2020	13071.6	3001.7	4050.0	405.0

资料来源：台湾"财政部国库署""教育部体育署"网站。

2008年1月,《公益彩票盈余运用情形公告办法》发布。其规定各直辖市及县(市)政府须及时填制"公益彩票盈余分配办理社会福利事业情形季报表"送由主管机关汇总公布,并需要将此报表以互联网方式公布。2013年11月,《公益彩票盈余运用考核与追回款项保管及运用办法》发布,使得财政部公益彩票监理委员会可对获得盈余分配的中央机关(构)、直辖市及县(市)政府的彩票盈余使用情况进行考核。

(二)台湾的运动彩券

运动彩券发行的目的是振兴体育,并以彩券筹资来发掘、培训及照顾运动人才。"教育部体育署"希冀透过运动彩券的发行,让民众重燃对运动赛事的热情及关注,以提升运动赛事参与度。

1. 运动彩券的发行机构

运动彩券也实行政府指导的公司化运营,主管部门以公开招标的方式将彩券经营权赋予特定金融机构,再采取订立专营合同的方法规范双方的运行和监管行为。2008~2013年首届六年运动彩券发行权由台北富邦银行取得。2014~2023年十年运动彩券的发行机构更改为威刚公司,其委托中国信托商业银行所投资的台湾运彩公司担任受委托发行机构,并邀请希腊运动彩票专业厂商因特拉洛公司(Intralot)担任技术合作厂商。2013年台北富邦银行采取极为保守的营销方式,结果发行量不高。伴随运动彩券更换营销商,以及新增运动投注标的、新玩法以及投注站等,运动彩券出现良好的市场表现。

2. 运动彩券的种类

运动彩券的种类以投注标的赛事来区分,当前主要包含棒球、篮球、足球、网球、撞球、高尔夫球,以及F1赛车。投注方式及玩法根据不同赛事的特色而有显著不同,大概包含不让分、让分、大小、单双、单局不让分、胜分差、总进球数、正确比数、双胜、冠军及特别项目等具体玩法。根据主管部门的运动彩券统计,在不同种类运动彩券销售中,棒球、篮球、足球三大球最多,其中棒球所占比例最大,约占50%~60%;篮球约占20%~

30%、而足球约占10%~20%，其中棒球彩券的销售处于一枝独秀的地位，其他运动项目的投注较少。

3. 运动彩券的资金分配

运动彩券奖金支出一般不得超过售出彩券总金额的78%。运动彩票销售管理费用一般不得超过售出运动彩券总额的12%。运动彩票发行之盈余，其10%拨入公益彩票盈余，并依《公益彩券发行条例》管理使用；其余90%专供主管机关发展体育运动使用，并不得充抵政府预算所编列的体育经费。专供主管机关发展体育运动之用的盈余，应以基金或收支并列方式管理使用。

体育彩券发行盈余的分配使用相关事宜由主管机关及所设置的盈余分配委员会来决定。从近年来公益金分配使用统计来看，每年体育主管机关会获得超过15亿元的公益金，其他政府部门获配金额比较少。事实上，体育彩券经费的使用项目较多，包括补助各单项运动协会、补助各地方县市政府体育活动、补助各机关（构）举办国际重大体育赛事等。

从表1可见，台北富邦银行在担任运动彩券发行机构期间，每年的销售额约在130亿~150亿元，销售总体平稳，销售趋势没有太大波动。2014年台北富邦银行接续后，运动彩券的发行量出现较大幅度的增长，从200亿元增加到300亿元以上。伴随彩券销售规模的扩大，彩券盈余也在随之增多，近年来的盈余每年都在40亿元以上。

4. 运动彩券的管理

运动彩券也建立有较完整的管理规范，除了《运动彩券发行条例》《运动彩券管理办法》之外，还包括《运动彩券经销商体育运动专业知识认定标准》等。这一认定标准要求新增运动彩券经销商得由具有运动专业知识者担任，超越了公益彩券经销商限定在身心障碍人士、原住民或低收入单亲家庭的规定范围。

《运动彩券发行条例》明确运动彩券主管机关为"中央"体育主管机关，运动彩券的发行由彩票专业发行机构办理，由主管机关设置，或以公开遴选方式选择并进行公告。经过选定的发行机构，在彩券发行期间，除有正当理由，报经主管机关同意外，应依主管机关所定之遴选条件达成销售目标；未达成者，应补足盈余。运动彩券之发行、销售、促销、赛事过程与其结果之公布、兑奖、管理及其他相关事项之办法，由主管机关进行规定。

彩券发行机构应在每月结束时，将运动彩券发行情形制作成营业报告书，并同损益表、奖金支出情形、盈余分配表及销管费用明细表，于次月15日前报请主管机关备查。

发行机构或受委托机构办理运动彩券经销商之遴选，应以具有体育运动专业知识且通过发行机构举办之测验取得证照者或曾为运动特种公益彩券经销商者为限；经销商雇佣4人以上者，应至少雇佣具有工作能力的身心障碍者、原住民或低收入者1人。发行机构及受委托机构办理运动彩券的销售，除透过经销商外，可利用电话、互联网及其他电信设备销售。

运动彩券的中奖人，除透过电话、互联网或其他电信设备购买者，由发行机构主动支付奖金外，应于开奖之日起三个月内，凭中奖的运动彩券与本人之身份证件或其他身份证明文件向发行机构、受委托机构或经销商领取，逾期不得再请领；其未领奖金，全数归入运动彩券盈余。

《运动彩券管理办法》规定，发行机构应于各该年度发行运动彩券前两个月提出各该年度发行计划，其内容应经主管机关审查并核准后据以发行。发行机构应订定受委托机构及经销商之监督管理规定，并定期办理查核作业。发行机构及受委托机构应依公司法及会审法规制订内部控制及稽核制度并加以执行。

（三）台湾彩券发展的挑战

目前，台湾彩券的管理体制、运营机制基本形成，并逐步发展成熟起来。但是台湾彩券在运行管理中还有一些议题需要讨论，根据台湾彩券研究专家刘代洋教授的观点，这包括缺乏彩券专责管理机构、弃奖的归属不合理、运动彩券运营模式不科学等[1]。

---

[1] 刘代洋、付钧水：《台湾彩票发展报告》，载益彩基金：《中国彩票发展报告（2015）》，社会科学文献出版社，2015。

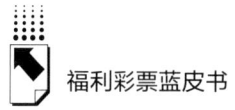

台湾公益彩券自 1999 年 12 月发行以来，每年为政府带来可观的财政收入，并给弱势族群提供工作机会，对社会公益做出了突出贡献。运动彩券发行后，也是如此。但是，台湾彩券发行至今，并未成立专门或者专责机构来负责彩券管理的相关事务。台湾公益彩券主管机关为"财政部"，由其所属的"国库署"管理相关事务。运动彩券则由"教育部体育署"进行管理。但是，目前的彩券主管机构对于彩票管理而言都不是其专门的管理业务，负责部门及人员本身都还有其他专项管理业务，主管单位的管理人员也不充足。设置专责机构的重点应是让公益彩券、运动彩券的发展越来越繁荣，将两只彩券都发展好、管理好。另外，经销商及发行机构的衔接也需要由专门机构来做。由于台湾彩券发行机构每隔一段时间就需要重新进行招标，现有彩券发行机构难以保证在下次竞标中获取成功，彩券发行机构就难以有效投入人力、物力以维护公益彩券、运动彩券的形象、品牌，再加上不同发行机构对于两只彩票认知的观点不同，运营重点不同，更有必要进行专业化管理。

彩券奖金逾期未领视为领奖人放弃权利，逾期未领奖金全部归入公益彩券盈余。这种弃奖的处理方式最初参照发票兑奖的处理，其合理性一直受到相关各方质疑。因为彩券与发票兑奖的属性有本质区别。发票兑奖是政府为鼓励民众索取而主动发出的奖金，是否领取并没有对价性可言。但民众购买彩券完全不同，政府除了彩券盈余以外，已经对中奖奖金超过 2000 元的部分进行了 20% 的征税，逾期未领奖金还是应该属于中奖人，即便其放弃权利，也不应成为公益盈余，即使逾期也应该回馈给其他的中奖人，建议将逾期未领的奖金纳入彩池，在彩池中让奖金的馅饼做大。而且，大多数国家（地区）都将逾期未领奖金纳入彩池中，例如美国纽约州、路易斯安那州、亚利桑那州、中国香港金多宝的未领奖金等，这似乎已经是国际通行做法。

目前发行机构将运动彩券销售金额的 10% 上缴国库作为运动发展基金。如果管理部门将盈余缴纳改为采用最低保证盈余以及收入分成和利润分享的做法，则更有可能提高运动彩券的发行业绩。各国政府对运动彩券所征收的税率，大多采用博彩毛利法或博彩净利法的方式来计算。这两种方法都是政府与发行机构采取利润共享或收入分成的具体做法。这对突破目前运动彩券赔率与销售金额之间的困境将有明显帮助，长期而言则更有助于运动彩券事业（或产业）的持续发展。台北市弱势彩票协会代表曾经表示，若政府盈余仍采取现行做法，赔率方面无法提高，运动彩券销售业绩也就无法持续增长。采取收入分成或盈余共享可提高运动彩券赔率，运动彩券销售的毛利与业绩同步增加，政府收入也可以同步增加。发行机构所扮演的角色应改为替政府发行运动彩券，双方应共同分享利润，共同承担运营风险。目前保证盈余规模的做法或许比较适合乐透型彩票使用，但还是不太适用于运动彩券，这一点需要多加注意。

三 台湾彩票的发展经验与启示

台湾彩票参照西方彩票发达国家的彩票运行及管理体制对公益彩券、体育彩券进行了较为科学合理的设计，使得彩票行业在发展中呈现二元彩券共存共荣模式。同时，两只彩券采取差异化的彩票游戏，从而有效避免了同质性竞争。而彩票运行、管理及监督的法治化保障了彩票规范运行，其公示及监管做法也使得彩票盈余得到了较为合理的分配使用。

（一）公益彩券与运动彩券并存需合理制度设计

和我国大陆类似，台湾目前发行公益彩券、运动彩券两类彩票，两类彩券由不同的政府部门主管，彩券盈余用于有所差异的社会福利、体育运动等事务。这种彩票发展的二元模式在多个国家和地区受人们的诟病，因为它很容易发展成为彩票的双寡头垄断，并带来相互之间的恶性竞争。

但是，台湾彩票的发行管理体制、彩票经营机制却经过巧妙设计避开了这种恶性竞争。台湾公益彩券、体育彩券都采取了政府部门主管、彩票运行机构公开招标的方式，推动金融机构作为第三方对彩票独立运营。同时，政府主管部门还制定相应规则，规范彩券发行的类型、方式以及经销商资格，特别是通过制度设计，使得两种彩票各有不同的彩票游戏，这使得其可以通过互补而非竞争来共同培育彩票市场，进而共同推动彩票市场的发展。

（二）两只彩票游戏之间的竞争需要差异化策略

台湾多数彩票经销商是以合营的方式同时销售公益彩券和运动彩券，透过一店多营方式满足不同消费者需求，台湾公益彩券和运动彩券在销售经营上属于合作而非竞争关系。从台湾公益彩券与运动彩券的种类及玩法上看，两者之间的玩法差异较大，整体不具有竞争关系。但是，单以公益彩券种类来看，其中的刮刮乐及计算机乐透彩券却有着一定替代关系，就奖金支出率而言，两者也具有替代性的关系。

根据刘代洋2014年民众彩票购买行为专题研究的结果，民众购买公益彩券的原因大多是遇到节庆、朋友邀约或是为了炒热气氛，性质多属于娱乐性、碰运气的方式。而运动彩券投注则需要对运动赛事有研究及钻研才比较容易中奖，有机会可以赢得奖金。和亲友拥有共同话题及娱乐、支持运动赛事及球星（运动员）等容易使他们前去购买运动彩券。购买台湾公益彩券及运动彩券者的性别、年龄层、薪金所得有所不同，运动彩券消费族群以男性为主，公益彩券消费者年龄以30~59岁为主，而运动彩券的消费者年龄以20~39岁为主。

（三）彩券的运行及其监管都需要制度化规范

台湾彩券的运营及其政府监管都是建立在相应制度规范基础之上的，先制定运行、管理和监督制度，再推动彩券发行销售成为政府、金融机构及经销商之间的共识。这使得台湾彩券的运行监管等建立在规范的制度基础上。

以台湾的公益彩券为例，其发行较早，各种制度规范也相应比较完善，而运动彩券则是以此为蓝本构建起来的。从20世纪90年代至今，用于规范公益彩券运行管理的制度包括公益彩票发行条例、公益彩票管理办法、公益彩票盈余运用情形公告办法、公益彩票盈余分配比率、公益彩票盈余运用考核与追回款项保管及运用办法、公益彩票回馈金使用情况等。这些制度规范就公益彩票的发行、盈余运用公告、考核以及回馈金使用等订定监管办法等。这些制度规范了彩券发行、管理、开兑奖的整个运营过程,规范了彩券盈余分配、使用、考核及公告的各个环节,同时对彩券相关各方的利益进行了考量规范,从而有力地推进了彩券运行监管的规范化。

参考文献

连佳琳:《中国上海与台湾彩票销售影响因素的对比研究》,上海师范大学硕士学位论文,2019。

刘代洋:《彩券、博彩与公益:公益彩券篇》,扬智出版社,2021。

王萍:《台湾的社会福利政策及彩票发行管理》,《社会福利》2015年第2期。

《台湾日治时期之彩票发行制度》,徐国章编译《台湾总督府公文类纂官制类史料汇编》,台湾省文献委员会,1999。

专题研究篇
Specific Topics

B.11
我国彩票功能及其属性研究

陈 瑜[*]

摘　要： 截至2020年底，我国累计发行销售彩票约4.46万亿元，累计筹集公益金约1.27万亿元。彩票发行销售34年来，我国不断探索彩票的管理体制、运营机制和资金使用管理，为我国的社会福利和社会公益事业的发展做出了积极的贡献。随着彩票发行销售规模的不断扩大，需要进一步明确彩票的本质属性，明确其在我国经济社会发展中应承担的功能，以便让彩票健康地服务于社会和经济发展。本文认为，彩票的功能应包括发展社会事业、经济、娱乐、维护社会稳定等功能；将彩票属性概括为概率、公益、国家、商品、娱乐等五个属性。彩票的功能和属性决定彩票的管理体制和运营机制。明确并推动彩票功能和属性的实现，才能更好地理顺彩票管理体制和运营机制，促进彩票事业的健康发展。

---

[*] 陈瑜，中国福利彩票发行管理中心人力资源部职员，高级经济师。

关键词： 彩票起源　彩票功能　彩票属性

彩票发行销售34年来，为我国的社会福利和社会公益事业的发展做出了积极的贡献。随着彩票发行销售规模的不断扩大，发行管理、市场监管、部门利益纷争的问题频出，把彩票置于舆论的风口。回顾历史，结合现实，展望未来，彩票的本质属性是什么？彩票为什么而存在？它究竟能在我国经济社会发展中应承担什么样的功能？

一　新中国彩票的起源

1984年，北京率先发行了新中国第一张"彩票"，"发展体育奖—1984年北京国际马拉松赛"奖券。之后，不少省市为筹集体育赛事、体育设施建设资金，来发展体育运动、承办各种大型体育赛事，由省政府按"一事一报、一事一批、一事一办"向中央政府申报发行专项赛事奖券，得到批准后即可发行，但都是在省市范围内销售"地方彩票"，销量不大。

20世纪80年代初，我国"扶老、助残、救孤、济困"等社会福利事业的设施和能力极其薄弱，单纯依靠国家财政已无法满足需要，时任民政部部长崔乃夫表示"不能因为没钱我们的事业就不搞了"，并在陪同总理视察三峡时提出发行彩票解决问题的设想。自此，民政部开始探索通过发行彩票向社会筹集社会福利发展资金的可行性，正式开启了我国社会福利事业社会化的改革之路。

1986年6月18日，民政部向国务院报送《关于开展社会福利有奖募捐活动的请示》（民〔1986〕办报53号），"从目前我国城乡人民的收入水平和承受能力来看，每年发行十亿元的有奖募捐券是可行的。考虑到个人承受能力，面额不宜过大，以一元为好。经初步测算，发行收入扣除奖金、印刷、发行等费用后，每年可筹集到资金五至六亿元。为了调动地方的积极性，拟将收入的百分之五十留归销售地区，其余百分之五十用于举办全国重点或示范性社会福利、康复项目和资助有关省市发展社会福利事业……我们建议批准成立中国社会福利有奖募捐委员会"。

1986年12月20日,国务院第128次常务会议指出:"通过社会福利有奖募捐的形式筹集资金,帮助残疾人、孤儿和孤寡老人,是一项有意义的活动。""社会福利有奖募捐活动由民政部组织一个'社会福利有奖募捐委员会'(现福利彩票发行管理中心)负责,人员由民政部内部调剂解决。"

1987年2月5日,中央书记处12届第323次会议审议通过了民政部修改后的报告,并印发了会议决定事项通知,通知指出:"会议讨论并原则同意民政部《关于开展社会福利有奖募捐活动的请示》。除民政部开展社会福利有奖募捐活动以外,其他部门、单位和个人一律不准搞类似的彩票活动,已经搞了的应予取消,做好善后处理工作。"

1987年6月3日,经党中央、国务院批准,中国社会福利有奖募捐委员会正式成立。新中国第一批彩票在天津印钞厂印制,并于1987年7月27日,在河北石家庄上市销售第一张福利彩票(时称"中国社会福利有奖募捐券")。1994年,为筹集资金举办大型体育赛事,并解决彩票发行乱象,国务院批准国家体委发行体育彩票。

我国的彩票为社会福利而生,是传统的慈善性募捐在社会主义市场经济下的继承和发展,是党中央、国务院发展我国社会福利等社会公益事业的一项特殊政策,并在服务社会过程中得到发展和完善,其产生就是国家以国家信用背书将我国互助互济的道德文化精神上升为一种制度安排,建立了"取之于民、用之于民"的相互帮扶渠道,以弥补政府失灵。

二 彩票的功能

过去30多年的彩票销售资金,约30%用于社会公益事业,约55%用于返奖,约15%用于彩票的发行销售。从资金构成上看,彩票的主要功能是以概率游戏娱乐为手段，筹集社会闲散资金用于发展社会福利等社会公益事业，在社会层面实现有国家监督和调控的互助互济。彩票衍生的正面社会效益，一是丰富了人民群众的社会文化生活，二是有效疏导、抑制了非法赌博，维护了社会和谐稳定。彩票的这些社会功能是各国政府发展彩票的重要动因。据统计，全世界共有 80 多个国家和地区发行销售彩票。

（一）发展社会公益事业

彩票实质上是广大彩票购买者对社会公益事业的自愿无偿捐赠，各国政府无一例外地通过彩票筹集社会闲散资金，并将彩票销售所筹集的资金用于社会公益事业，这是政府发行彩票的主要目的。与税收、收费、捐赠等相比，发行彩票是政府可以控制、来源较为稳定、成本相对较低的筹资方式。财政部数据显示，1987~2020 年的 34 年来，我国累计销售彩票约 4.46 万亿元，累计从彩票销售收入中计提彩票公益金超过 1.27 万亿元，主要用于社会福利、社会保障、体育、养老、医疗、红十字会、法律援助、残疾人、灾后重建等领域，有力地充实了全国社会保障金，成为促进我国社会公益事业发展不可或缺的重要资金支撑。

（二）促进经济社会发展

经过 30 多年来的发展，我国彩票已发展成为一个稳定的事业，在稳就业、促消费、促进经济发展方面做出了贡献。一是直接创造就业。福利彩票和体育彩票销售网点近 33 万个，直接创造就业岗位近 70 万个。伴随彩票销售规模的扩大，彩票产业上下游的信息技术、财会金融、新闻出版、印刷物流、广告营销、设备制造、教育咨询等相关配套产业链企业也创造了很多就业机会。二是促进社会消费。购买彩票作为一种消费或公益慈善行为对增加社会消费需求做出了直接贡献。

（三）丰富社会文化生活

基于趣味性、进入门槛低、随机性等特征，彩票游戏为人民群众提供了多元化的娱乐活动渠道，也为社会提供了奉献爱心、支持社会公益事业发展的平台。

（四）维护社会和谐稳定

通过彩票筹集公益金传承我国传统的道德文化，引导社会大众互助互济，筹集的公益金主要用于社会福利、社会保障、体育、残疾人、养老等社会公益事业，应属于社会的第三次分配，对促进社会公平，维护基层社会的稳定具有重要的意义。此外，彩票是低风险娱乐活动，对于一些社会群体而言，购买彩票可将不利于社会稳定的个性心理引向合法有序的渠道，具有维持社会整体心理稳定的积极意义。另外，非法赌博在各国社会中长期存在、屡禁不止，严重危害社会稳定；发行彩票对遏制非法赌博、引导赌博活动参与者投身公益具有积极意义。

三　彩票属性

（一）概率属性

目前，彩票可以在市场中吸引社会公众参与消费，并赢得消费者的青睐，主要是源于彩票"中奖概率"的概率属性。中奖规则以概率为基础设计奖级，使得彩票可以把闲散的社会资金聚集起来，实现部分公众"概率中奖"的需求。概率属性是彩票区别于赌博的重要属性，甚至在少数极端情况下会像"赌博"一样，把有些不能正确理解彩票的购买者和消费者引向丧失理性的误区，成为"问题彩民"。但彩票的概率在机理、设计上与赌博是有本质区别的，且彩票头奖、投注等受政府严格控制，彩票销售、开奖等受政府严格监督，其规则经社会公众认可，是政府有特许、社会有需求、公众参与积极、机会完全公平的概率游戏。

（二）公益属性

彩票的公益属性支撑着彩票由国家发行销售的合理性，世界各国政府发行销售彩票筹集的资金都被用于发展社会公益事业，这也是均衡彩票外延博弈的必要手段。我国的彩票发行销售更是将传统道德文化中的互助互济上升为一种制度安排，本质是中国特色社会主义市场经济下国家严格监管的慈善性募捐。我国发行销售彩票 30 多年来，筹集的彩票公益金"取之于民、用之于民"，被应用于社会福利、体育、养老、残疾人、红十字、灾后重建等社会公益事业的发展。我国彩票公益金的分配和使用充分体现了彩票发行销售的公益属性。

（三）国家属性

我国彩票以国家信用背书，由国家垄断特许发行。国家对彩票的垄断发行，是规范彩票外延博弈、保障彩票公益互助、维护彩票市场秩序的必要做法。彩票的国家属性体现在彩票发行管理、彩票资金管理、彩票销售管理等各个方面。彩票资金管理方面，彩票资金由财政部门负责监督管理；彩票发行管理方面，游戏产品、开奖兑奖、销售数据等由民政部门和体育行政部门负责监管，体现国家监督的意志；彩票销售管理方面，销售渠道、彩票营销、销售资金等由财政部门负责约束，始终维护国家公信力。

（四）商品属性

根据马克思关于商品的理论，彩票在生产、发行和销售过程中已凝结构成商品价值的社会必要劳动，且在生产、发行和销售过程中由具体劳动创造出满足人们公益慈善、娱乐休闲等需求的效用。如此看，彩票尽管是一种凭证，但具有价值，可用于交换，具有商品属性。其价值体现在凝结其中的无差别的社会必要劳动，具体则主要由彩票在产品研发、生产流通、渠道建设、宣传营销、市场维护、数据管理和开奖兑奖等彩票产销兑付链条过程中的社会必要劳动构成。单注或单张彩票的价值并非由其票面价格体现，而由一期或一组彩票的票面价格加上其通过交换得来的以人民币现金或者现金支票形式兑付的中奖奖金这种一般等价物使用价值的算数平均值来衡量。彩票的使用价值主要表现在能满足人们在彩票购买、兑奖和参与彩票公益金使用

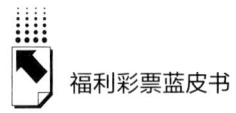

和监督管理过程中的娱乐休闲等精神慰藉需要、推断预测等自我价值实现的需要、公益慈善等社会价值实现的需要，以及基于特定的中奖概率而一次性获得以人民币现金或者现金支票形式兑付的中奖奖金的物质需要。彩票的使用价值可以说是反映了人们对物质生活和精神生活的双重需求，对不同的主体却又表现出不同的使用价值。彩票的使用价值是彩票这种商品交换的基础，也是彩票在彩票市场生存和竞争的基础，直接表现为在垄断竞争的彩票市场上彩票"效用"的比较优势。

（五）娱乐属性

彩票的娱乐属性是均衡彩票外延博弈的又一手段，是彩票区别于赌博的又一体现。我国的彩票研发和审批向来是重娱乐、轻博弈，彩票的研发设计阶段，综合考虑概率、规则、娱乐甚至文化等因素，充分满足消费者的精神需求，强调主动参与互动，把彩票票面上的文化因素、竞技的优劣势分析、乐透玩法的概率完全随机、视频玩法的闯关乐趣等彩票消费过程变得更像是游戏。更重要的是，彩票游戏完全公平和公正，通过完全自愿购买彩票获得中奖机会对每一个人都公平和公正，这种公平和公正不会因为人的任何社会特征而改变，同时还能为经济困难的人们改善自身经济状况提供一种机会公平的可能。

四　小结

概括来讲，彩票的商品和概率属性是彩票的根本属性，是人们能够和愿意进行买卖交易的前提，也决定了彩票必须由国家垄断发行，必须由国家控制彩票由概率向博弈延伸，并引导彩票向娱乐靠拢，把筹集到的闲散资金用于公益事业来证明国家发行彩票的合理性。因此也形成了关于彩票特性的几项共识：一是彩票必须由国家垄断，通过特许或授权方式发行；二是彩票销售筹集的资金必须充分体现互助互济的道德文化传统，用于促进社会公益事业的发展，不得用于平衡一般财政预算；三是彩票是具有商品属性的凭证，须通过市场经营销售，但又不同于一般商品，它的价值和使用价值集中体现在获得中奖机会；四是彩票中奖机会这个价值的实现必须以公正、公平、公开乃至公益的规则和形式来保障；五是彩票必须是社会公众广泛参与的文化娱乐产品，彩票的游戏产品必须是健康的、绿色的，符合社会主流价值观的。

历史地看，我国的彩票起源于慈善募捐，本质是中国特色社会主义市场经济条件下，国家对互助互济的中华民族传统道德文化的一种制度安排，全民在这种制度安排下用闲散资金互助互济，取之于民、用之于民，不断促进我国社会公益事业的发展。我国彩票的起源、功能和属性，也决定其应该有一套相适应的管理体制和运营机制，以保障彩票功能的实现，发扬彩票优势，弥补彩票劣势，坚守彩票的初心使命，把国家有关互助互济的制度安排建设完善好，有效推动我国公益慈善事业的发展。

参考文献

马福云、荆宇虹：《中国责任彩票评估指标体系》，载益彩基金：《中国彩票发展报告（2015）》，社会科学文献出版社，2015。

李志勇、李静：《中国福利彩票33年公益路》，《经济参考报》2020年6月11日。

张增帆：《彩票行业属性研究》，《社会福利》（理论版）2018年第12期。

马天平、王盼：《彩票供求的"二元"对立矛盾：基于"政府－市场"的化解框架》，《甘肃社会科学》2021年第3期。

B.12
中国福利彩票事业的混合管理体制

李石强*

摘　要： 无论是全国范围还是地方层面，我国对福利彩票事业实质上采用的都是"条块结合"的混合管理模式。在这种混合管理模式下，有关福利彩票的相关事项被分割开来，交由不同的部门加以管理。省级民政厅通过其下属的省福利彩票发行销售中心来管理"人"和"物"，"财"和"事"则主要由国务院委托财政部来管理。因此，我国福利彩票事业的管理体制既有属地（分级）管理的成分，也有垂直管理的成分，是一种混合体制。同时，在省级以下，我国福利彩票事业还存在不同省份之间垂直管理与属地（分级）管理并存的情况。

关键词： 福利彩票　混合管理　垂直管理　属地管理

1949年新中国成立以后，在很长一个时期内并未发行福利彩票。直到1987年，我国才首次发行了"中国社会福利有奖募捐券"，目的在于"团结各界热心社会福利事业的人士，发扬社会主义人道主义精神，筹集社会福利资金，兴办残疾人、老年人、孤儿福利事业和帮助有困难的人"，以"扶老、助残、救孤、济困"为宗旨。1995年，我国正式启用"中国福利彩票"这一名称。经过30余年的发展，中国福利彩票事业已经构建较为完整和成

---

* 李石强，经济学博士，中国社会科学院大学经济学院副院长，副教授，主要研究方向为企业理论与政府治理。

中国福利彩票事业的混合管理体制

熟的市场体系，在产品种类、管理模式和技术运用上已基本与国际接轨。

目前，关于我国福利彩票事业管理有两部最重要的法律法规，一是国务院于 2009 年颁布的《彩票管理条例》，二是财政部于 2018 年修订公布的《彩票管理条例实施细则》。根据这两部法规的规定，从"人""财""物""事"这四个方面来看，省级民政厅通过其下属的省福利彩票发行销售中心来管理"人"和"物"，"财"和"事"则主要由国务院委托财政部来统筹管理。因此，我国福利彩票事业的管理体制既有属地（分级）管理的成分，也有垂直管理的成分，是一种混合体制。同时，在省级以下，我国福利彩票事业还存在不同省份之间垂直管理与属地（分级）管理并存的情况。

本报告首先简述认识中国福利彩票事业管理体制发展阶段的两个视角，然后分别梳理福利彩票在省级层面和省级以下的混合管理体系，并介绍英国、美国和法国在福利彩票事业上的混合管理经验，接着在理论上对垂直管理与属地（分级）管理的选择进行探讨，最后是结语和政策建议。

一 认识中国福利彩票事业管理体制发展阶段的两个视角

伴随着国家治理体系的发展，中国的福利彩票管理体制也在不断演变，总体趋势是从以行政命令为主走向以市场化和专业化为主。我们可以从两个视角出发来对我国福利彩票事业管理体制的发展阶段进行划分：一个是从形式上，福利彩票事业的归口管理部门变化的视角；另一个是从我国中央与地方之间的"条块"关系上，对福利彩票事业管理权限进行划分和调整的视角。

（一）归口管理部门的视角

我国福利彩票事业的归口管理部门的变迁经历了三个阶段。

第一阶段：民政部－中募委阶段（1987~1994 年）。为了配合福利彩票在国内的首次发行，我国于 1987 年 6 月 3 日成立了中国社会福利有奖募捐委员会（简称"中募委"），当日还通过了由民政部发布的《发行社会福利有奖募捐券试行办法》。在这一阶段，中国福利彩票的名称也从一开始的"中国社会福利有奖募捐券"变化为"中国社会福利奖券"（1989年）。福利彩票发行中心除了名字发生相应变化以外，与中募委办公厅还经历了从合并（1987年）、分离（1989年）到再合并（1993年）的变迁。不过，福利彩票发行中心始终是中募委的直属单位。

第二阶段：中国人民银行-民政部阶段（1994~1999年）。1994年5月，国务院确认由中国人民银行作为我国主管彩票的机关，是我国彩票市场的正式监管机构[1]。同时，福利彩票的相关具体管理工作逐渐从中募委转到民政部[2]。1999年10月15日，民政部发布《关于中国福利彩票管理工作有关问题的通知》，决定撤销中募委及其办事机构。在这个通知里，民政部也明确了我国福利彩票的管理体制："在国务院领导下，由民政部主管，中国福利彩票发行中心具体实施。中国福利彩票发行中心作为民政部直属单位，由民政部直接领导和管理（事业单位企业化管理）。"因此，在这个阶段，我国福利彩票的管理和监管实际上是由中国人民银行（名义主管）和民政部（实际主管）共同承担的。中国福利彩票发行中心作为国家唯一授权的福利彩票发行机构，实际承担了部分原由民政部承担的管理职能。

第三阶段：财政部-民政部阶段（2000年至今）。1999年12月22日，中国人民银行与财政部联合发文，将我国彩票发行的各项管理职能移交给了财政部。财政部综合司成立一个彩票处，负责彩票的综合监管[3]。2001年，中国福利彩票发行中心改名为"中国福利彩票发行管理中心"，仍然实行事业单位企业化管理，一直延续至今。

（二）"条块关系"的视角

在中国福利彩票事业的发展过程中，围绕各类彩票产品的设立权限以及

---

[1] 《中共中央办公厅、国务院办公厅关于严格彩票市场管理禁止擅自批准发行彩票的通知（摘要）》（中办发〔1994〕21号）。
[2] 1993年3月11日，国家体委获批在全国范围内发行体育彩票，国家体委成为体育彩票的主管部门。
[3] 中国人民银行、财政部：《关于移交彩票监管工作的通知》（银发字〔1999〕429号）。

中国福利彩票事业的混合管理体制

所募集彩票资金的分配等问题，出现了许多争论。这种直接针对彩票事业相关利益进行竞争的行为，本质上是我国中央与地方"条块关系"的一个缩影。在这里，"条"是民政部（及其下属的中国福利彩票发行管理中心）、财政部或者中国人民银行这样的功能性行政机构从上至下的管理关系，代表了中央政府对全国事务的统筹管理。"块"则指各个地方政府及其下设的职能部门，主要代表了地方利益。从"条块关系"的角度出发，可以把中国福利彩票事业管理体制的发展分为两个阶段。

1. 1987~1999年：以"块"为主

在我国放开彩票发行的初期，地方政府对彩票发行的影响力巨大。虽然国务院三令五申彩票品种的设立只能由国务院及其委托的部委来决定，各地方政府及其下属部门仍然纷纷发行各类彩票，还有一些事业单位和工商企业发行多种类似于彩票的有奖销售、有奖评选、有奖集资等奖券。这种混乱局面直接促使国务院于1985年5月第一次出台文件加以规范①。该文件明确规定，为了兴办社会福利事业而举办有奖集资试点的批准机关是当地人民政府。这一文件结合1987年出台的中募委章程，基本确立了福利彩票事业初期的中央－地方两级管理制度。中央一级由民政部负责，地方一级则由地方政府（及民政厅下属的地方社会福利有奖募捐委员会）负责，业务上接受中募委领导，承办当地社会福利奖券的具体销售工作。

上述体制基本上是以民政部为核心、按政府行政级次来设置的，条（民政部）块（地方政府）结合，但是以块为主。据统计，1988~1990年，各地以各种名目发行的彩票多达50种以上，覆盖全国绝大多数地区，涉及金融、基建、广告、体育、电影、旅游、住房、购物等②。省级以下行政单位甚至基层单位也有不少类似的有奖集资活动。

从1991年12月开始，国务院尝试对彩票市场的管理进行进一步规范③。

---

① 《国务院关于制止滥发各种奖券的通知》，1985年3月。
② 朱彤、周耀东、许力攀：《我国彩票市场结构与政府监管体制改革研究》，中国商业出版社，2005。
③ 《国务院关于加强彩票市场管理的通知》，1991年12月。

253

例如，只允许省级地方政府和国务院有关部门为举办社会福利、体育事业以及国务院批准举办的其他活动发行彩票；首次明确规定发行彩票的批准权集中在国务院，由中国人民银行来具体承担彩票管理的职责；彩票发行实行额度管理，严格限制发行规模。但是，即便如此，在强大的利益激励下，广东、深圳、福建、海南、湖南等省仍然擅自引入境外的彩票游戏方式，发行本省的地方性彩票。

从1994年开始，我国逐步收紧对福利彩票市场的管理，尝试更多地发挥"条"的作用。1994年5月31日，中共中央办公厅和国务院办公厅联合发文，规定"发行彩票的审批权集中在国务院，任何地方或部门均无权批准发行彩票；已批准发行的彩票必须按国务院批准的方案执行，不得擅自超规模或改变发行办法（亦即游戏规则，作者注）"[1]。

但是，人民银行在这个时期仅仅发布了三份关于福利彩票市场的管理文件[2]，有关福利彩票的主要管理工作仍然是由民政部来完成的。1994年12月2日，民政部正式颁布《中国福利彩票管理办法》，规定"中募委是民政部领导下的全国福利彩票的管理机构，行使下列职权：（1）根据国务院的有关规定，决定福利彩票的类型、面值和资金分配比例；（2）根据民政部的有关规定，决定社会福利资金的分配使用；（3）根据中国人民银行的有关规定，决定福利彩票的发行额度和发行区域。同时，省、地、县三级社会福利有奖募捐委员会受当地民政部门的领导，接受上一级募委的业务指导，统一管理福利彩票在当地的发行销售，决定本级留成的社会福利资金的分配和使用。地方募委未经批准，不得独立发行任何彩票"[3]。

---

[1] 《关于严格彩票市场管理禁止擅自批准发行彩票的通知（摘要）》（中办发〔1994〕21号）。

[2] 《中国人民银行关于组织好计算机管理发行传统型中国福利彩票的通知》（非银司〔1995〕19号），1995年4月11日；《中国人民银行关于加强彩票市场管理的紧急通知》（银发〔1995〕330号），1995年12月20日；《中国人民银行关于进一步加强彩票市场管理的通知》（银发〔1996〕122号），1996年4月8日。后两份文件的主要内容是强调彩票设立必须要由国务院、中国人民银行批准，各地区不得擅自发行彩票类凭证、溢价销售彩票、提高返奖比例等。

[3] 民政部：《中国福利彩票管理办法》，1994年12月2日，第七条、第八条。

可以看出，尽管在政策法规上已经确定中国人民银行的管理地位，我国福利彩票事业的管理还是主要在各级政府下属的民政部门体系中。对此，从中国人民银行直到1999年1月25日发布的《关于彩票市场管理的通知》（银发〔1999〕36号）中也可见一斑。该文件要求各级彩票发行机构按要求向当地人民银行分支机构报送以下材料：（1）各级彩票发行机构额度分配公文；（2）由彩票发行机构确定的当期彩票发行方案、宣传语及在新闻媒体上所做的宣传广告、销售网点情况；（3）彩票发行额度、实际发行量、发行中出现的问题；（4）彩票发行所募资金的分配、使用情况、公益金资助项目情况；等等。也就是说，从1994年5月到该文件发布之前的这段时间，对福利彩票市场的管理仍然是以"块"为主的。

2. 2000年至今：以"条"为主

1999年12月22日，中国人民银行与财政部联合发文，把有关彩票的各项管理职能移交给财政部，财政部综合司成立彩票处，具体承担彩票事业的监管职能。从此，我国福利彩票的主管部门由中国人民银行转到财政部，一直延续至今[①]。

2001年10月30日，国务院颁布《关于进一步规范彩票管理的通知》（国发〔2001〕35号），再次强调我国彩票的发行审批权集中在国务院，并且明确了三个彩票管理部门（财政部、民政部、国家体育总局）各自的职责权限。该通知将彩票公益金和发行经费纳入财政专户，实行"收支两条线"管理，确定了我国延续至今的由财政部门主管彩票法规、政策和制度，管理彩票市场和彩票资金，由民政部门组织发行销售福利彩票的双重管理体制[②]。在该通知的精神下，财政部发布了全国统一的一系列管理制度，逐渐从制度上统一了全国彩票市场[③]。

[①] 这也意味着我国将福利彩票（以及体育彩票）定位为募资属性，而非金融属性。
[②] 对体育彩票也采取类似做法。
[③] 例如，《财政部关于印发〈彩票发行和销售管理暂行规定〉的通知》（财综〔2002〕13号），《财政部关于印发〈彩票发行与销售机构财务管理办法〉的通知》（财综〔2001〕84号），《财政部关于加强和完善彩票机构财务及彩票资金管理的通知》（财综〔2001〕85号）。

2009年4月22日，国务院通过了《彩票管理条例》。这是我国目前关于彩票市场管理的最高效力法规。依据该条例的精神，财政部于2012年公布了《彩票管理条例实施细则》（财政部令第67号）①和《彩票发行销售管理办法》，基本确立了我国彩票事业当前以"条"为主的管理体系。

二 中国福利彩票在省级层面的混合管理体系

在上一节的回顾中可以看到，在我国彩票事业的管理和发展上，国务院、中国人民银行、财政部、民政部和国家体育总局制定和发布了大量的政策性文件、通知和规章制度，涉及彩票的发行与销售、印制、游戏规则与信息公布、广告、公益金的管理和使用等各个方面和环节，已经形成一套较为完整的管理体制。可以将当前我国福利彩票发行管理体制概括为：在国务院领导下，财政部（综合司）负责彩票管理有关工作，相关业务由民政部下属的中国福利彩票发行管理中心具体实施。具体而言，发行彩票的批准权集中在国务院。未经国务院批准，任何地方、部门、组织、个人不得在我国境内发行或变相发行彩票。财政部受国务院委托，具体负责起草彩票管理的行政法规、规章、政策和制度，监督彩票市场，管理彩票资金。县以上地方各级人民政府的财政部门负责监管本辖区内的彩票市场，管理纳入本级财政彩票专户的募集资金。民政部则负责彩票的发行和销售等具体工作，并依法将归属自身管理使用的彩票公益金用于社会福利和社会公益事业发展。

这样，当前我国福利彩票事业的管理体制可以图示如下（见图1）。

中国福利彩票事业的管理是将基本职能或权限进行拆分后由各部门分别实施管理的混合体系。从"人""财""物""事"这四个方面来说，彩票设立由国务院审批，地方只能提交申请。公益金由财政部及各省财政局管理，其分配比例由国务院决定，各省政府无权干涉。地方政府只能决定地方

---

① 该文件于2018年10月1日修订，见《关于修改〈彩票管理条例实施细则〉的决定》（财政部、民政部、国家体育总局令第96号）。

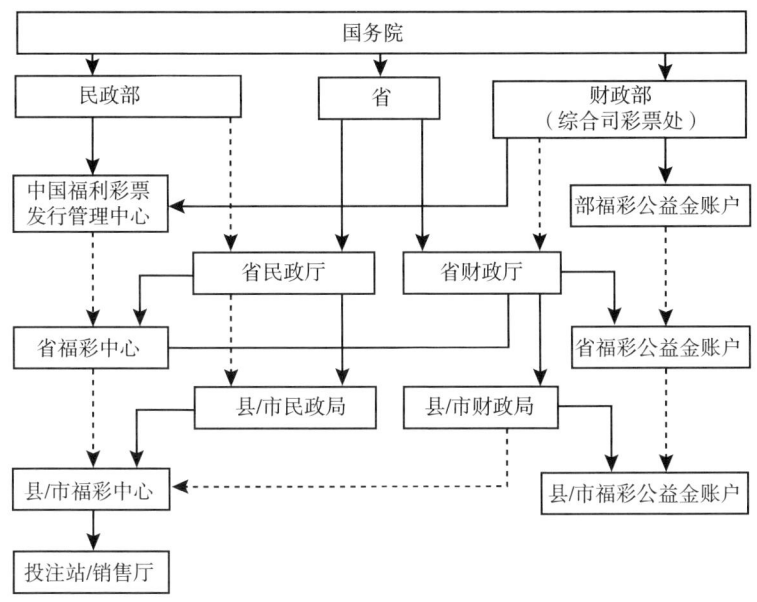

图1　中国福利彩票事业的混合管理体制

资料来源：自制。

留成彩票公益金的使用。最后，发行、人事等事项都由省级行政区民政部门下辖的福利彩票发行中心负责。

（一）"人"

在人员招聘和管理方面，由各省份福利彩票发行中心根据本省公布的事业单位公开招聘人员办法，在省民政厅的监督指导下面向社会公开招聘。对于事业编制内用人，许多省份的招聘都参考公务员录用考察的办法进行考试、面试、体检等，相关招聘信息会在本省份的民政厅门户网站、福彩网、人力资源和社会保障网、人事考试网等公布。

根据《彩票机构财务管理办法》（财综〔2012〕89号）的规定，各级福利彩票发行中心对工作人员的劳务等费用都从同行政层级的彩票发行费用中支出。这包括两大类：一类是事业基本支出中的人员支出，包括工资福利支出以及对个人和家庭的补助支出。其中，工资福利支出是彩票机构为在职职工和编制外长期聘用人员开支的各类劳动报酬和缴纳的各项社会保险费等，对个人和家庭补助支出是彩票机构用于对个人和家庭的补助支出（第二十八条）。另一类是专用基金中的"职工福利基金"，即"彩票机构从财政专户核拨资金之外的其他资金结余中提取，或按照相关规定转入，专项用于彩票机构职工的集体福利设施、集体福利待遇的资金"（第三十九条）。

另外，根据《彩票管理条例实施细则》的规定，彩票代销者并不是福利彩票发行中心的聘用人员（第二十二条）。省级以下各级福利彩票发行中心征召彩票代销者，根据民政部制定的彩票代销合同示范文本，与其签订彩票代销合同（第二十三条）。因此，彩票代销者应该被作为自我雇佣者看待。

（二）"财"

福利彩票资金的分配和使用受到国务院和财政部门的严格管理，地方民政部门以及福利彩票发行中心实际上只有很小的使用权限。

首先，彩票资金在彩票奖金、彩票发行费和彩票公益金这三个构成上的比例，由国务院决定。根据《国务院关于进一步规范彩票管理的通知》（国发〔2001〕35号）的规定，目前福利彩票资金的分配比例为：彩票发行资金的返奖比例不低于50%，发行费不高于15%，公益金不低于20%。

其次，福利彩票的相关资金与地方财政相对隔离。根据《彩票管理条例实施细则》的规定，彩票发行机构、彩票销售机构的业务费由彩票发行机构、彩票销售机构按月缴入中央财政专户和省级财政专户，实行"收支两条线"管理（第五十一条）；彩票公益金按照政府性基金管理办法纳入预算，实行收支两条线管理，专项用于社会福利、体育等社会公益事业，结余结转下年继续使用，不得用于平衡财政一般预算（第五十五条）。其中，根据《彩票机构财务管理办法》，福利彩票发行中心作为一级预算单位管理，单位预算和决算不纳入民政部门的部门预算和决算，直接报同级财政部门审批。其中，福利彩票发行中心的预算和决算报财政部审批，销售厅的预算和决算报所在地省、自治区、直辖市人民政府财政部门审批（第十六条）。中央财政和省级财政未拨付的福利彩票机构业务费只能专项用于支持福利彩票发行中心、福利彩票销售厅在以后年度的福利彩票事业发展,不得用于平衡公共财政预算或者其他支出(第二十二条)。福利彩票公益金专项用于社会福利等社会公益事业,不用于平衡财政一般预算。福利彩票公益金和发行费用必须纳入财政专户(第十三条)。

根据《彩票公益金管理办法》第九条,分配给中央集中使用的彩票公益金,在全国社会保障基金、中央专项彩票公益金、民政部和体育总局之间按一定比例进行分配。根据《财政部关于调整彩票公益金分配政策的通知》的要求,从2005年起,福利彩票所筹集的公益金50%上缴中央财政,在社会保障基金、专项公益金、民政部和国家体育总局之间按60%、30%、5%、5%的比例分配。在民政部分配到的5%中,用于社会福利事业部分的资金不低于55%。

(三)"物"

福利彩票事业中的资产项目都归地方各级福利彩票发行中心进行预算和管理。根据《彩票管理条例实施细则》第二十条的规定,福利彩票发行中心采购彩票设备和技术服务,要依照政府采购法及相关规定,以公开招标作为主要采购方式。

根据《彩票机构财务管理办法》,设备采购的相关费用主要列为事业项目支出中的基本建设支出,包括用于购置大型固定资产和设备、大型修缮等发生的支出,例如房屋建筑物购建、大型办公设备购置、大型专用设备购置、业务用交通工具、大型修缮、信息网络购建等(第二十八条)。各省福利彩票发行中心应当对固定资产进行定期或不定期的清查盘点,并且在年终前进行全面的清查盘点,保证账实相符(第四十九条)。福利彩票发行中心可以根据固定资产性质,在预计使用年限内,采用合理的方法计提折旧(第五十条)。

(四)"事"

在福利彩票市场相关的具体事项上,地方政府(及民政厅下属的福利

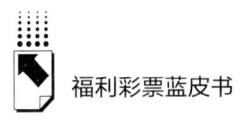

彩票发行中心）主要负责彩票的具体销售和组织，重大事项的决策权则在国务院及受其委托的财政部。

国务院作为全国福利彩票事业的最高管理机构，将具体的监督管理工作委托给财政部负责完成。

财政部负责全国的彩票监督管理工作，其主要职责是：审定彩票发行机构申请开设、停止福利彩票、体育彩票的具体品种或者申请变更彩票品种的事项；对彩票发行机构的申请进行审查；对经由民政部审核同意的福利彩票品种进行审查；对彩票品种的规则、发行方式、发行范围等进行审查；会同民政部制定彩票设备和技术服务标准；审批福利彩票发行中心提出的销毁彩票的申请；确定彩票品种中彩票资金的具体构成比例；建立彩票发行、销售和资金管理信息系统；确定和调整彩票单注奖金的最高限额；核拨福利彩票发行中心的业务费；会同民政部制定福利彩票公益金的分配政策；监督彩票发行费、彩票公益金的管理和使用单位；每年向本级人民政府报告上年度彩票公益金的筹集、分配和使用情况，并向社会公告。省级财政部门负责本行政区域的彩票监督管理工作。

民政部负责全国的福利彩票管理工作，其主要职责是：依法设立福利彩票发行机构，负责全国的福利彩票发行和组织工作；依法设立福利彩票销售机构，负责本行政区域的福利彩票销售工作；申请开设彩票品种；审核福利彩票发行机构申请变更彩票品种的规则、发行方式、发行范围等审批事项；审核福利彩票发行机构关于停止彩票品种的申请；配合财政部制定彩票设备和技术服务的标准；制定福利彩票代销合同示范文本；监督福利彩票的销毁；对福利彩票开奖活动进行监督，确保彩票开奖的公开公正；对彩票代销者的违规行为进行查处。省级民政部门负责本行政区域的福利彩票管理工作。

中国福利彩票发行管理中心是民政部直属的公益二类（自收自支）事业单位，实行企业化管理。中国福利彩票发行管理中心按照"统一发行、统一管理、统一标准"的原则，负责全国福利彩票的发行、销售和日常管理工作，建立和维护全国福利彩票营销系统。福利彩票发行范围为全国区域的，销售实施方案由中国福利彩票发行管理中心制定；发行范围为两个或者两个以上省级行政区域的，销售实施方案由负责管理该彩票游戏奖池、数据汇总等工作的那个省级福利彩票发行中心制定；发行范围为省级行政区域的，销售实施方案由本省福利彩票发行中心或隶属于省和省以下各级民政部门的专门机构制定。

需要强调的是，不论是开设彩票品种、变更彩票品种审批事项、停止彩票品种或者彩票游戏，福利彩票发行机构都应当按照规定，报民政部审核同意后向财政部提出申请，经财政部审查批准后才能组织实施。

三 中国福利彩票事业在省级以下的混合管理体系

根据《彩票管理条例》和《彩票管理条例实施细则》中的规定，我国福利彩票事业在省级以下的基本管理框架如下：省级财政部门负责省内的福利彩票监督管理；省级民政部门负责省内的福利彩票管理工作；省级福利彩票发行中心负责省内福利彩票的发行和销售，受当地民政部门的行政领导，同时受中国福利彩票发行管理中心的业务领导和监督检查；各级人民政府公安机关和工商行政管理机关在各自的职责范围内，依法查处非法彩票，维护彩票市场秩序。

根据《彩票公益金管理办法》，福利彩票公益金的50%会留在地方，主要用于"扶老、助残、救孤、济困、赈灾"等社会福利和社会救助性的公益慈善事业，其具体分配方式由省级财政部门与民政部门会商研究确定。在民政部门获得的公益金分配中，用于社会福利事业部分的资金不低于55%。另外，福利彩票的发行费用不能超过彩票销售额的15%，其中约一半为销售人员的代销费用（各地比例不尽相同），其余部分则纳入各级福利彩票公益金专户管理，用于福利彩票发行机构的日常销售业务所需的事业支出、经营支出以及对下级福利彩票发行机构的补助支出。

可见，地方民政部门及其下属的福利彩票发行中心能够自行决定的重大事项并不多，主要集中在"人"和"物"，以及"事"中的彩票销售和组织方案上。但是，在前面梳理的管理大框架下，省民政厅可以决定在省内是否对福利彩票发行机构实行垂直管理,这也就成为我国福利彩票事业管理方式在省与省之间差异的主要方面。从实践来看,我国福利彩票事业实行省以下垂直管理的并不多,更多还是依附于各级民政部门,实行属地化(分级)管理。

下面,我们列举一些较为典型的省份作为这两种管理模式的例子。

(一)广西

2000年初,广西福利彩票发行中心进行了发行销售体制、劳动人事和分配制度的垂直管理改革。

在发行销售体制上,广西福利彩票发行中心将过去的地(市)县多级管理改为省中心一级管理。设立桂北(设在桂林市)、桂中(设在柳州市)、桂东(设在玉林市)、桂南(设在南宁市)、桂海(设在钦州市)和桂西(设在百色市)六个管理处,实行分片管理,打破了原来按行政区域设置的模式,由省级中心垂直管理到投注站,各管理处为省中心的派出机构,负责区域内投注站的管理和服务工作。

在劳动人事和分配制度上,实行全员劳动合同制和岗位聘任制,省中心主任由民政厅聘任,其余所有员工都由省中心主任聘任。

(二)山东

山东福利彩票发行中心依托原有的各级民政局(募办),确立了省、市、县分级负责、风险共担、利益共享的福利彩票发行管理体制,由市、县发行中心对所辖区域进行投资、管理和分成。

在劳动人事和分配制度上,从省民政厅到各市局,工作人员都通过内部分配或者向社会公开招聘,可上可下,可进可出。发行机构的用人规模和质量受到严格控制,省中心增加人员编制必须报民政厅审批,各市任免市中心负责人必须报民政厅同意,省、市中心新进人员必须经过考试和考察。在省民政厅核定的人员编制和内设机构标准内,发行中心可自主决定其内设机构和岗位的设置和人员聘用。

（三）福建

福建省实行"一个系统、两级机构、三个层次"的福利彩票事业管理模式。发行系统的工作人员由省福利彩票发行中心统一考核聘用，工资和福利按省福利彩票发行中心统一标准发放。省福利彩票发行中心负责制定和执行省内关于福利彩票事业的各项规定及重大决策。省福利彩票发行中心下辖福州、厦门、宁德、莆田、泉州、漳州、龙岩、三明、南平这九个市级管理站，对各区域内投注站进行管理。

福建省的这种管理模式介于广西和山东之间，较为接近广西模式。

（四）四川

2002年，四川省民政厅对福利彩票管理体制进行了重大调整。根据电脑彩票发行管理的需要，四川省民政厅在全省范围内设立了网点管理站。这些网点管理站采用垂直管理，统一隶属于四川省福利彩票发行中心，不归各市县民政局管理。同时，网点即开票继续由各市民政局管理。

2005年，四川省民政厅再次调整省内的福利彩票发行管理体制，全面实行垂直管理，形成了"以省为主、条块结合、双重管理"的管理体制。在该体制下，各市州先后在原网点管理站的基础上成立了福利彩票分中心，省福利彩票发行中心对各市州分中心实行人、财、物、市场和党建的垂直管理。各市州分中心是省福利彩票发行中心的派出机构，成为不具备法人资格的当地福利彩票全权管理机构。

（五）重庆

重庆市福利彩票发行中心也实行垂直管理体制。中心将内设机构分为市场部门、综合管理部门、分中心三个职能类别。

市中心设立了主城南、主城北、渝西、渝东北、渝东南五个分中心，按区域范围分别负责所管辖区域内网点即开票和电脑票的销售管理工作。这些

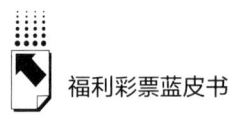

分中心以市场职能为重点，兼具综合管理职能，在市中心市场一部和市场二部的统筹规划与指导监督下，拥有对区域市场的规划与自主决策权，负责拟定并组织实施区域内的渠道建设、营销宣传、销售队伍建设等市场业务规划，制定分解区域层面的市场目标，整合分配区域层面的市场资源、推动实现区域层面的市场目标与综合管理目标，接受市中心各职能部门的业务指导与监督检查。

（六）上海

上海市福利彩票发行中心成立于1995年6月，为上海市民政局直属的公益二类（自收自支）事业单位，实行企业化管理，负责本市福利彩票发行与销售工作，在业务上则受中国福利彩票发行管理中心的指导。

上海市福利彩票发行中心依托区（县）民政部门内设的募捐委员会办公室，确立了市、区（县）条块结合的管理模式。

四 国际经验

（一）英国

英国在国家彩票上采取垂直管理方式，在地方政府彩票上则大体上实行属地（分级）管理。

与中国的彩票品种只能由国务院批准设立不同，英国总共发行七类不同层次和类型的彩票：国家彩票（National lottery）、社会团体彩票（Society lotteries）、地方政府彩票（Local Authority lotteries）、偶发的非商业彩票（Incidental non-commercial lotteries）、顾客彩票（Customer lotteries）、私营彩票（Private lotteries）和体育彩票（Sports lottery）。其中，国家彩票对应于我国的福利彩票，立法机构对其有专门立法[1]，国家彩票委员会（National

---

[1] 英国于1993年通过了《国家彩票法》，并于1998年和2006年进行了两次修订。

Lottery Commission）负责其运营和监管，并且颁发运营牌照。其余六类彩票都完全基于 2005 年颁布并于 2007 年 9 月 1 日正式执行的《国家博彩法案》进行分类和管理。

国家彩票的运营和管理由五个公共机构共同参与：文化、传媒和体育部（Department for Culture，Media and Sport），博彩委员会/国家彩票委员会（Gambling Commission/National Lottery Commission），运营商公司，财政部，以及国家彩票资金分配机构（Distributing Bodies for National Lottery Grants）。国家彩票销售资金的分配比例是：公益金占 28%，缴税 13%，零售商 5%，发行费用 3%（包括市场开发、计算机系统、为零售商和购票者提供的服务和行政管理费用），卡梅洛特（Camelot）公司的盈利 1%，奖金 50%。

所有的社会团体彩票和大型的地方政府彩票都需要英国博彩委员会的授权或经过牌照部门颁发许可。顾客彩票和偶发的非商业彩票由于规模很小，并不需要牌照或注册备案，比如一些酒会上的非商业性的慈善基金筹款活动或者商店仅在自己店内向顾客销售的幸运优惠券等。最后，私营彩票主要指私人团体、公司内部和同一住宅区居民中举办的彩票活动。这类彩票活动把参与群体限制在极小的范围内，也不需要专门许可，但也必须遵守非商业目的等规则。英国国家彩票委员会保证了彩票业各个环节的完整性，尽可能地提高彩票公益金的金额。该机构肩负彩票运营牌照的发放、运营商选择、牌照竞标以及非政府部门机构的部署等职能，包括对运营商进行处罚乃至撤销牌照等。2013 年 10 月 1 日，英国的国家彩票委员会与博彩委员会合并，成为后者的一部分，国家彩票的监管者随之变为博彩委员会。

国家彩票由政府通过公开招标的形式，授权企业来承包其发行和经营。英国国家彩票目前的运营商是卡梅洛特（Camelot）公司。该公司建立了遍布全国的统一销售网络，能够保证 90% 以上的居民都能在其居住或工作地点的两英里范围内找到一个国家彩票销售点。同时，公司还推出了手机移动端用于彩票销售。

文化、传媒和体育部负责制定国家彩票的有关政策，包括彩票资金的分配等。

财政部负责征收彩票税。彩票公益金的使用须按照财政部的要求建立与《1993年彩票法》第32款规定相关的投资资金账户，公益金的使用必须得到财政部的批准。各彩票公益金分配机构每年提交当年的财务报告，审计长对公益金的审计结果须向国会报告。

国家彩票资金分配机构负责把彩票资金投入艺术、遗产、体育、慈善以及各类社会公益机构。

（二）美国

美国是一个联邦制国家，基本上每个州都有自己独立的彩票特许发行和承销商。彩票分为仅在州内部发行的州内彩票和在数个州之间共同发行的州际彩票两种类型。彩票发行在州内独立运作，联邦政府不直接参与政策法规的制定和彩票的经营运作。因此，从全国的角度来说，美国的彩票业是完全属地管理的，但在各州内部则基本是公司化管理。

从各州内部来说，各州都会通过立法成立彩票委员会来负责彩票业的监督和政策制定。彩票委员会下设彩票公司，负责具体经营和管理。对于彩票委员会的权利和义务、彩票供应商的权利和义务，以及彩票基金的资金用途等，各州法律都会有明确规定。对于州际彩票，则通过市场自发形成的跨州的彩票发行组织来联合相关州进行组织发行。

（三）法国

法国的彩票发行和运营由国家游戏集团负责。国家游戏集团由国家控股（72%股权），归属法国预算部管理，采用公司化管理运营，在全国范围内实行垂直管理。

目前，法国彩票销售收入的分配比例为：奖金占65%，经营成本占15%（其中，零售商收入33%，批发商和退伍军人协会收入20%，游戏集团收入47%），彩票盈余（对应于我国的彩票公益金）占20%，全部归入国家财政预算。

作为全国性彩票发行机构，国家游戏集团负责制定市场策略，计划生产和设计产品,保证彩票的组织发行;制定规则、制作彩票、组织开奖、计算和公布中奖结果等;监督资金的交付。国家游戏集团建立覆盖全国的彩票销售网络,由发行商、销售代理商和零售商组成。

五 垂直管理与属地(分级)管理的理论探讨

1949年新中国成立以来,我国行政管理体制的基本特征是"条块结合、以块为主、分级管理"。在"块块"下,地方各级政府全面负责地方治理,其下的各个行政部门都实行属地管理(见图2),同时接受地方政府和上级业务部门的双重领导:上级业务部门负责业务指导,地方政府则负责"人、财、物",并且纳入同级纪检部门和人大监督。垂直管理(见图3)则对应于"条条",基本脱离了地方政府的管理序列,直接由主管部门统筹其"人、财、物、事",并且不受地方政府监督约束。在1978年改革开放以前,我国实行计划经济,"条"在政府行政管理中发挥较大的作用。1978年以后,我国开始从计划经济向社会主义市场经济过渡,"块"的作用日益增强,但仍然有不少机构保留了垂直管理体制,甚至有一些原先属地管理的机构变更为垂直管理。

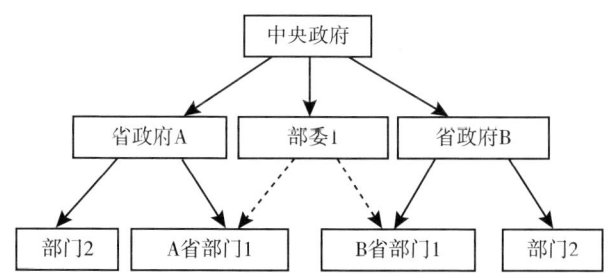

图2 属地(分级)管理

对于同一个部门,在不同的时期可能实行不同的管理模式。有的部门从成立之日起就实行全国垂直管理,例如烟草、交通、海关和盐业。2000年5

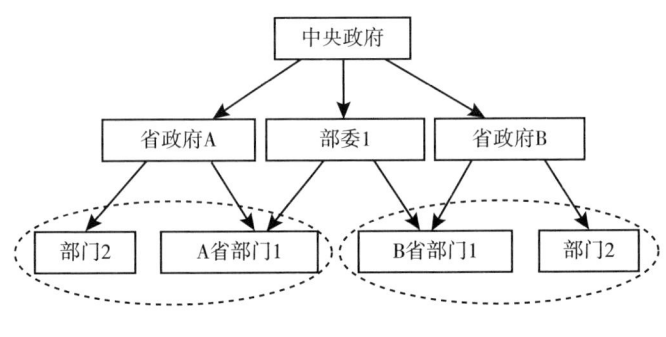

图 3　垂直管理

资料来源：自制。

月18日，中国储备粮管理总公司（后更名为中国储备粮管理集团有限公司）成立，标志着中央储备粮垂直管理体系正式建立，中央储备粮企业化市场化运作新机制确立。2018年成立的应急管理部，下设的国家综合性消防救援队伍和煤矿安全监察队伍都实行统一领导、分级指挥，队伍内部垂直管理。另外，有的部门由原来的属地管理改为垂直管理，如央行（1998年）、银监、证监、保监、国税（1994年）、统计（2004年）、煤监（2005年）。

有的部门在全国省级层面上是属地管理，但实行省以下垂直管理（见图5），如1994年后的地税，1998年后的工商，2000年后的质监和药监，2004年后的国土部门。2018年，生态环境部成立。为了解决现行以块为主的地方环保管理体制下难以落实对地方政府及其相关部门的监督责任，地方保护主义对环境监测监察执法的干预等突出问题，我国开始启动省以下环保机构监测监察执法垂直管理的改革。例如，浙江省新挂牌的钱江源国家公园管理局为正处级行政机构，由省政府垂直管理，省林业局代管。另一个例子是陕西省将养老保险制度从2001年起改为全省统收统支、省级统一拨付使用，实行全省统一政策、统一费率、统一项目、统一缴拨方式、统一使用基金、养老保险经办机构统一垂直管理。重庆市也从2004年开始实行全市统一的社保基金预决算管理，社保基金在市级层面统一管理和调配使用。

有的部门在部分省是属地管理（见图4），在部分省则是垂直管理（见图5），如本文讨论的福利彩票部门。近年来，又有一些部门从垂直管理回

中国福利彩票事业的混合管理体制

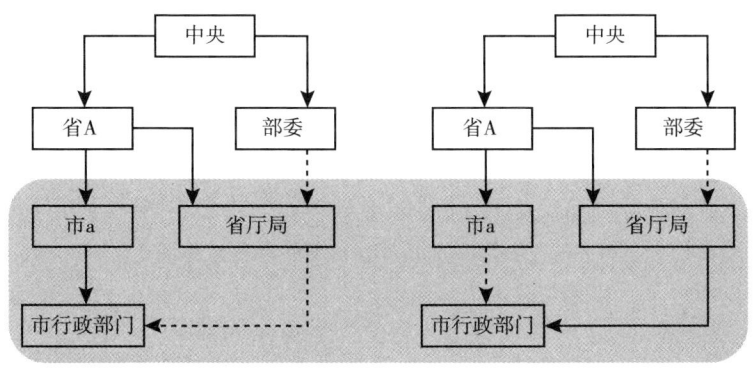

图4 省级属地，省以下属地　　图5 省级属地，省以下垂直

归属地管理。例如，2009年食品药品监督系统取消了垂直管理，改为属地管理①。2011年，工商、质监体系也开始了属地化管理改革②。

在地方之间存在差异的情况下，可以从适应（adaptation）与协调（coordination）的角度来理解中央政府对某个行政部门实行属地管理、垂直管理或者选择二者混合。

在属地管理下，地方政府能够制定适应当地环境的政策，也能实现在地区内部的政策协调。由于政策由自己制定，随时调整，便不用花费多少监督成本。但是，由于地方政府各行其是，相互之间的政策差距就可能会比较大。另外，对于一些专业化的行政部门，可能出现把类似监管、执法等责任过度下移，从而滥用属地管理的情况。在垂直管理下，该部门的政策由中央部委制定，就有利于制定出来的政策在地方政府之间具有协调性。

但是，中央制定的政策与地方实际情况又往往会有一定的偏差。这时，地方政府会设法偏离中央政策，政策的执行程度（或地方政策的偏离程度）

---

① 2007年实施的《食品安全法》规定，县级以上地方人民政府统一负责、领导、组织、协调本行政区域的食品安全监督管理工作。国务院办公厅下发《国务院办公厅关于调整省级以下食品药品监督管理体制有关问题的通知》（国办发〔2008〕123号），将药监改为属地管理模式。

② 《国务院办公厅关于调整省级以下工商质监行政管理体制 加强食品安全监管有关问题的通知》（国办发〔2011〕48号），要求省级以下工商、质监系统由垂直管理改为地方管理，在业务上接受上级部门指导，但在人员编制、组织任免等方面纳入同级政府管辖。

269

则受到中央部委监督成本的约束。同时，垂直管理虽然能够加强地区间的政策协调，却容易导致地区内部各部门之间的协调性弱化。

回到福利彩票市场。在中国人民银行于1994年被正式确认为国务院授权主管彩票的国家行政机关以后，我国的彩票发行就必须经中国人民银行审核同意后报国务院批准，并由经中国人民银行批准的彩票发行机构（即中国福利彩票发行中心和中国体育彩票发行中心）发行。任何地区、部门、机构、个人都无权批准发行彩票。但是，这个时期福利彩票的审批由"中募委"负责，额度分配报人民银行备案，存在多头审批、多头管理的局面，可能造成职责不清甚至管理空白的局面。

在1999年后，名义上，财政部承担彩票市场监管职能，对福利彩票发行机构的销售与经营进行监管，但由于福利彩票发行管理中心隶属民政部，财政部下达的通知以及各级财政部门的任何监管规章的出台，都需要福利彩票中心的协调配合方能得到较好贯彻，这就限制了财政部的监管职能，容易出现监管效率下降甚至监管缺位的情况。虽然财政部受托从事中国福利彩票的监管工作，但负责具体工作的综合司彩票管理处只是一个处级单位，在监管和沟通中国福利彩票发行管理中心这个正司级事业单位时并不容易。

另外，许多本应由民政部行使的管理职能实际上由中国福利彩票发行管理中心代为行使了，它既是经营部门又是管理部门，既当运动员又当裁判员，既是投资人又是公益人，这便容易滋生腐败问题。并且，中国福利彩票发行管理中心与地方福利彩票发行中心的利益是一致的，便难以对地方福利彩票发行中心进行真正有效的监督管理。此外，中国福利彩票发行管理中心只负责发行彩票，地方福利彩票发行中心只负责销售彩票，公益金由各级财政部门统一管理，这就会出现"我发行、售卖了彩票，却无法过问钱去了哪里"这种局面。这种权力被拆散开来分头管理的混合模式，目的是防止福利彩票部门成为独立王国，但也会造成部门相互间沟通不畅、协调效率不高的问题。

六　结论与建议

无论是全国范围还是地方层面，对福利彩票事业实质上采用的都是

"条块结合"的混合管理模式。在这种混合管理模式下，有关福利彩票的相关事项被分割开来，交由不同的部门加以管理。同时，在混合模式的大框架下，我国国内的福利彩票发行销售基本都是依托各级民政部门进行分级管理。只有在个别省份，福利彩票发行中心实行了省级以下的垂直管理改革。

这种混合管理模式，一方面能够避免福利彩票事业从发行、人事到资金分配全部集于一个部门，达到对其实行监管的目的。另一方面，彩票发行管理充分借助民政部门的组织优势，实现全国覆盖。但是，该模式下也存在不同监管部门之间联系沟通不畅，导致一些能够灵活适应当前社会环境变化的事项却无法及时获批的情况。

最后，在现有的福利彩票事业混合管理模式的大框架下，我们提出如下政策建议。

第一，加强部门之间的沟通协调，发行销售部门要就社会环境的实时变化积极有效地与监管部门沟通，从而能够做出适时调整。

第二，积极探索在省以下对福利彩票发行销售实行垂直管理的模式。让省以下的福利彩票发行中心适当脱离同级民政部门的束缚，在全省范围内实现统筹一致管理。

第三，积极探索大经济区域内的省际联合彩票发行，以适应当下区域经济一体化的发展趋势。

参考文献

金世斌：《中国彩票业规制体系研究》，南京大学出版社，2013。

李宜春：《论分权背景下的中国垂直管理体制——概况、评价及其完善建议》，《经济社会体制比较》2012年第4期。

李振、鲁宇：《中国的选择性分（集）权模式——以部门垂直管理化和行政审批权限改革为案例的研究》，《公共管理学报》2015年第3期。

皮建才：《垂直管理与属地管理的比较制度分析》，《中国经济问题》2014年第4期。

沈荣华：《分权背景下的政府垂直管理：模式和思路》，《中国行政管理》2009年第9期。

沈新建、祝新：《我国彩票业发展的体制性障碍与对策》，《特区经济》2006年第12期。

孙畅：《地方环境监察监测执法垂直管理体制改革：利弊争论与改革方向》，《中国行政管理》2016年第12期。

王赛德、潘瑞姣：《中国式分权与政府机构垂直化管理——一个基于任务冲突的多任务委托-代理框架》，《世界经济文汇》2010年第1期。

薛澜、李希盛：《深化监管机构改革，推进市场监管现代化——以杭州市为例》，《中国行政管理》2018年第8期。

尹振东：《垂直管理与属地管理：行政管理体制的选择》，《经济研究》2011年第4期。

尹振东、聂辉华、桂林：《垂直管理与属地管理的选择：政企关系的视角》《世界经济文汇》2011年第6期。

尹振东、桂林：《垂直管理与属地管理的监管绩效比较——基于事中监管的博弈分析》，《经济理论与经济管理》2015年第4期。

曾云传：《对工商行政管理部门垂直管理体制科学运行的思考》，《中国工商管理研究》2007年第10期。

周振超：《条块关系的变迁及影响机制——基于政府职责的视角》，《学术界》2020年第5期。

朱永兴、李雪臣：《"环保垂改"政策效果评估——以河北省空气质量为例》，《金融经济》2021年第1期。

邹伟、梁平汉：《腾飞的翅膀：机场属地化改革与企业库存》，《统计研究》2019年第11期。

B.13
我国现行的彩票管理体制研究

陈 瑜*

摘 要： 本文研究了我国现行的彩票管理体制，重点梳理了彩票销售机构的管理模式，分析了彩票销售机构分级管理模式和垂直管理模式各自的优势，提出了用公益金筹集量、彩票事业健康程度、满足市场和社会需要等衡量彩票管理体制和管理模式发挥优势的标准。进而得出管理模式本身并无优劣之分的结论，只要能适应当地社情，更好实现彩票功能、提高资源使用效率、充分展现彩票公益属性和娱乐属性就是合适的。

关键词： 彩票 管理体制 管理模式

经过30多年的发展，我国彩票业逐步形成了具有中国特色的彩票管理体制。具体到福利彩票和体育彩票的管理体制，特别是在不同的省份，也表现出一些不同的特色。对这些不同管理体制的异同进行研究，有助于进一步优化不同地区的彩票管理体制，推动我国彩票业的高质量发展。

一 全国的彩票管理体制

2000年1月，中国人民银行将彩票监管职能移交财政部，形成了我国

* 陈瑜，中国福利彩票发行管理中心人力资源部职员，高级经济师。

彩票行业现行的财政部门监管、民政部门和体育行政部门主管、发行和销售机构发行销售彩票的管理格局。2009年7月，我国彩票行业的第一部法规《彩票管理条例》颁布，确立了我国彩票的管理体制，形成彩票市场监管、行政业务主管、发行销售管理"三条管理"，中央和地方"两块管理"的"三条两块"管理体制（见图1）。

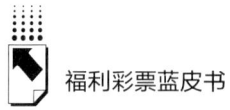

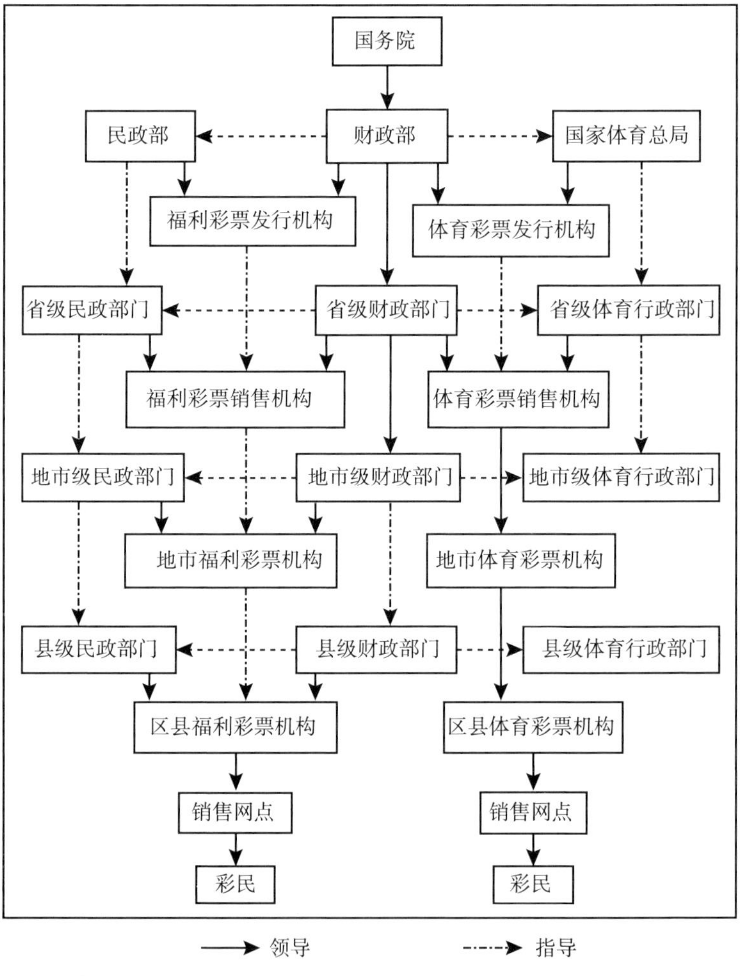

图1 我国彩票现行管理体制

二 福利彩票管理体制

(一) 发行层面

民政部设立中国福利彩票发行管理中心。福利彩票发行机构是隶属于民政部的直属事业单位，人事、行政、业务上接受国务院民政部门的领导和管理。经费预算、彩票游戏、市场调节等业务实质受国务院财政部门的领导。

(二) 销售层面

省级民政部门设立福利彩票销售机构，即各省级民政部门在本行政区域内设立福利彩票发行中心。该中心在人事、行政上接受当地民政部门领导，业务上接受福利彩票发行机构的指导。福利彩票销售机构在业务上拥有很大的自主权，31个福利彩票销售机构在销售业务上实质相当于"自治"，投注专用设备、销售系统、市场营销、销售渠道布局等均由各省销售机构管理。有些省份还有区域单独销售的游戏，并独立实施开奖管理。福利彩票销售层面的管理模式有分级管理、垂直管理、混合管理三种模式，以分级管理模式为主。

1. 分级管理模式

分级管理模式，又称行政属地管理模式。一般来讲，省、市、县三级民政部门均设立福利彩票机构，性质为事业单位，是独立的事业法人，行政上属地化管理，受设立民政部门的领导，业务上接受上一级福利彩票机构的指导。分级管理模式的形成要追溯到福利彩票发行初期，民政部门为推动福利彩票发行销售、募集资金发展社会福利事业，充分发挥行政体制优势，迅速在省、市、县分级成立了地方福利彩票协调机构和福利彩票机构，即成立地方募委，设立福利彩票发行中心或管理站。各级募委和发行中心或管理站业务上受上级单位的指导，行政上受当地民政部门领导。此模式延续至今变化不大，是福利彩票销售层面的主要管理模式，至今有21个省份应用此模式（见图2）。

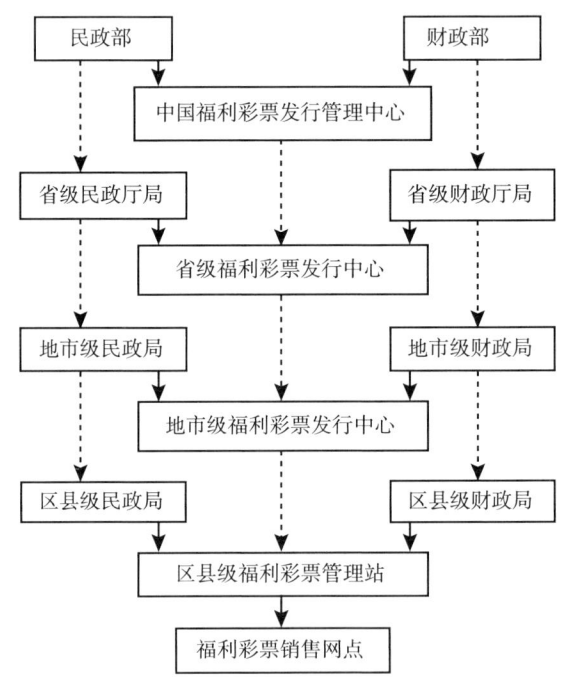

图2　福利彩票分级管理模式

2. 垂直管理模式

省级民政部门设立的福利彩票销售机构，一般称省福利彩票发行中心。省级福利彩票销售机构在地市设立分中心，在区县设立工作站或管理站，地市分中心和区县工作站在人事、行政、财务、业务上均受省级福利彩票销售机构的领导，即地市分中心和区县工作站是省级福利彩票发行中心的派出机构，全省福利彩票机构作为一个独立的事业单位法人存在，在人事、财务、业务上均由省级福利彩票销售机构负责。地级市民政部门、区县民政部门没有领导本行政区域福利彩票机构的职权，不参与本行政区域福利彩票市场的管理。目前，全国有北京、湖北、宁夏、四川、重庆5省份的福利彩票管理应用此模式。比如四川省福利彩票发行中心，在省内各市州设立分中心21

个,在符合条件的县区设立工作站,人事管理、财务管理、业务管理均由省中心负责,各市州民政局和县区民政局不领导当地分中心和工作站,不参与当地福利彩票市场的管理(见图3)。

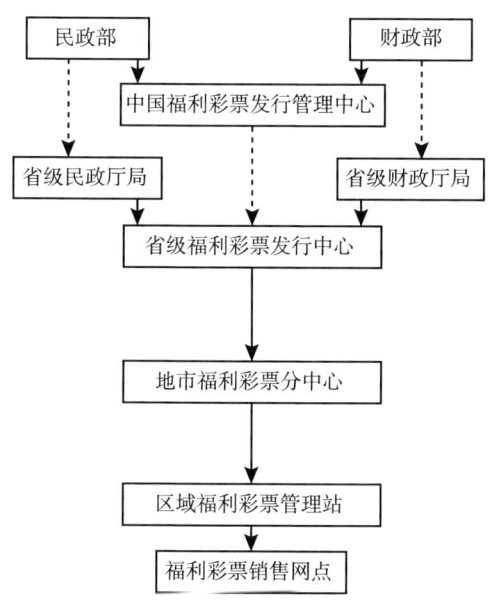

图3 福利彩票垂直管理模式

3. 混合管理模式

混合管理模式是指分级管理和垂直管理相结合的管理模式,目前有天津、福建、青海、江西、广西5省份的福利彩票管理应用此模式。以广西福利彩票的管理为例,广西在福利彩票发行初期,同样采取分级管理模式,广西14个地市民政部门均设立市级福利彩票中心,行政上接受本地民政部门的领导,业务上接受上级福利彩票机构的指导,销售传统票和即开票。2000年前后,电脑票上市,自治区福利彩票发行中心对电脑票销售采用了垂直管理模式,设立桂南、桂东、桂西、桂北、桂中和桂海6个电脑票管理处,分片管理全自治区的4500个电脑票投注站。最终,形成了当前电脑票垂直管理、即开票分级管理的混合管理模式(见图4)。

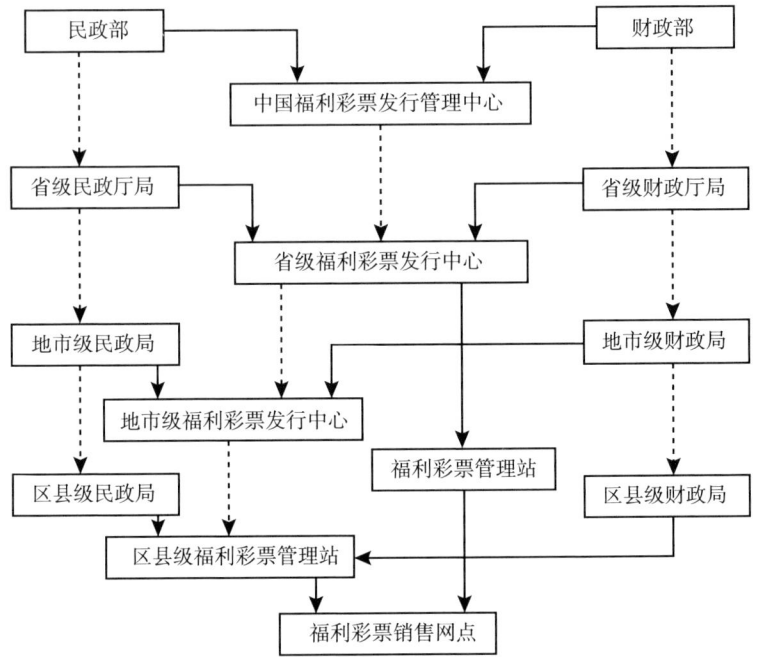

图 4　福利彩票混合管理模式

三　体育彩票管理体制

（一）发行层面

国务院体育行政部门设立国家体育总局体育彩票管理中心，其属于国家体育总局直属的事业单位。体育彩票发行机构在人事、行政、业务上接受国务院体育行政部门的领导和管理，彩票发行相关的经费预算、彩票游戏等实质受国务院财政部门的领导。

（二）销售层面

各省级体育行政部门在本行政区域内设立体育彩票管理中心，属于直属的事业单位。该中心在行政上接受当地体育行政部门领导，业务上接受体育彩票发行机构的指导和服务。体育彩票发行机构成立国有独资公司为全国体育彩票机构提供除《彩票管理条例》及其实施细则规定的发行机构和销售机构应尽职责外的所有市场业务的统一服务和管理，如提供统一的专用设备、销售系统和技术支持。

体育彩票销售层面的管理体制从建立初期就是自上而下的，从企业化运作开始的。1994年，原国家体委成立国家体育彩票管理中心统一发行体育彩票以来，各省体委分别建立体育彩票管理中心，负责当地体育彩票的发行工作。由于新技术的应用，彩票销售方式发生了变化，在保留以往即开型彩票规模销售的基础上，采取了网点分散销售的形式，销售网点遍及全省各市、县，甚至扩展到了乡镇，随着销售网络的形成，销售规模不断扩大。为了组织好体育彩票销售工作，各省体育彩票管理中心将省辖区域进行划分，分别设立分中心（管理站），管理一定范围内的彩票发行销售工作。在分中心建立的过程中，涌现出分级管理、垂直管理、半垂直管理、混合管理四种模式，以垂直管理模式为主。

1. 垂直管理模式

省级中心在省辖的各地市设立分中心。分中心完全脱离当地体育行政部门管理，其人员由省中心直接招聘、选拔、委派。省中心统一申报预算，划拨分中心经费。垂直管理便于全省统一行动，规范管理。与此同时，由于完全脱离了当地体育部门，分中心往往会缺少必要的工作支持。全国有福建、河北、湖北、北京、天津、上海、辽宁、新疆、海南、重庆、贵州、云南、陕西、宁夏、广西、青海、西藏、江西、湖南等19个省份的体育彩票管理采用该模式（见图5）。

2. 分级管理模式

实行省级体育彩票管理中心、地市体育彩票分中心、销售网点三级管理架构。地市级分中心直接由当地体育行政部门负责建立。分中心负责人一般是由当地体育行政部门工作人员来兼职。中心的其他人员也由当地体育行政部门负责安排。省级中心对分中心进行业务指导，经费采

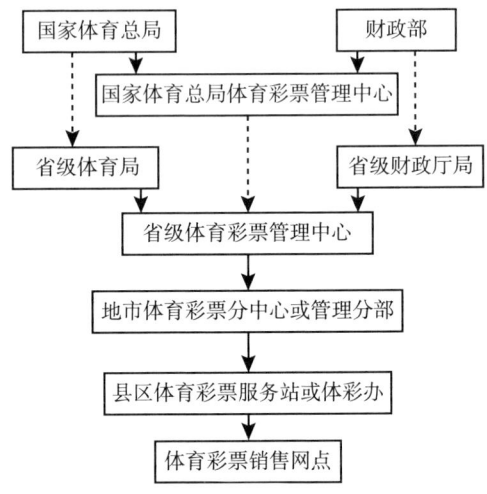

图5　体育彩票垂直管理模式

取定额划拨。这种属地化的分级管理模式，将地市分中心的行政管理工作，包括组建、日常管理、人员配备等由当地体育行政部门负责。地市分中心设立区县或区域体彩办，直接管理区县或区域的体育彩票销售网点。区县体彩办不受当地体育行政部门的领导，不受当地财政部门指导，在人事、财务、业务上接受地市分中心的领导，分中心在工作上独立性较大。此管理模式被广东、浙江、江苏、黑龙江、四川、吉林、甘肃、内蒙古等8省份采用（见图6）。

3. 半垂直管理模式

半垂直管理模式是介于垂直管理和分级管理模式之间的一种管理模式，河南、安徽、山西等3省份采用此模式。以河南省的体育彩票管理为例，河南省体育彩票管理中心组建于1995年，当时仅是一个只有五六人的无规格机构，负责全省的即开型彩票销售工作。2000年，电脑彩票逐步上市销售，体育彩票发行销售任务加重，销售机构规模亟须扩大，在全省各市设立分支机构负责当地体育彩票的销售管理工作成为当务之急。当时，河南省体育彩票管理中心力量薄弱，没有足够的人员和资金分别在各地市设立垂直管理的分中心，只能寻求当地体育行政部门的帮助和支持，

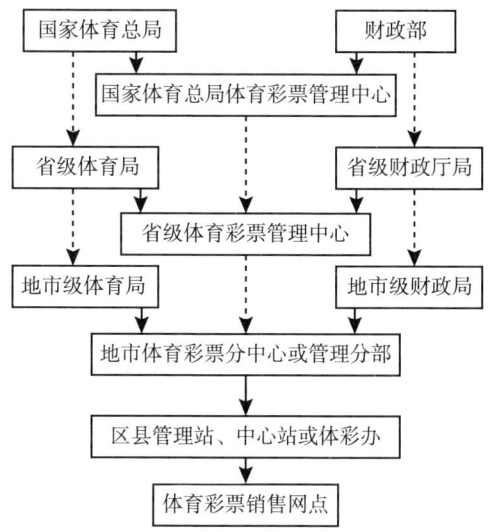

图 6 体育彩票分级管理模式

由各地市体育行政部门组建管理站，后统一为市级分中心（陕西各地市仍称管理站），地市级分中心在行政上受当地体育行政部门的领导。同时，为便于统筹安排有限的资金在全省统一开展工作，采用了半垂直的管理模式。全省 18 个市分别成立市体育彩票分中心，分中心负责人由当地体育行政部门推荐，但必须经过省体彩中心的考核和认可方能上任，地市分中心负责人的人事任免权和管理站工作人员的招聘权归省体彩中心。地市分中心在区县设立服务站、分支站或管理站，作为地市分中心的派出机构，在人事、财务、业务上接受地市分中心的领导。地市级辖区内的所有体育彩票机构为统一、独立的事业单位法人。人事任免权的集中促使管理站对省中心负责，完全服从省中心的管理和调配）（见图 7）。

4. 混合管理模式

山东体育彩票在各地市采用不同的管理模式，有的地市由省中心直接设立分中心，实行垂直管理；有的地市由地市体育局设立体育彩票管理中心，业务上接受省中心的指导。

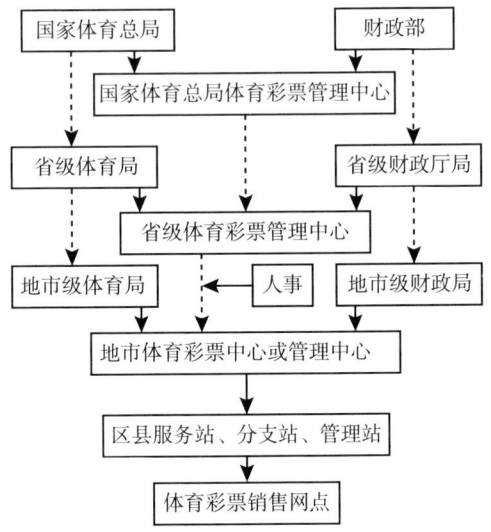

图 7 体育彩票半垂直管理模式

四 小结

销售层面的各种管理模式各有优缺点，分级管理模式可最大化地动员行政力量，可因地制宜发挥当地的智慧，推动当地彩票的发展和市场竞争，形成独具特色的彩票销售经验。垂直管理模式，统一制度、统一管理、统一标准，可以集中资源、集中力量办市场竞争等的"大事"，且减少了管理主体，管理权责更加清晰，人、财、物的管理更加规范。彩票发行销售工作较好的广东、江苏、浙江、山东等省份中，一般是采用垂直管理模式的体育彩票占有较大市场份额。但在辽宁、甘肃、青海、新疆等省份，采用分级管理模式的福利彩票占有较大市场份额。销售层面采用何种管理模式应符合当地的省情，管理只有适合的才是最好的，只要能更好地实现彩票功能，广泛地吸引社会公众参与公益事业，提高资源使用效率和透明度，展现彩票的公益属性和娱乐属性，有效地抑制彩票的概率属性向博弈过度外延，就能得到国家和人民的认可。

参考文献

陈群林主编《福利彩票》，中国社会出版社，1996。

杨晓东：《中国福利彩票管理体制的历史变迁》，《长沙民政职业技术学院学报》2008年第3期。

张策宇：《中国体育彩票管理模式分析》，北京体育大学硕士学位论文，2009。

B.14
彩票监管体系的国际比较研究
——基于美英法三国彩票监管体系的经验

程格格 郭 瑜*

摘 要： 彩票市场监管关系到彩票业的安全运作和健康发展，是发挥彩票积极作用的基础和保障。由于彩票业具有特殊性，其市场结构和监管体系更多是政府选择的结果，都从不同程度反映出一国行政管理体制的特点。从典型国家经验来看，美国和法国的垄断模式是彩票发行和销售的主流模式，英国则是竞争模式的代表。彩票市场的特征与彩票行业的监管模式相互影响、密不可分。国际彩票监管的成熟经验包括重视彩票立法、设置独立的监管机构、监管工具的多样化、严格监管公益金使用等。对于我国彩票监管而言，需要在保证彩票垄断经营的前提下，促进市场竞争、完善监管体制、优化公益金使用，并合理促进互联网彩票发展。

关键词： 彩票 市场结构 监管体制 互联网彩票

一 引言

彩票业是一种性质特殊的产业，它不仅能够在特定领域发挥重要作用，

---

* 程格格，中国人民大学劳动人事学院硕士研究生。郭瑜，经济学博士，中国人民大学劳动人事学院社会保障系主任，教授，主要研究方向为养老保障、社会救助等。

还会影响到商业、印刷、电视、广播、交通等多种行业的发展,其良性运转将对经济建设和社会发展产生积极影响。彩票业在全世界范围内已经得到广泛承认和接受,成为各国政府集资增税的重要手段之一[1]。因为彩票本质上是一种机会游戏,因此需要对其进行必要的监督管理,使其沿着良性轨道发展,确保彩票活动正常进行。国际彩票事业发展史已逾百年且长盛不衰,离不开完善的监管体制的约束。目前全球有180多个国家和地区发行了彩票,部分国家的彩票业发展历程近百年,形成了较为完善的经营管理体系[2]。根据经验数据,凡是发行彩票的国家和地区,都不同程度地开展了监管活动,形成了特点各异的监管体系。伴随着全球化、信息化浪潮,近年来国际彩票业的发展步伐不断加快,我们需要以更加开放的姿态,总结并借鉴国外彩票监管经验,促进我国彩票业长足发展。

二 典型国家彩票监管体系概述

彩票监管体制的核心要素从运营的全流程考虑一般包括四个方面,即发行与销售体制、监管机构设立、公益金的分配与使用[3]。就全球范围来看,世界各国经济、社会和文化背景各异,导致不同国家在彩票的准入制度、经营方式、规制机构、公益金运用等方面存在诸多差异。一般而言,一国的彩票监管体制与该国彩票发行与销售体制联系紧密,市场结构和运营模式决定了与其特征匹配的监管模式,彩票监管机构的独立性程度和性质也因此不同。随着各国彩票业的业务往来与交流机会的不断增加,以及世界彩票组织影响的不断扩大,各国彩票业也在不断自我完善,形成了一些各具特色又具有相同特征的规制经验。欧洲是发行彩票国家和地区最多的洲,也是世界上彩票销售量最大的洲,部分国家彩票业的收入甚至占

---

[1] 崔振南:《我国彩票管理与博彩探索研究》,天津大学博士学位论文,2003。
[2] 董碧娟:《中国彩票:三十而"砺"正当时》,《经济日报》2018年3月23日。
[3] 朱彤:《彩票市场政府监管体制的国际比较》,《北京行政学院学报》2004年第6期。

GDP 的 2% 以上①。美国则是世界头号彩票大国②。因此，本文选取美国、法国和英国作为典型国家代表，从彩票市场结构、立法监管情况、监管机构设置和彩票公益金管理与使用四个方面对彩票监管体系进行介绍与分析。

彩票监管体系与一国彩票市场结构关系紧密，但由于彩票业的特殊性质，二者更多是政府选择而不是市场自由竞争的结果。彩票监管体系首先要解决监管对象是谁的问题，因此离不开对彩票市场结构的分析，这也是彩票监管体系研究的切入点。从世界各国特别是典型国家的经验来看，美国和法国的垄断模式是彩票发行和销售的主流模式，英国则是竞争模式的代表③。彩票市场的特征与彩票行业的监管模式相互影响、密不可分。

（一）英国彩票监管体系

1. 彩票市场结构现状

英国彩票市场的基本特点是市场竞争。根据英国《彩票与娱乐业法案》（1976年）和《国家彩票法》（1993年），其彩票主要分为五种类型，不同类型彩票在发行目的、发行主体、销售区域、运营和分配方法以及监管方式等方面都有所差异。目前基本形成了以国家彩票为主导、多类型彩票并存的市场结构状况。英国的彩票监管体制明显受到该国彩票市场结构的影响，不同的彩票发行机构发行的各种类型彩票分属于不同的监管机构，管制政策也有所差别。

2. 立法监管情况

英国国家彩票管理以较为完善的法律体系为基础，将行政管理融入彩票

---

① 《2016 中国彩票行业发展现状及巨大消费市场分析》，中国产业信息网，2016 年 3 月 17 日，http://www.chyxx.com/industry/201603/396242.html。
② 张增帆：《中外彩票业的比较研究》，《社会福利》2009 年第 5 期。
③ 朱彤、余晖：《彩票市场的竞争性质与我国彩票监管体制的重构》，《中国工业经济》2004 年第 4 期。

监管体系之中,形成具有本国特色的监管体系①。1934年,英国颁布《赌博和彩票法》,确定私人彩票和小型公益彩票的合法地位。《1976年彩票与娱乐业法》将彩票从一般的赌博业中分离出来,明确彩票收益必须用于支持社会公益事业发展,彰显了彩票的公益性。1993年英国颁布了《国家彩票法》,并在1998年进行了修订,《国家彩票法》规定管理主体是国家彩票委员会;并进一步规范对彩票的审计程序,相关审计部门权力有所扩张;此外还加大对违规彩票运营行为的处罚力度并调整公益金分配结构,其目的在于加强国家彩票的政府规制,更好地体现国家彩票的公益性质②。

3. 监管机构

英国专门行使彩票监管职能的机构是国家彩票委员会,该委员会是一个非政府机构,此外政府部门也有相应的彩票监管制度安排。如前所述,《国家彩票法》对彩票监管各方面制定了较为详细的规定。在英国,有关彩票立法的框架由议会负责制定,而具体履行国家彩票管理职责的则是政府部门。根据《国家彩票法》的规定,文化、媒体与体育部(简称文化部)负责制定国家彩票相关政策和指导原则,主管部长有管理国家彩票运营的权力。在中央政府中,除了文化部外,财政部和审计部对国家彩票业行使一定的管理权。财政部门负责征收彩票税,审计部门负责审计彩票资金的使用。此外,法律赋予政府财政部门和审计部门对国家彩票的监督管理权力。

专门负责彩票监管的机构——英国国家彩票委员会虽然对文化部负责,但本质上是独立于政府的公共机构,即英国彩票监管机构有相对独立性。该委员会的主要职责是通过规范彩票经营行为以保护购彩者权益以及最大限度保障国家彩票的公益性质。国家彩票委员会主要从彩票的销售网络、开奖活动和公益金流动等方面对彩票进行监督管理,但并不直接经销彩票,也不负责处理彩票公益金的使用和分配③。在2013年10月之前,英国国家彩票由

---

① 黄永正、王桂忠:《法国、英国彩票运营模式研究及对我国体育彩票的启示》,《商业经济》2019年第11期。
② 金世斌:《中国彩票业规制体系研究》,南京大学出版社,2013。
③ 金世斌:《中国彩票业规制体系研究》,南京大学出版社,2013。

国家彩票委员会行使监管权力,其他类型彩票由国家博彩委员会和地方政府负责监管。但是自 2013 年 10 月起,国家彩票委员会与博彩委员会并为一体,彩票监管自此变为由国家博彩委员会独立监管。

4. 公益金使用管理情况

在英国,彩票公益金独立于国家财政,国家彩票经营所获收益直接存入特定的公益基金,政府部门对彩票公益金不享有所有权,只能对其进行监管与指导。不过彩票业所产生的彩票税可以纳入政府财政,这是能够由政府支配的资金。对于彩票公益金的分配,英国设立独立于政府、传媒和体育部门的国家彩票公益金管理中心,该部门把彩票公益金分配到各项公益事业中(如教育、卫生、环保、文化艺术等)。这种分项专用模式的优点在于公益金的具体用途明确,充分发挥彩票公益金的公益性。

(二)美国彩票监管体系

1. 彩票市场结构现状

美国的彩票市场结构深受联邦制国家管理体制的影响,形成了以州为发行单位的区域垄断模式[1]。各州通过自己的宪法和法律,对彩票发行目的、彩票品种、游戏规则、发行机构、公益金使用分配等方面做出规定。各州的彩票发行权由各州具体行使,州议会审批确定一家具有运营资质的州彩票公司负责该州彩票的营销,彩票代销商向州彩票公司提出申请,获得牌照之后才可以销售彩票。美国各州建立本州垄断式的彩票销售网络,虽然近年来出现了州际联合发行彩票的趋势,但大体上还是可以归为区域垄断性的彩票市场结构[2]。

2. 立法监管情况

美国没有联邦层面的统一性的彩票立法,而是在各州自己的宪法和法律框架下对本州的彩票经营事务制定各自的管理规范,尽管各州彩票立法的具

---

[1] 蒋俊锋:《中国彩票市场发展研究》,中国财政经济出版社,2009。
[2] 金世斌:《中国彩票业规制体系研究》,南京大学出版社,2013。

体条文和管理办法有所差异,彩票立法的主要内容却大致相同,法律通常会对彩票发行的目的、种类、游戏规则、公益金使用、发行机构行为规范、监管机构管理职责等方面做出规定。以美国加州为例,该州 1984 年制定的《加州彩票法》,便是为确保该州彩票活动的正常进行、有效地为公益事业筹集资金①,为促进保护民权和人民福利提供保障。该法规明确彩票的定义和一般规定,阐明各方主体(加州彩票委员会、彩票公司、彩票代销商)的权利和义务,并对州彩票基金的分配和使用进行规定,加州彩票的运营、监管活动皆参照该法规严格执行。

3. 监管机构

美国彩票监管机构的设置呈现与其联邦制的国家体制高度一致的特点,州彩票委员会是彩票管理的最高权力机构,是州彩票运营的政策制定者和监督管理者,州彩票公司是委员会的下设机构,负责具体的彩票运营和管理业务②。彩票委员会一般需要定期向州政府相关部门提交经营报告,汇报彩票经营的收支和公益金使用情况③。由此可以看出,美国彩票的监管权力呈现分散与集中相结合的特点,彩票的监管权力分散于各州,但是集中于彩票委员会,且这一机构相对独立。

4. 公益金使用管理情况

一方面,州彩票委员会有权决定彩票公益金的使用和分配比例;另一方面,美国彩票公益金的运作较为复杂。各州彩票公益金一般分为两部分,一部分纳入政府一般财政预算,另一部分作为支持社会公益事业的资金来源交由专门的基金管理机构进行管理,例如,《加州彩票法》规定至少 34.1% 的加州彩票收入要投入各级公立教育系统④。这一做法一定程度上兼顾了政府财政和社会公益事业。

---

① 徐再荣:《美国彩票业的发展及其对公益事业的作用》,《史学集刊》2014 年第 6 期。
② 崔振南:《我国彩票管理与博彩探索研究》,天津大学博士学位论文,2003。
③ 金世斌:《中国彩票业规制体系研究》,南京大学出版社,2013。
④ 徐再荣:《美国彩票业的发展及其对公益事业的作用》,《史学集刊》2014 年第 6 期。

(三)法国彩票监管体系

1. 彩票市场结构现状

法国属于典型的全国垄断型彩票市场结构。法国国家游戏集团是本国唯一法定彩票运营组织,由国家绝对控股,以达到垄断国家彩票市场的目的。游戏集团形成了一套较为完善的彩票发行管理手段和运行体系,彩票的销售业务由批发商和零售商负责承担,其中批发商是独立于游戏集团的拥有自主权的企业,国家游戏集团向零售商、批发商颁发经营许可证,实现对全国彩票批发商和零售商的控制[1]。国家从两个层面对彩票业实施监管:一方面通过宏观立法为彩票经营提供公正透明的环境;另一方面通过微观法人治理充分发挥彩票监管的作用。

2. 立法监管现状

法国《取缔随机游戏法》(1936 年)将随机游戏划分为完全随机游戏和部分随机游戏两种,前者以国家游戏集团经营的彩票为代表,也包括其他以广告促销为目的的游戏,后者以体育比赛竞猜类的游戏为代表,法律明确规定了合法的随机游戏类型,将不符合法律规定的视为违法随机游戏,予以禁止[2]。国家现行法律明令禁止一切私营性的随机游戏,对国家特别许可垄断经营的随机游戏进行专门立法。

3. 监管机构

法国没有独立的彩票监管机构,彩票监管权力集中于中央政府,预算部通过全方位的严格监管保证彩票业的安全和健康运营,地方政府无彩票监管权力。在具体监管方式上,政府通过委派官员和派驻监督员的方式对国家彩票集团的经营活动进行监督和管理。此外,国家游戏集团还必须受到审计法庭、行政法院的监管和相关财金法令制约,例如根据法国《公司法》的规定,国家游戏集团需要向社会公开其财务状况,接受社会公众监督,保证彩

---

[1] 黄永正、王桂忠:《法国、英国彩票运营模式研究及对我国体育彩票的启示》,《商业经济》2019 年第 11 期。

[2] 金世斌:《中国彩票业规制体系研究》,南京大学出版社,2013。

票运作的透明①。政府的干预也是有限度的,主要体现在通过任命国家游戏集团的最高管理层,影响集团有关重大决策,同时通过监督权力的行使对游戏集团的经营行为进行严格监督,但是除此之外,并不直接干涉集团的日常经营活动②。

4. 公益金使用管理情况

法国没有设置专门的彩票公益金管理部门,公益金的分配和使用由政府全权决定,彩票业的收益全部纳入国家财政进行统一管理和使用,国家游戏集团必须将全部收益上缴国家财政,集团自身不享有彩票收益的支配权。彩票收益的上缴由政府派驻在集团内部的监督员进行监督,以保证每年的彩票公益金及时足额缴纳③。

三 彩票监管体制的国际比较

(一)监管模式

从上文对以英国、美国、法国为代表的发达国家彩票监管体系的介绍中,不难发现各国的彩票监管体系与一国的行政管理体系、市场结构形态等因素密切相关,呈现不同的特点。基于这些相对成熟的彩票监管实践经验,可以总结出三种主要的监管模式:第一,由政府某个部门全权负责彩票的监管工作。这种模式通常离不开政府相关部门的协作与社会多方的参与。如法国就是主要由财政部承担彩票监管职能,政府通过委派官员对彩票经营活动进行直接控制和监督④,政府不仅可以影响企业决策、监督公益金流向,并且对于游戏集团设计的新的彩票品种有审核批

---

① 朱彤、余晖:《彩票市场的竞争性质与我国彩票监管体制的重构》,《中国工业经济》2004年第4期。
② 胡雅清:《中法彩票发行体系的比较》,《经济论坛》2003年第18期。
③ Alex Ballingall, "French Immersion Lottery Splits", *Toronto Star* (2013).
④ 朱彤、余晖:《彩票市场的竞争性质与我国彩票监管体制的重构》,《中国工业经济》2004年第4期。

准的权力①。第二,国家设立专门的彩票监管机构。如美国的州彩票委员会并非政府机构,机构人员组成呈现多元化特征,包括议会议员和由州长直接任命的公众代表等。这种机构设置专门化、人员构成多元化的监管模式有利于最大限度保证彩票监管的公正公开性。第三,混合管理模式,即既独立于政府同时也必须接受政府的管理和指导。如英国主管彩票监督事务的博彩委员会是一个非政府机构,但是受到政府文化部门、财政部门和审计部门的约束,具体表现为英国文化部派驻官员担任博彩委员会委员,财政部门和审计部门也依法享有监督管理权力。这种由相对独立的公共机构行使监管职责的模式可以保证在彩票的监管工作中不受到行政级别的限制,监管工作的有效性得到一定程度的保障②。

(二)各国彩票监管实践的启示

1. 监管手段多样化

综观世界发达国家或地区的彩票监管体制和实践,可以发现它们在不同程度上构建了一个立体交叉、由多样性的监管手段组成的监管系统。一些具有共性的手段包括:合约规制、行政授权、第三方监督和行业自律等。

英国彩票监管机构国家彩票委员会与彩票经营机构通过签订合同规定双方的权利与义务;法国的经验表明政府可以通过微观法人治理的方式优化彩票经营企业的治理结构,在公司内部发挥监管作用;在监管过程中,行政、司法在监管活动中也发挥着重要作用,如英、美、法等国由于其法律制度和行政规章比较成熟,对各种经济活动特别是涉及社会公共利益方面的活动,一般都首先通过听证的程序协调各方利益,如果存在争端或难以解决的问题,则采取相应的行政仲裁和司法裁决。在美国和英国的彩票管制中,听证、行政仲裁和司法裁决都起着不可或缺的作用,这种第三方监管有利于建立一种动态平衡的规制秩序。此外彩票行业自律也扮演着重要角色,就世界

---

① Fijnaut Cyrille, Littler Alan, *Regulation of Gambling: European and National Perspectives* (Leiden: Brill Academic Publishers, 2005).
② 张俊良:《论互联网时代我国彩票的法律规制》,华中科技大学硕士学位论文,2016。

范围来看，除了美国之外，德国、日本、加拿大、澳大利亚等国都建立了自己的彩票协会，彩票协会作为保障行业内部公正的调节机制，对彩票业的成长和发展有足够大的影响力①。

2. 重视彩票立法

彩票立法为彩票市场规范健康发展提供法制基础，从大多数已发行彩票的国家和地区的彩票发展现状来看，彩票业的系统立法对于该行业的规范和长远发展具有重要意义，彩票市场愈是成熟和发达的国家或地区，其法律规范也愈加完善②。特别是通过立法将彩票和赌博明确区分开来，防止不法分子借彩票之名行变相赌博之实，这对于彩票业的公益属性和彩票市场的健康发展至关重要。国外彩票立法的形式主要是通过颁布专门的《彩票法》《博彩法》，或在相关的法律法规中对彩票作具体规范，无论采取何种形式，其要点主要集中在：实施政府监管的形式和程序、维护市场统一有序的措施、对筹集资金使用方向和范围的定位③。尽管各地区彩票法规条文各不相同，但总体上具体结构内容和规定的方面呈现相似的特征。

3. 彩票监管机构的独立性与权力配置

各国彩票监管机构的特点与其行政管理体制的特征密不可分，本质上没有优劣之分。总的来说，彩票监管制度的特点主要表现在两个方面，一是监管机构的独立性，二是监管权力的集中程度④。

（1）监管机构独立性。

如前所述，根据监管机构的独立性差异大致可划分三种情况：一是非独立监管机构，彩票的监管权力由政府某一部门负责行使，如法国。由于彩票具有特殊性质，多数国家选择通过垄断方式将国家彩票业的发展牢牢掌控在手中，因此在监管机构的设置方面，由政府独揽彩票监管权力的情况并不少见，但是非独立的机构监管模式并不排斥部门协作和社会参与，即使是非独

---

① 金世斌：《中国彩票业规制体系研究》，南京大学出版社，2013。
② 张增帆：《中外彩票业的比较研究》，《社会福利》2009年第5期。
③ 张增帆：《我国彩票业法律规制初探》，《河北法学》2009年第8期。
④ 朱彤：《彩票市场政府监管体制的国际比较》，《北京行政学院学报》2004年第6期。

立的彩票监管机构，其监管主体也可以具有多元化特征。二是设置独立的彩票监管机构，不隶属于行政系统，更容易充分地独立行使监管职能。如美国的彩票委员会，并不隶属于其三权分立系统中的任一部门。但是独立的监管机构不意味着完全不受政府的控制，美国的州彩票委员会也必须定期向州政府汇报其彩票经营业务情况。三是相对独立监管机构，如英国的国家博彩委员会作为独立于政府的公共机构，不隶属于行政管理体制，但是必须接受政府的指导和管理，对政府负责，只是较少受到行政层级的桎梏[①]。

（2）监管权力集中程度。

监管权力的集中程度可以从两个维度进行评价，一是同一层级不同部门之间权力分配的情况，即监管权力是集中于一个机构或者部门还是分散于多个机构或部门；二是上下层级之间监管权力的分配情况，如监管权力在中央和地方之间的分配。美国的彩票监管权力集中于彩票委员会这一专门机构，但是监管权力分散在各州彩票委员会，各州彩票业的发展受联邦政府影响较小。而英国国家博彩委员会作为本国的彩票监管机构，其监管权力的行使很大程度上受到中央政府的制约，不过对于国家彩票之外的彩票，地方政府也有监督权。法国彩票监管权集中在国家预算部门，地方政府无监管权力，尽管内政部门和审计部门也分担部分监管职权，但这种体制明显不同于英、美，法国彩票监管体制较为特殊的一点是国家通过派驻董事和监督员将对彩票业的监督管理融入公司治理过程中[②]。

4. 严格监督公益金管理和使用

从彩票监管的全过程来看，对彩票公益金使用的监管无疑是至关重要的一个环节，国家发行彩票的重要目的之一就是为公益事业筹措资金[③]，因此彩票公益金的流向直接影响彩票自身的公益属性，乃至关系到其本身存在的合理合法性。

[①] 朱彤、余晖：《彩票市场的竞争性质与我国彩票监管体制的重构》，《中国工业经济》2004年第4期。

[②] 张增帆：《中外彩票业的比较研究》，《社会福利》2009年第5期。

[③] 徐再荣：《美国彩票业的发展及其对公益事业的作用》，《史学集刊》2014年第6期。

综合各国彩票公益金管理实践，拥有彩票公益金的配置和使用权的机构一般和彩票发行机构严格区分开来。对于彩票收益的管理与使用权力的行使，各国的做法大致可以划分为两种：一是设置专门的公益金管理机构，由该机构全权负责资金分配或投资运营；二是由监管机构同时负责彩票公益金的分配与使用。如美国的州彩票委员会在坚持透明公开原则的前提下，收取彩票公司上缴的彩票公益金，并按照相关分配政策将资金分配到相关部门，最后对各部门的资金使用情况享有监督权力。值得注意的是，在资金使用与分配过程中，透明公开的原则必须始终坚持贯彻，资金分配规则、受益者使用情况等信息必须按规定公开，同时为了保证有效监督资金使用，必须保证公众在支付必要成本费用的前提下有权获得相关完整信息[1]。综上，由于彩票业的特殊性，其作用发挥得当可以促进慈善和社会公益事业的发展，若管理不当则会对社会风气、经济安全与稳定运行产生负面影响，这体现出公共政策的选择偏好，同时考验着监管体制的合理和有效性。彩票业在世界各国几乎都经历着"堵与疏"的管制改革调整，这本质上是在宏观外部环境综合作用下政府通过政策选择不断抑制其消极影响、发挥其正面作用的过程[2]。

四 国际彩票监管实践对我国彩票业发展的启示

在我国，彩票是国家通过市场手段筹资的一种方式，是发展社会福利事业的重要资金来源。福利彩票从1987年发行至今，与改革开放同频共振，已经在社会主义市场经济环境下显示出较强的发展潜力，形成了自身的体系、优势与特色。同时，也面临新情况、新问题，需要不断完善监管体系，实现良性发展。

---

[1] 朱彤、余晖：《彩票市场的竞争性质与我国彩票监管体制的重构》，《中国工业经济》2004年第4期。

[2] 朱新力、骆梅英：《中国彩票业政府管制研究》，《天津体育学院学报》2006年第3期。

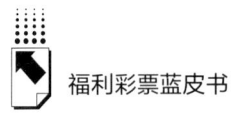

（一）当前我国彩票监管体系

当前我国彩票市场分为福利彩票和体育彩票，分别由国家福彩中心和国家体彩中心两大机构负责发行。有学者将我国彩票市场结构归为"双寡头直接竞争模式"，并认为两大机构在发行的票种方面同质化竞争现象较为明显①。

在我国现行的监管体制下，国务院负责彩票发行工作的批准；财政部及其下属各行政层级部门负责监督，民政部和体育总局以及其下属各层级的民政部门和体育部门负责管理；公安机关和工商行政管理机关负责联合打击违法彩票，共同打造彩票市场良性生态环境。民政部和国家体育总局的监管职责分别由国家福彩中心和体彩中心负责具体实施，导致彩票发行主体同时成为彩票的监管主体，这种多元监管制度实际上变成了一定程度上的自我监管。

（二）我国彩票监管的优势与不足

中国彩票业具有自身独特的优势。其一，三部门协同管理体制，共同协作、相互制约的构架既有利于市场竞争，又保证了彩票资金的安全。其二，福利彩票和体育彩票"双寡头"的市场竞争模式从产业组织经济理论上来说，既克服了完全垄断模式的低效率，保证了市场的适度竞争，又避免了自由竞争模式的过度竞争，有利于消费者从两家机构的相互竞争中获益，有利于实现社会福利的最大化。其三，对彩票资金监管严格，财政部建立彩票资金专户，按照"收支两条线"的原则进行管理，彩票业的发行费用支出及公益金收入情况严格参照相关管理制度执行②。国家要求对彩票资金加强审计并向社会公布年度审计结果，这种资金管理模式提高了资金安全性，降低

---

① 刘娟：《江苏省体育彩票市场经营现状与发展策略研究》，南京体育学院硕士学位论文，2008。
② 《国务院关于进一步规范彩票管理的通知》，中国政府网，2016年9月23日，http：//www.gov.cn/zhengce/content/2016-09/23/content_5111232.htm。

了风险①。此外，彩票自其产生之日起，就被作为国家促进社会公益事业发展的资金筹集手段而被使用，我国30余年的彩票业发展历程表明，在彩票公益金的管理和使用方面，我国彩票的公益性原则得到了很好的贯彻体现，成为慈善和社会福利事业资金的重要来源，也成为促进就业、筹资增税、产业发展等的重要推力之一，在促进社会和谐、改善民生等方面做出了积极贡献②。

近年来，我国彩票管理规章制度体系逐步完善，国务院自2009年以来颁布了一系列完善彩票管理的条例、细则和办法，地方也出台了配套实施细则，我国彩票事业的法治化、规范化程度不断提高。特别是2019年以来，针对彩票市场的乱象和非理性购彩行为，财政部联合民政和体育部门严格关注彩票市场动向，并根据市场情况多次重拳出击，充分发挥监督管理职能，对彩票市场运行过程中出现的问题进行整治。2019年1月，针对彩票市场存在的擅自利用互联网销售彩票、大额投注等非理性购彩现象，特别是高频快开型彩票、单场竞猜游戏彩票市场的乱象，财政部、民政部和体育总局联合发文，明确要求调整高频快开型彩票游戏和竞猜型彩票游戏规则，加强销售终端管理，并要求彩票发行机构定期提交政策执行情况书面报告，强化监管③。2020年，基于统筹考虑促进彩票市场健康发展、进一步严格控制彩票风险的要求，财政部审核同意停止销售部分视频型彩票游戏，并于10月联合发文决定高频快开游戏有序退市，明确表明所有高频快开游戏一律停止销售④。这一系列监管政策目的在于优化彩票品种和游戏结构，提高彩票游戏产品研发质量，严格控制相关风险，为维护购彩者合法权益、彩票市场安全

---

① 刘圣文：《中国彩票业发展困境及对策研究》，《山东社会科学》2015年第8期。
② 马福云：《中国彩票业的发展及其政府规制》，《北京科技大学学报》（社会科学版）2014年第5期。
③ 《财政部 民政部 体育总局关于调整高频快开彩票游戏和竞猜彩票游戏规则加强彩票市场监管的通知》，民政部网站，2019年1月28日，http：//www.mca.gov.cn/article/xw/mzyw/201901/20190100014643.shtml。
④ 《财政部 民政部 体育总局关于有序退市高频快开彩票游戏有关事宜的通知》中国体彩网，2021年2月9日，https：//www.lottery.gov.cn/xxgk/tzggz/20201023/2185867.html。

稳健运行、国家彩票事业平稳健康发展把严关口。

另外，现阶段存在的问题也较为明显：其一，管运不分导致监管失效。我国彩票市场运营模式与彩票监管体制存在的问题密切相关。两大彩票发行机构隶属于其管理机构，这种集监管与运营于一体的发行体制一方面使我国彩票市场发展难以保持充分的独立性，另一方面这使得对于彩票业的监管有效性大打折扣①。其二，立法有待完善。虽然彩票在新中国自1987年就开始发行，但直到现在仍没有制定一部专门的彩票法来规范彩票行业。随着彩票行业的规模不断扩张，我国彩票行业复杂性愈加显现，仅依靠行业规章制度难以应对更加复杂的局面，彩票法律制度的健全与完善已经成为彩票业持续健康发展的必然选择②。其三，公益金管理存在漏洞。我国彩票公益金审计报告显示，资金在管理和使用上存在违规改变彩票公益金资助项目用途、滥用彩票公益金为员工发放福利以及彩票公益金项目建成后被长期闲置等现象。目前，我国的彩票公益金管理相关制度不完善，彩票公益金使用权实际上掌握在发行管理部门手中，财政部很难对其使用效果进行监督和评估。而被纳入财政预算的部分彩票公益金又与其他财政资金一起被分配，造成公益金的去向不明确、公益金使用透明度不高，不利于资金监管和彩票公益性的体现③。相对于已有百年彩票发行历史的部分发达国家来说，我国彩票业起步晚、发展速度快，总体上仍处于初级发展阶段。彩票监管应该仍将重心放在完善制度和立法方面。

（三）国外监管经验对于我国的启示

1. 保证发行权垄断，实行销售权竞争

目前，国际通行的做法是实行发行权的垄断和销售经营权的竞争。就世

---

① 朱彤、余晖：《彩票市场的竞争性质与我国彩票监管体制的重构》，《中国工业经济》2004年第4期。
② 黄东海、张浩：《互联网彩票的法律规制路径》，《北京邮电大学学报》（社会科学版）2017年第6期。
③ 张俊良：《论互联网时代我国彩票的法律规制》，华中科技大学硕士学位论文，2016。

界范围内承认彩票发行合法的国家和地区来看,绝大多数都是直接由政府自身,或由政府特许授权经营的法人组织垄断经营,不允许自由竞争①。政府垄断发行权的做法是对彩票发行乱象的防范,因此彩票发行销售的最佳方式,是政府控制下的垄断经营,可以由政府设立企业性质的组织负责经营,也可以由政府授权某一企业进行垄断发行和销售,但是授权的对象应该通过市场竞争的方式来确定②。然而发行权的垄断并不意味着销售权也必须统一,缺乏市场竞争的彩票发行与销售运作体系会导致经营成本增加、效率低下。这对于我国彩票业发展的启示在于,应该在满足国家宏观调控的前提条件下,充分地引入市场竞争,即在保证发行权统一的前提下,实行销售权竞争,实现有效的激励机制和约束机制,促进彩票业的充分发展③。参考发达国家的彩票发行销售制度,建议我国在保证国家垄断彩票发行的审批权的原则下,通过采取公开招标、公平竞争的方式,选取符合资质的市场经营主体代替政府行使彩票的发行销售职能,打破政企不分的彩票发行运营机制,构建企业化的运作模式④。

2. 建立起与我国行政管理体制特点相适应的彩票监管体制

彩票市场良性发展要靠合理的市场结构和监管体制双轮驱动,而这两者都与一国的行政管理体制密不可分。建立适合我国国情的彩票监管体制最核心的内容包括监管机构的设置以及监管权力的分配两个方面。从其他国家发展经验来看,美国完全独立的监管机构与其联邦制的政治体制关系密切,而法国完全不独立的监管机构也是建立在其彩票经营是由国家控股企业完全垄断、独家经营的基础之上,笔者认为,这两种模式均不适用于我国目前的"双寡头"彩票市场竞争结构的情况。相对来说,设置半独立的监管机构是较为可取的模式,设立直属国务院的彩票监管机构,将监管权与运营权解

---

① 朱彤、余晖:《彩票市场的竞争性质与我国彩票监管体制的重构》,《中国工业经济》2004年第4期。
② 李芳:《我国体育彩票业管理中存在的问题与对策研究》,《贵州工业大学学报》(社会科学版)2006年第5期。
③ 徐天发:《中国彩票业制度创新问题研究》,复旦大学硕士学位论文,2006。
④ 张俊良:《论互联网时代我国彩票的法律规制》,华中科技大学硕士学位论文,2016。

绑，这一监管机构可以从属于行政系统，但是其性质发生改变，能在一定程度上少受部门利益羁绊，通过相对独立的监管使其有效性得到最大限度发挥①。此外，仍需强调公证制度在彩票行业监管中的重要性；除了外部监管以外，彩票行业也需要加强行业自律管理。

3. 保证彩票公益金管理与使用的专项性与公开性

通过比较发达国家在彩票公益金分配使用上的实践，发现英国的分项专用模式可借鉴性较强。我国有必要建立一个隶属于政府部门的公益金管理委员会，或者在建立起相对独立的监管机构之后，由该机构兼负公益金管理之责，这一专门机构负责监督彩票公益金的分配方向、具体数额的确定以及实际使用过程，保证彩票公益金"专项专用"，由管理委员会统一分配彩票公益金的模式可有效降低彩票市场存在的因部门利益冲突而恶性竞争的现象。另外，发达国家公益金的监管经验表明多元化的监管方构成十分必要，在我国，要保证民政部门、财政部门、审计部门、监察部门以及社会公众参与到彩票公益金分配与使用的管理过程中，确保彩票公益金项目审批过程的公正性，使彩票的公益性得到最大限度的发挥。

五　新问题与新对策：互联网彩票的发展及其监管

（一）网络售彩的争议及国外实践

互联网彩票是利用网络渠道进行彩票交易活动的一种模式，随着信息技术升级换代以及电子支付方式的不断改进，近年来网络售彩规模迅速增长。互联网彩票以其便捷性迅速获得市场和彩民的认同，显示出极强的发展潜力。但与此同时，互联网销售彩票的虚拟性也加大了安全风险系数和监管难度，不法分子在网络虚拟外衣的掩饰下利用政策漏洞进行非法售彩的行为屡

---

① 朱彤、余晖：《彩票市场的竞争性质与我国彩票监管体制的重构》，《中国工业经济》2004年第4期。

禁不止，而监管乏力更使得互联网成为彩票非法交易的重灾区，严重影响彩票市场的健康生态。

综观域外网络博彩的实践，互联网彩票行业的存废之争同样有着激烈争议。美国的司法态度明确地反对网络售彩，认为其是违法行为，但美国并没有明确的联邦法案禁止网络售彩，各州对于网络售彩行为的法律规定也并不一致，在部分州互联网售彩得到法律许可，而部分州则完全立法禁止网络彩票。英国自 2002 年宣布互联网彩票合法化以来，由国家彩票运营商卡梅洛特公司负责具体的运营操作，博彩委员会和英国地方政府根据 2005 年博彩法案履行监管职能，彩票业得到迅速发展。但互联网彩票的出现突破了彩票发行的地域限制，原本区域垄断性较高的彩票市场不免受到竞争的冲击，外国彩票通过互联网渠道销量大增，对其本国效益产生的负面影响，也成为英国彩票行业发展的一大隐忧。法国的互联网销售彩票开始于 2009 年，竞猜足球彩票可以通过互联网渠道投注，2013 年官方应用程序上线，互联网彩票在法国彩票业销量中占比不高然而增幅较大，法国国家游戏集团公布的数据显示，2014 年法国彩票销售额同比增长 4.8%。其中互联网彩票虽然占比较少（不到 5%），但发展更为迅速①。

（二）我国互联网彩票监管探索历程

我国利用互联网渠道进行彩票销售最早开始于 21 世纪初期，20 年来网络彩票在我国的发展历程十分坎坷，经历了几次大的起落，主要是因为宏观政策环境在近几年发生了几次较大转变。自 2010 年财政部发布《互联网销售彩票管理暂行办法》至今，政府相关部门已经出台多份文件对互联网售彩行为进行规范。在网络彩票发展之初，财政部对建设互联网彩票销售渠道持支持态度。2010 年，财政部颁发《互联网销售彩票管理暂行办法》，对开展互联网销售彩票业务从审批到监管的全过程做了规定，明确互联网售彩需

---

① 《各国互联网彩票发展面面观》，"双喜侃足球"百度号，2017 年 4 月 6 日，https：//baijiahao.baidu.com/s? id = 1563893269442732。

要由财政部批准①。2012年,财政部发布通知支持网络售彩试点工作,提出加强部门协作,统筹规划线上线下彩票销售渠道,积极支持网络售彩试点工作。

然而网络售彩暴露出的种种问题使得2015年成为互联网售彩政策的转折之年,财政部等八部门联合发布公告,坚决制止和严厉查处各种擅自利用互联网销售彩票行为,要求彩票发行销售自觉接受社会监督,杜绝网络售彩行为②。2018年十二部门联合刊发的第105号文指出坚决禁止和严查违规互联网售彩行为,加大惩处力度③,国家对于违规网络售彩行为的打压力度加大。2018年10月,《彩票管理条例实施细则》修订版正式实施,明确"擅自利用互联网销售的福利彩票、体育彩票"为非法彩票。

从现实情况来看,一方面是对互联网彩票销售逐渐收紧的监管政策,但另一方面互联网彩票销售行为虽多次被禁但一直未得到彻底治理。在国内互联网彩票禁售背景下,利用互联网销售彩票的销量仍然居高,且出现大量资金流入海外博彩公司的现象,对国家彩票事业发展造成损害。

(三)互联网彩票未来发展方向

对于互联网销售彩票的合法性,尽管行业内观点莫衷一是,但多数人认同应该顺应互联网信息时代发展的趋势,在风险可控的基础上探索开放合法化的网络售彩渠道。一刀切式的"禁"和"堵"终究非长远之计,堵不如疏,单纯的禁止并不能正本溯源,规范、稳健的开放才可能实现多方共赢,但合理开放的前提是要建立起有效的监管体系。就目前我国彩票事业的发展格局来看,既要把互联网彩票纳入国家彩票发展全局,又要针对其特殊性作单独的安排。监管以立法为根本依据,因此首先要在各方面条件成熟的情况

---

① 《关于印发〈互联网销售彩票管理暂行办法〉的通知》,中国政府网,2010年10月9日,http://www.gov.cn/zwgk/2010-10/09/content_1717913.htm。
② 《八部门:坚决制止擅自利用互联网销售彩票行为》,搜狐网,2015年4月3日,http://news.sohu.com/20150403/n410793698.shtml。
③ 《关于坚决禁止擅自利用互联网销售彩票行为的公告》,中国政府网,2018年8月21日,http://www.gov.cn/xinwen/2018-08/21/content_5315493.htm。

下尽快出台《彩票法》，并对互联网销售彩票做出特别规定，构建完善的互联网售彩监管体系。其次，在实现彩票监管机构相对独立性的前提下，主要监管机构协同其他部门制定并调整互联网销售彩票的相关政策，吸纳和培养具有专业素养的人才进入监管机构。最后，制定并执行严格的市场准入制度，加大违法惩戒力度、刑罚力度和犯罪成本，加强国际协作，严厉打击跨境互联网非法售彩行为，维护本国购彩者权益和国家彩票事业的健康发展。

附　录
Appendix

B.15
2020年中国福利彩票大事记

1月13日，公安部召集有关部门，专题研究部署深化防控、治理跨境网络赌博工作。会议强调，要始终保持严打高压态势，集中攻坚一批重大跨境网络赌博案件。要坚持多方施策，综合治理、系统治理，强化彩票、网络游戏、对外投资和劳务合作等重点行业监管措施，推动形成防控治理工作新机制新格局。

1月16日，公安部在京召开新闻发布会，通报2019年全国公安机关开展打击整治跨境网络赌博犯罪情况。2019年以来，公安部共督办各地侦破网络赌博刑事案件7200余起，抓获犯罪嫌疑人2.5万名，查扣冻结涉赌资金逾180亿元，打掉非法地下钱庄、网络支付等团伙300余个。公安部门研判发现，80%以上的赌博网站、App中，都设有高频快开型彩票和游戏类板块，非法彩票和网络游戏成为跨国网络赌博活动的主要载体。

2020年初，新冠肺炎疫情突发。1月28日，财政部发布《关于延长2020年彩票市场春节休市时间的公告》，原定2020年1月22日0:00至1月31日24:00的彩票市场休市安排，调整为2020年1月22日0:00至2

月9日24：00。休市期间，停止全国各类彩票游戏（含即开型彩票）的日常销售、开兑奖、营销、促销、宣传等活动。彩票发行销售机构原计划在此期间开展的彩票相关活动一并进行调整。

2月1日，中国福利彩票发行管理中心发出《致中国福利彩票全体从业者的一封信》，呼吁大家一起行动起来：坚定信心，风雨同舟，齐心协力，为打赢疫情防控阻击战贡献福彩人的力量。中国福利彩票发行管理中心同时发布《中国福利彩票销售场所疫情防控指南》，指导大家做好销售场所疫情防控工作。

2月7日，财政部发布《关于做好疫情防控期间彩票发行销售工作有关事宜的通知》，要求高度重视彩票发行销售环节的疫情防控，严格按照疫情防控要求发行销售彩票，妥善做好疫情期间彩票发行销售日常管理，积极支持彩票代销者降低疫情影响，有序协调福利彩票和体育彩票发行销售政策保持一致，保障彩票市场的整体稳定和正常秩序。

2月7日，中国福利彩票发行管理中心发布《关于在新型冠状病毒感染的肺炎疫情防控期间做好福利彩票销售工作的通知》，要求进一步做好疫情防控工作。

2月7日，中国福利彩票发行管理中心发布《关于继续暂停福利彩票开奖的公告》，自2020年2月10日起继续暂停福利彩票双色球、七乐彩、3D游戏的开奖，恢复时间另行公告。

3月9日，中国福利彩票发行管理中心发布《关于恢复福利彩票全国联销游戏开奖的公告》，决定自2020年3月11日起恢复福利彩票七乐彩、3D游戏开奖，3月12日起恢复福利彩票双色球开奖。

3月10日，民政部办公厅、财政部办公厅发布《关于阶段性调整福利彩票发行机构业务费比例的通知》，决定调整2020年1～4月（湖北省为1～6月）福利彩票发行机构业务费比例，以提高代销费比例。通知明确，福利彩票发行机构业务费比例调整部分，应当用于提高同一彩票游戏的代销费或销售厅销售费用比例，专项支持彩票代销者或销售厅疫情防控及补助经营成本。

3月20日,财政部批复同意中国福利彩票发行管理中心经民政部审核同意的《关于申报停销"连环夺宝"等7款中福在线视频型彩票游戏的请示》。中国福利彩票发行管理中心于2020年5月11日正式向社会发布停销公告,为保障彩民的基本权益,同时恢复因疫情而中断的中福在线游戏销售、兑奖,并按规定于2020年7月31日17点停销"连环夺宝""趣味高尔夫""好运射击""三江风光""四花选五""幸运五彩""开心一刻"7款中福在线视频型彩票游戏。

3月23日,陕西省福彩中心召开全省视频会议,全力推动福利彩票重点工作落实暨安全稳定恢复正常销售。会议指出,要充分认识福利彩票所肩负的使命和责任,统一思想、下定决心、克服困难,在做好疫情防控的同时,把全面恢复福彩正常销售作为当前全系统最重要的工作,重点做好即开票和双色球、3D游戏市场推广,不断挖掘市场潜力,拓展百业联合新业态,开发新的彩民队伍,促进福彩市场企稳回升。

3月24日,天津市民政局、财政局联合下发关于阶段性调整福利彩票销售机构业务费比例的通知,决定调整天津市2020年1~4月福利彩票销售机构业务费比例,用于提高代销费比例。乐透数字型(除快开游戏外)、视频型游戏销售机构业务费比例调整为0;即开型游戏销售机构业务费比例调整为1.02%。彩票机构业务费调整后,天津市福利彩票各游戏代销费提高比例为:双色球提高4.89%、七乐彩提高4.98%、3D提高4.98%、中福在线提高6.06%、即开型提高2.02%。

3月28日,湖北省福彩中心、湖北省体彩中心分别发布公告,将有序复市。经湖北省新冠肺炎疫情防控指挥部同意,自2020年3月31日00:00起,恢复湖北省内除武汉市以外各市州、县市彩票销售;自2020年4月8日起恢复武汉市彩票销售和兑奖。福彩视频型彩票恢复时间另行通知。

4月8日,杭州市福彩中心发布关于暂停杭州市范围内福利彩票投注站公开征召事项的公告。为保障各类投资者的切身利益,避免站点数量盲目扩张,杭州市福彩中心决定自2020年4月15日零时起,暂停杭州市范围内福利彩票投注站公开征召事项。具体开放时间待定。

4月8日，武汉福彩市场重新开市，大多数投注站都已经过消毒投入营业。武汉4000多台丰巢柜已经全部开通购彩功能，双色球、福彩3D、七乐彩，点击丰巢柜屏幕全程自助操作购彩，没有人员接触，不用走出小区，下楼就能买彩票。4月16日，武汉的丰巢柜全部恢复购彩。升级后，双色球、七乐彩将上线"定投"功能，支持一次购买多期彩票，最多能购买15期。

4月，江西福彩推出"建设绿色通道，更高效地为创业者服务"活动。创业者只需参与线上创业培训，每周五接受一对一指导，合格者即可成功申办投注站。有意愿开设福彩投注站的社会公众，可参与站点征集报名，报名成功后即可进入学习平台。为帮扶创业者建站，江西福彩为投注建站者提供了百万专项扶持资金。

4月27日，海南省委书记、省平安建设领导小组组长刘赐贵主持召开省平安建设领导小组第一次会议，研究部署平安建设重点工作。会议强调，要持续强化社会治安和网络安全等风险防控，严厉打击黄赌毒、"私彩"、电信诈骗等违法犯罪行为，减少存量、遏制增量，为海南自贸港建设提供坚强保障。

4月30日，中国福利彩票发行管理中心发布关于延长福利彩票兑奖截止日期的公告，考虑到当前新冠肺炎疫情防控实际情况，为保障福利彩票中奖者权益，中国福利彩票发行管理中心决定对福利彩票乐透型、数字型和基诺型游戏兑奖截止日期做出调整。兑奖截止日期在2020年5月6日及以后的继续顺延，兑奖截止日期另行通知。

4月29日，吉林省财政厅发布关于印发《吉林省彩票销售激励办法（试行）》的通知：为激发彩票市场活力，进一步扩大彩票销售，制定了彩票销售激励办法，用于全省彩票机构年度销售的考评奖励。考评以年度为单位，根据各彩票机构年度实现彩票公益金情况设置增量奖和增幅奖，分别按照类别（福彩和体彩）和市县级次分别进行排名。市（州）级排名前5名、县（市）级排名前15名给予奖励，标准为市（州）25万元、县（市）10万元。

4月30日，贵州省福彩中心发布调整全省福利彩票销售场所代销费的公告，自2020年5月1日起，对全省福利彩票销售场所代销费比例进行调整。其中，双色球、七乐彩、3D、快3游戏的销售场所代销费比例由7.0%调整为7.5%。纸质即开型福利彩票销售场所代销费比例由7.5%调整为8.0%。

4月30日，重庆福彩自助服务微信公众号发布公告，停止自助辅助选号系统运营服务。公告表示，按照上级监管部门专项检查整改要求，经研究决定自2020年5月8日0时起停止全市"自助辅助选号系统"相关服务，系统中的充值、选号功能届时将关闭。为保障彩民利益，提现和查询等功能仍可以正常使用。在5月8日0时前已下单的追号订单可继续执行，直至其自然完结。

4月，部分省市福彩中心发布公告，恢复中福在线视频型彩票销售。根据财政部《关于做好疫情防控期间彩票发行销售工作有关事宜的通知》和中国福利彩票发行管理中心《关于做好中福在线视频型彩票有关工作的通知》（中彩发字〔2020〕59号）精神，自2020年5月11日起，恢复中福在线发行销售系统运行，各销售厅恢复销售。

5月2日，北京市福彩中心、北京市体彩中心先后发布公告，决定于2020年5月6日恢复本市彩票销售、开奖、兑奖工作。至此，全国31个省份均已恢复彩票销售。

5月起，西藏自治区福彩中心将陆续推出2400万张禁毒宣传图文彩票，全力营造创城浓厚氛围，助力拉萨市成功创建全国禁毒示范城市。此次拉萨创新宣传载体，通过协调自治区福彩中心，利用预制彩票票据进行禁毒公益广告宣传，区福彩中心也给予了大力支持。

5月11日，中国福利彩票发行管理中心发布关于停止销售"连环夺宝"等7款视频型彩票游戏的声明，为保障彩民的基本权益，同时恢复因疫情中断的中福在线游戏销售、兑奖，并按规定于2020年7月31日17点停销"连环夺宝""趣味高尔夫""好运射击""三江风光""四花选五""幸运五彩""开心一刻"7款中福在线视频型彩票游戏。

5月，上海福彩紧跟"直播带货"潮流，用网络直播的形式进行了一场别开生面的代销站点招募宣传。本次直播采用主播口播、动画展示和视频短片相结合的形式，对2020年上海福彩对新开代销站点的扶持政策作了详细解读，并及时解答了观众在直播中提出的代销站点个人申请、申请店铺种类等问题。30分钟的直播吸引了超过5000人次观看，互动留言条数多达210余条。上海福彩还在5月15日进行第二场直播，直播的主题为"2020上海福彩代销站点招募特别计划"。

5月21日，由甘肃省财政厅牵头，省民政厅、省体育局、省福彩中心参与组成的工作小组，根据财政部《强化彩票监管开展专项整治工作方案》工作要求，到甘肃省体育彩票管理中心进行专项整治工作交叉检查。

5月6日至6月15日，中国福利彩票发行管理中心开展"福彩有爱积分送福"全国积分回馈活动。此次全国积分回馈活动将在天津、山西、吉林、浙江、安徽、福建、江西、河南、湖北、湖南、广西、贵州、陕西、青海等14个省份派发18万份双色球彩票体验券，彩票购买者可通过语音、短信、网站等方式参与活动。

5月，黑龙江省福彩中心制定出台了《黑龙江省福利彩票发行中心大奖兑奖应急处理预案》，推出了"远程兑奖"便民服务。预案规定，单张彩票中奖金额大于20万元（含20万元）的彩票，受经国家或者地方政府等相关部门确认的疫情、自然灾害以及其他不可抗力等因素影响，彩民可以去所辖地市福彩中心（无法到达所辖地市福彩中心，也可到就近地市福彩中心）进行大奖兑付，由省福彩中心工作人员远程履行大奖兑付程序，为中奖彩民办理兑奖服务。

5月31日，中国福利彩票发行管理中心针对"超级幸运"即开型彩票游戏开展派奖活动。派奖活动自6月6日0时起，7月15日24时止。本次派奖活动共派出奖金4339万元，结余派奖奖金返回中国福利彩票发行管理中心作为一般调节基金。

6月起，重庆市餐饮店、便利店等个体商户皆可报名参与，免费领取全套"建站装备"，获得6个月福彩站主体验资格。通过申请的商户，重庆福彩将免费为其配齐投注机、可移动硬件物料（包括标识灯箱、代销许可证、开奖公告和即开票展示柜等)。投注机押金为0元,电脑票、即开票代销费为7%。体验结束后,申请人如愿意继续经营,需按照《重庆市福利彩票投注站管理办法》补缴5000元投注机押金。如不愿继续经营,重庆福彩将执行撤站流程,并回收投注站设备及相关物料。

6月1日起,广东省福彩中心举办的"刮刮乐"即开型福利彩票销售大比拼活动正式上线,6~9月分别在全省(不含深圳)"刮刮乐"即开票销售站点、销售员、物流配送管理员中开展销售大比拼。其中,销售站点比拼活动按活动时段比拼一次,2020年6~9月的"刮刮乐"即开票累计销量与上年同期进行对比,增幅取得正增长且比2019年同期比"刮刮乐"即开票销量大于等于3000元、比拼活动总时段内本站点即开票销量大于等于全市福彩站平均即开票销量60%条件的,排名靠前的可以获得奖励,其中一等奖站点奖励1800元。

6月初,重庆市福彩中心启动了为期一个月的投注站违规排查整改行动,重点排查投注站是否存在擅自利用互联网销售彩票、违规经营私彩或其他彩票、违规向未成年人销售彩票或兑付奖金和违规私自转让站点,恶意拒缴、挪用销售款等行为。在分中心自查后,7月中旬市场二部会同内控监察部在全市范围内开展了投注站违规排查复查抽检,并将各问题站点通报分中心要求限期完成整改。

6月11日,中国福利彩票发行管理中心公布了2020年度预算,2020年收支总预算16.37亿元。其中,本年政府性基金预算财政拨款收入12.12亿元,占74.04%;上年结转3.95亿元,占24.13%;其他收入3000万元,占1.83%。

6月23日上午,民政部党组书记、部长李纪恒到中国福利彩票发行管理中心调研。部党组成员、副部长高晓兵参加调研并主持座谈会。李纪恒要求,进一步做好福利彩票发行销售工作,要突出抓好五个方面:一要全面加强政治建设,坚持福利彩票正确发展方向。二要深入推进改革创新,激发福利彩票发展活力。三要全面加强规范管理,增强福利彩票风险防范能力,积极配合国家彩票立法。四要加强人才干部队伍建设,夯实福利彩票发展根基。五要持续推进党风廉政建设和反腐败斗争。

6月22日,中国福利彩票发行管理中心和国家体育总局体育彩票管理中心相继发布公告,就恢复彩票兑奖期等相关事宜公告。2019年11月23日起至2020年6月30日开奖的彩票,兑奖截止日期统一延长至2020年8月31日。7月1日起开奖的彩票,兑奖有效期重新计算,即起算时间为开奖次日,截止兑奖时间为开奖次日起第60个自然日。

7月17日,广东省福彩中心发布声明称,近期市场有个别公司未经委托授权,擅自以中国福利彩票合作伙伴或彩票中心代理方等名义,利用即开型彩票自助销售设备开展招商加盟虚假宣传及非法推广。为此,广东省福彩中心声明,广东省各级彩票销售机构从未委托或授权任何主体利用即开型彩票自助销售设备开展彩票渠道拓展、招商加盟等活动,相关企业必须立即停止虚假宣传等违法行为。

7月17日,中国福利彩票发行管理中心发布关于即将发行"连连好运"等22款即开型福利彩票游戏的公告。公告显示,财政部于6月28日签发《财政部关于"连连好运"等22款即开型福利彩票游戏的审批意见》(财综〔2020〕20号),审批同意中国福利彩票发行管理中心印制发行"连连好运"等22款即开型福利彩票游戏。

7月中旬,财政部科教与文化司发布信息,"十三五"时期,中央财政通过中央专项彩票公益金投入38.8亿元,支持新建8000所乡村学校少年宫。加上"十二五"时期建成的12000所,中央专项彩票公益金共支持建设乡村学校少年宫累计达20000所,总投入72.65亿元。经过10年的不懈努力,乡村学校少年宫已成为未成年人思想道德建设的知名品牌,成为学生受益、家长放心、群众满意的育人工程、民心工程。2016年以来,乡村学校少年宫建设着重向中西部22个省(区、市)贫困地区倾斜。

7月29日,中国福利彩票发行管理中心发布公告,自2020年10月15日24时起,在全国范围内停止销售在销即开型福利彩票游戏中2014~2015年印制的各批次即开型福利彩票。本次停止销售即开型福利彩票批次具体范围为:G ****—14 ***;J ****—14 ***;G ****—15 ***;J ****—

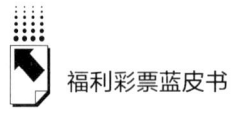

15***，属于以上范围彩票的兑奖截止时间为 2020 年 12 月 15 日 24 时。

7月31日，在上海浦东张江高科技园区，上海地区规模最大、设备最新、彩种最全的福利彩票专营店——上海福彩荣科路旗舰店正式开业。旗舰店销售福彩的全彩种。同时，店内还配备了最新款的福利彩票自助终端销售设备。

7月29日，第十届中国花卉博览会合作企业签约仪式在上海崇明区举行，上海市福利彩票发行中心与区花博会筹备组成功签约，双方将合作申报以第十届花博会为主题，以会徽、会花、吉祥物、场馆为元素的多款即开型福利彩票。同时，上海市福彩中心正在与第十届中国花卉博览会品牌合作伙伴上海邮政积极沟通洽谈，以花博会为契机，探索开展"福彩＋邮票"的品牌推广工作。

8月9日，演员印小天受邀前往中国福利彩票发行管理中心，作为首个开奖特邀嘉宾参与当晚电视直播开奖节目。开奖直播前的准备环节，印小天参与了双色球摇奖球的选球和装球。此次印小天受邀的活动，是由中国福利彩票发行管理中心联合江苏卫视正在录制的一档观察类公益体验真人秀《为幸福喝彩》的一期节目。这档综艺节目是以明星深度有趣的职业体验式真人秀和演播厅交流互动的方式展示福彩行业和公益活动，借助真人秀节目的趣味性和知识性，推动大家对国家福彩公益事业的了解。

8月13日，《经济参考报》刊发了中国社会科学院大学经济学院副教授何辉的署名文章《建议设立全国彩票公益日》。文章认为，我国彩票一直缺乏整体公益形象，影响了彩票事业的进一步发展。因此，文章建议由政府设立彩票公益日，将新中国第一张彩票诞生日7月27日设立为全国彩票公益日，通过开展相关活动，整合彩票从发行销售到公益金使用的各个环节和相关主体，强化彩票的公益形象。文章认为，彩票公益日的设立，对彩票事业的健康发展具有非常重要的价值。

8月18日，财政部官网发布了《财政部关于变更中国福利彩票快乐8游戏规则等有关事项的审批意见》。该审批意见显示，财政部同意中福彩中心变更中国福利彩票快乐8游戏规则，快乐8将变更为一天开奖一期，通过专用摇奖设备摇出开奖号码,并将在4个月内完成上市销售。该游戏将在全国统一销售系统,逐步扩大销售范围,试点销售2年。

8月18日,安徽省福利彩票发行中心主办的福彩婚庆主题票"喜事成双"首发式暨见证"刮刮乐"65%返奖活动在合肥开幕。除了婚庆主题票"喜事成双"首发启动仪式外,本次活动还以现场刮票扫码兑奖的形式,通过大屏幕让来宾和媒体记者见证"刮刮乐"65%返奖率的真实性。安徽福彩还将继续促进公益事业与婚庆仪式的"融合",在"七夕"开展"送福添喜,你结婚我送礼"、全省范围内"寻找300对公益新婚夫妇"等活动。

8月22~23日,上海福彩参展2020年中国(上海)秋季婚博会,在七夕节来临之际,以婚庆主题即开票与精心打造的营销活动为参展新人们送上别样祝福。展厅还配备了兼营渠道便捷终端,为参展新人提供更新型、更便捷的购彩方式,进一步提升购彩体验。届时,通过便捷终端购彩,参展新人还将获赠"刮刮乐"即开票及"双色球"电脑票(兑换券)等丰富好礼。

8月25日,"第十三届中国(沂源)七夕情侣节暨'鹊桥会'即开型福利彩票首发式"在山东沂源举行,"鹊桥会"主题彩票正式在全国上市。该票以发生在山东省沂源县的"牛郎织女"神话故事为主题。此次首发式采取了网络直播的方式。山东省福彩中心和各地市福彩中心还在全省婚姻登记处开展了即开型福利彩票"鹊桥会"主题推广活动,通过幸运抽奖、赠送刮刮乐礼包和精美礼品等形式为前来办理结婚登记的新人送上祝福,为中国传统节日"七夕"增添了一份福彩元素。

8月27日,北京市福利彩票发行中心发布公告,将从2020年9月15日0:00起关停北京福彩电话投注业务。系统关停以后,北京福彩电话投注系统将停止相关一切业务,包括通过拨打963963号码进行的语音投注、查询、转账等各项服务功能,以及通过合作银行的电话银行或手机银行进行的福彩开户、查询、充值、提款等业务。

8月30日起深圳福彩正式开通双色球、福彩3D多期票销售功能,彩民可以购买含当前销售期在内的连续的多期彩票,最多可以购买20期(含当期销售期)。

8月31日，财政部公布了2019年彩票公益金筹集分配情况和中央集中彩票公益金安排使用情况。2019年全国共发行销售彩票4220.53亿元，筹集公益金1158.81亿元，其中含弃奖奖金18.11亿元。经全国人大审议批准，2019年中央财政安排彩票公益金支出717.58亿元。其中，补充全国社会保障基金464.28亿元。

9月3日，中国福利彩票快乐8游戏试点上市工作会议在成都召开。会议指出，快乐8游戏是2009年以来中国福利彩票推出的首款全国联销电脑票游戏，宗旨是"快乐"游戏，这也是福利彩票改革创新、落实"六保"任务的重要举措。快乐8游戏将于10月18日在全国上市，全国13个省、直辖市福彩中心主任及相关工作负责人参加了本次会议。

9月初，重庆市福彩中心联合专业心理及社工机构开展责任福彩之理性购彩——2020年彩民风险防控暨非理性购彩心理危机干预社工项目培训会，做好福利彩票彩民的安全风险防控工作，及时关注和防范非理性购彩彩民的心理健康风险，充分发挥"非理性购彩心理危机干预社会工作服务项目"的作用。通过培训，提升了福彩工作人员做好彩民安全防范工作的能力，为市福彩中心非理性购彩干预工作的系统化、专业化提供了支持。

9月，津、蒙、琼、藏、甘、青、宁七省区市即开型福利彩票区域联销工作业务培训会在银川举行。会议主要围绕"2020年区域联销工作整体情况""区域联销工作运行过程中存在的问题""区域联销技术系统下一步运行模式""区域联销批次终结和资金结算"等议题进行了研讨交流。

9月16日，"重庆福彩微信移动端线上心理咨询服务"通道开通。该平台将免费为彩民、福彩站主和销售员提供专业、便捷的心理咨询服务。只需进入重庆福彩中心微信公众号，点击底部菜单栏"理性购彩"——"心理咨询"板块，即可进入咨询页面，通过微信留言，就可获得心理专家的专业辅导。

9月18日，第八届中国公益慈善项目交流展示会在深圳会展中心开幕，深圳福彩中心参加本届慈展会，现场展示区块链技术在彩票销售中的应用，依托区块链技术，利用滚动图片、宣传海报及与区块链技术人员互动等形式，让市民感受深圳福彩的金融创新和科技创新。

9月30日，中国福利彩票发行管理中心发布公告，根据财政部《关于变更中国福利彩票快乐8游戏规则等有关事项的审批意见》（财综〔2020〕31号），中国福利彩票北京市快乐8游戏调整为中国福利彩票快乐8游戏，中国福利彩票北京市快乐8游戏于2020年10月17日最后一期开奖后停止销售，兑奖截止日期为2020年12月15日。

9月底，上海市福利彩票发行中心发布公告表示，为配合彩票销售系统维护工作，上海市福利彩票发行中心决定暂停上海KENO（基诺）游戏销售，具体停售事项为：从2020年10月11日24：00起暂停上海KENO（基诺）销售，兑奖截止日期为2020年12月9日。

10月1~2日，中国福利彩票发行管理中心携手腾讯新闻、腾讯微视在北京世贸天阶共同发起炫酷IP跨界快闪活动，探索"彩票+娱乐社交"的跨界营销新模式。活动中，中国福利彩票、腾讯微视、腾讯新闻还共同发起了"祖国有好物"的线上直播。

10月12日，2020年福彩"走近刮刮乐"首期观摩活动于北京正式启动。本次活动迎来了来自山东和湖南的代表团。随着国内疫情形势逐渐稳定，福彩"走近刮刮乐"观摩活动接连在石家庄展开。

10月15日，民政部官网发布了《关于调整中国福利彩票快乐8游戏发行机构和销售机构业务费比例的通知》。民政部和财政部两部委调整快乐8游戏业务费比例，自2020年10月18日起，中国福利彩票快乐8游戏发行机构业务费比例调整为1%；销售机构业务费（含代销者销售费用）比例调整为11%。停售后的北京市快乐8游戏奖池及调节基金分别调整为中国福利彩票快乐8游戏奖池和调节基金。

10月17日，第十三届全国人民代表大会常务委员会第二十二次会议修订《中华人民共和国未成年人保护法》，自2021年6月1日起施行。修订后的未成年人保护法分为总则、家庭保护、学校保护、社会保护、网络保护、政府保护、司法保护、法律责任和附则，共九章132条。第59条内容为学校、幼儿园周边不得设置烟、酒、彩票销售网点。禁止向未成年人销售烟、酒、彩票或者兑付彩票奖金。烟、酒和彩票经营者应当在显著位置设置不向未成年人销售烟、酒或者彩票的标志；对难以判明是否未成年人的，应当要求其出示身份证件。

10月18日，中国福利彩票快乐8游戏在河北、上海、江苏、浙江、安徽、江西、山东、湖北、湖南、广东、重庆、四川、陕西13个省（市）同步上市。快乐8游戏是第一款全国统一系统销售、全国统一渠道管理的基诺型福利彩票游戏。快乐8游戏由中国福利彩票发行管理中心统一开奖，每天开奖一次，是福利彩票首次尝试仅通过网络渠道进行直播开奖的彩票游戏。

10月23日，财政部、民政部、体育总局联合发布《关于有序退市高频快开彩票游戏有关事宜的通知》，自2020年11月1日起，各省、自治区、直辖市福利彩票快开游戏、体育彩票高频游戏（含虚拟体育竞猜足球游戏）分别暂保留一款，其余的一律停止销售。2021年春节休市结束后，所有高频快开游戏全部停止销售。同时要求，彩票发行机构要注重提高彩票游戏产品研发质量，借鉴国际先进经验，结合我国实际情况，统筹做好游戏产品的总体规划与合理布局；要深入调研论证彩票游戏规则涉及的各类问题，严格控制相关风险，有效平衡游戏的娱乐性和博弈性，适时推出刺激性小、沉迷性低、娱乐性强的游戏。

11月1日零时起，中国福利彩票服务热线号码将变更为954168，原号码95189518停止使用。中国移动运营商用户可暂时拨打号码4001039518，恢复拨打954168号码日期另行通知。

11月，财政部官网发布了财政部关于"三月三"等9款即开型福利彩票游戏的审批意见。财政部审批同意中国福利彩票发行管理中心印制发行"三月三"等9款即开型福利彩票游戏。

11月8日，2020年福彩双色球游戏派奖活动开始，活动持续20期，共派奖12亿元，派奖金额以及派奖方式均与2019年派奖活动相同。派奖活动所需资金从中国福利彩票发行管理中心一般调节基金中支出。

11月24日，四川福彩首家社区福利彩票代销点开业启动仪式在成都市成华区菽香里社区正式举行。四川省福彩中心之前按民政厅的要求，审慎提出了社区福利彩票代销点建设方案，并拟于2020年底前在成都市范围内建设完成20家社区福利彩票代销点。

11月下旬，辽宁省体彩中心、辽宁省福彩中心、省公安厅治安总队召开联动打击整治黑彩联席会议。治安总队表示，省公安厅高度重视打击非法销售私彩工作，采取有效措施，切实维护彩票销售经营秩序。下一步，将联合省体彩、省福彩进一步发力开展工作，将会同福彩中心、体彩中心抽调专门人员成立打击私彩工作联合办公室，定期召开联席会议，共同研判全省私彩违法犯罪形势，在零容忍的高压打击态势下，有效遏制非法销售彩票等私彩赌博案件的发案。

12月，重庆市18部门联合发布了关于开展便利店品牌化连锁化三年行动的通知，鼓励便利店企业创新经营模式，加强横向协同、纵向联动，共同推进便利店发展。通知提出，支持便利店搭载缴费充值、书报经营、打印复印、代扣代缴、代收代发、养老家政、废旧商品回收、福利彩票及银行自助机具等便民生活服务项目。

12月10日，2020年全国即开型福利彩票工作会议在石家庄召开，全国31个销售机构主任或副主任及即开票工作负责人、亿元城市代表参加了会议。中国福利彩票发行管理中心副主任缪丽总结了2020年全国即开票发行销售工作，分析了即开票面临的挑战及机遇，部署了2021年重点工作。就进一步做好即开票发行销售工作，会议提出三点要求：一是深入分析面临的形势，坚定新时代福利彩票发展的信心；二是强化规范管理和责任优先，有序推动福利彩票事业行稳致远；三是积极谋划，坚持结果导向，推动即开票高质量发展。

12月，在天津梅江国际车展、爱琴海购物中心五楼等地，天津福彩销售点正式亮相，销售点自开张纳客以来，吸引了众多往来的人群。今后，天津福彩还将继续拓宽市场渠道，将市场营销与文化宣传紧密结合，搭建市民了解福利彩票文化内涵的桥梁，展示和树立福利彩票公益形象，扩大福利彩票的社会影响。

12月24日，中国福利彩票发行管理中心启动"#福彩故事"抖音话题赛。12月24~31日,打开抖音,搜索话题#福彩故事,上传与福彩有关的视频故事,并@中国福彩,即可参与活动。视频内容要与福彩相关,并需包含宣传语——"中国福彩,为您的生活增福添彩"。视频点赞数前30名会获得相应奖励。

12月,上海市民政局、财政局联合制定了《上海市福利彩票公益金使用管理办法》和《上海市市级彩票公益金支持社会福利事业专项转移支付资金使用管理办法》,规范和加强本市福利彩票公益金使用管理,提高资金使用效益。同时,上海市民政局还制定了《上海市市级福利彩票公益金使用管理办法》。

12月,辽宁省民政厅和财政厅联合下发通知,为调动销售网点的积极性,辽宁省快乐8游戏上市试行期间发行费分配比例为:从2021年1月1日起,省、市级销售机构业务费比例各为1%,代销者销售费用比例为9%。

12月31日,山东省福彩中心发布公告,自2021年1月11日起停止电视销售彩票,未投注资金的处理,将在停售后另行发布。

12月底,天津市商务局等28部门联合制定了《关于发展流通促进商业消费的实施方案》。为促进消费得到回补、激发消费潜力、促进商业繁荣,相关部门支持便利店搭载售卖烟草、乙类非处方药、音像制品及报刊、自助购买福利彩票和体育彩票、收发快件、洗衣家政等便民服务功能。

12月31日,2020年全年,全国共销售彩票3339.51亿元,同比减少881.03亿元,下降20.9%。其中,福彩销售1444.88亿元,同比下降24.4%;体彩销售1894.63亿元,同比下降17.9%。

Abstract

By the end of 2020, China has issued and sold about 4.46 trillion yuan of lottery and raised about 1.27 trillion yuan of public welfare funds, which has made important contributions to the development of China's social welfare and social public welfare undertakings. Since the issuance and sale of China's lottery in 1987, the relevant departments of lottery have continued to explore the management system, operation mechanism and public welfare fund management mode. Now, lottery has been an important part of China's third distribution.

This book is the fourth in the welfare lottery blue book series. This book has two objectives: First, through quantitative analysis and other methods, comprehensively sort out the sales of welfare lottery market, the collection, distribution and use of public welfare funds in 2020, and present the overview, dynamics and trend of the development of welfare lottery in China in 2020; Second, through qualitative and quantitative methods, this paper attempts to analyze the problems in different fields of China's lottery industry and lottery development, and put forward targeted policy suggestions. The book mainly puts forward the following arguments in the aspects of lottery market dynamics, lottery development strategy selection, lottery social responsibility, lottery management system and mechanism, Internet Lottery Development and supervision.

In the development of the lottery market: in 2020, the sales volume of lottery tickets in China was 333 billion 951 million yuan, down 20.9% compared to the same period in the past year, which is the biggest year since 1998. The lottery public welfare fund was 96.781 billion yuan, a year-on-year decrease of 16.5%. Welfare lottery institutions have gradually stopped selling high frequency games and video games and launched an upgraded version of keno games. There are great differences in lottery sales in different provinces, and the regional imbalance of lottery development is very obvious.

In the orientation and path of Lottery Development: in the new era, China's lottery industry needs to build a new development pattern through high-quality development, respond to policy orientation and social needs, and give better play to its public value. All relevant departments of the lottery, including lottery institutions, should establish an overall view of the lottery business, emphasize the thinking of strategic management, do a good job in political management based on the functions and attribute characteristics of the lottery, focus on the national attribute of the lottery, do a good job in mission management based on the public welfare attribute of the lottery, and do a good job in operation management based on the people's attribute of the lottery.

In terms of lottery public welfare and social responsibility construction: in 2020, the competent departments and lottery institutions of welfare lottery have strengthened the construction of social responsibility, invested the raised lottery public welfare funds in social public welfare projects such as helping the elderly, helping the disabled, saving the orphans and helping the poor, held a variety of public welfare activities, and strengthened the public welfare attribute of welfare lottery. There are still many deficiencies in the construction of lottery social responsibility. It is found that, different from ordinary enterprises, the social responsibility of lottery has four significant characteristics: multi-level, integrity, national and negative externality. The social responsibility framework of lottery is a rectangular model composed of four levels: economy, law, ethics and public welfare. During the 14th Five Year Plan period, the lottery industry needs to build a lottery social responsibility governance system, guide rational lottery purchase, strengthen the social responsibility for the distribution and use of public welfare funds, spread the public welfare spirit of lottery, fulfill its social responsibility, ensure that it continues to play an important role in the third distribution, and better support public welfare charities.

In terms of lottery management system and mechanism: China's welfare lottery management system mainly adopts the mixed management mode of "three management" of lottery market supervision, administrative business supervisor, issuance and sales management, and "combination of sections and blocks" between the central and local governments. "Territorial management" is mainly adopted below the provincial level, which has its organizational and regulatory advantages, but there are also problems such as poor communication between different departments and insufficient marketization. According to the new requirements of the development of lottery industry and the actual situation of different provinces, we need to deeply study the existing lottery management system and promote the reform and innovation of the system. Taiwan's lottery market structure, lottery management system and the market supervision of lottery in some countries have certain reference significance for the optimization of China's lottery management system.

In terms of lottery distribution channels and Internet lottery: China's Internet lottery has experienced four stages: laissez faire, strong national intervention, loose and strict control during the period of exploring the control path. Based on the comparison of the development of Internet lottery, China should gradually develop Internet lottery and enrich the distribution channels of lottery. At the same time, we should make separate arrangements according to its particularity, build a perfect Internet lottery sales supervision system, especially formulate a strict market access system and strengthen the punishment of violations.

Keywords: COVID – 19; Social Responsibility; New Development Pattern; Management System; Internet Lottery

Contents

I General Report

B.1 Epidemic Impact, Social Responsibility and the New Development Pattern of Welfare Lottery
—*2020 Welfare Lottery Development Report*
        Welfare Lottery Research Group of Chinese Academy of Social Sciences / 001

  1. Issuance and Sales of Welfare Lottery in 2020   / 003
  2. Collection, Distribution and Use of Lottery Public Welfare Funds in 2020   / 017
  3. Industry Development   / 020
  4. Social Responsibility Construction of Lottery Institutions   / 023
  5. Epidemic Situation and Countermeasures of Lottery Industry   / 026
  6. The Third Distribution: The Development Opportunity and Path of Welfare Lottery   / 028

Abstract: This paper combs the sales, collection, distribution and use of public welfare funds in China's lottery market, especially the welfare lottery market in 2020. In 2020, influenced by COVID-19 outbreak and epidemic prevention and control, China's lottery sales amounted to 333 billion 951 million yuan, a drop of 20.9% compared with the same period last year. It is the biggest decline in sales since 1998. The lottery public welfare fund was 96.781 billion yuan, a year-on-year decrease of 16.5%. Some lottery games are strictly regulated by the government and even enter the delisting period. In 2020, the competent departments and lottery institutions of welfare lottery have increased the construction of social responsibility and strengthened the public welfare attribute of welfare lottery. As an important part of the third distribution in China, how to build a new pattern of development in the new period? Give better play to its public value? All relevant departments of lottery, including lottery institutions, need to establish the thinking of strategic management, do a good job in political management around the national attribute of lottery, do a good job in mission management around the public welfare attribute of lottery, and do a good job in operation management around the people attribute of lottery.

Keywords: Epidemic Impact; Social Responsibility; New Development Pattern of Social Responsibility; Strategic Management

Ⅱ Lottery Market

B.2 Development Report of Welfare Lottery Market in 2020

Ma Yan / 037

Abstract: The epidemic situation in 2020 has had a great impact on all walks of life, including lottery. In the same year, lucky lottery adjusted the game, gradually stopped selling the games that contribute to the sales of lucky lottery-quick opening games and video games, and launched an upgraded version of keno games. Under the influence of these two important factors, the sales volume of welfare lottery market decreased significantly. However, in the long run, the adjustment of the game structure has brought more healthy and stable elements to the welfare lottery. Due to the game adjustment, the marketing channel, marketing content and channel expansion are also changing. In the future, we need to further strengthen the adjustment of game structure, marketing channel construction, marketing content and form, and brand construction combining public welfare and marketing.

Keywords: Welfare Lottery; Game Structure Adjustment; Marketing

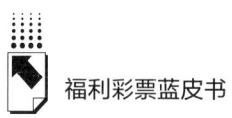

B.3 Comparative Analysis of Welfare Lottery at Provincial Level
in China　　　　　　　　　　　　　　　　　*Wang Xiaolei* / 056

Abstract: This paper mainly discusses the sales of welfare lottery tickets at the provincial level in 2020, including total sales, sales proportion, GDP proportion, lottery development index, lottery deviation index, per capita lottery and other related dimensions. By focusing on the analysis of the sales and other factors of China's welfare lottery at the provincial level, we can understand the specific situation of the total sales, per capita sales, sales proportion and GDP proportion of welfare lottery in 2020, conduct comparative analysis in combination with the data of previous years, and find valuable conclusions based on the same established conditions. In addition, according to the "lottery deviation index" set in this paper, we can more intuitively see the relationship between welfare lottery sales and GDP in each province according to the calculation method of deviation index, and come to the conclusion that "in the western and northern provinces, the proportion of lottery sales in most provinces is higher than that in their provinces'GDP", "in the southeast coastal and central provinces, The proportion of Fucai sales in most provinces is lower than or basically equal to the proportion of provincial GDP", and points out the special situation of Zhejiang and Hainan in recent years.

Keywords: Welfare Lottery; Sales; Deviation Index; Development Index

B.4 Research on the Transformation and Development of
Welfare Lottery Channels in the New Era　　　*Zhang Liang* / 074

Abstract: Since the establishment of China welfare lottery in 1987, with the continuous change of game structure, channel construction has reflected different ideas and forms in different periods. In the new period of resolutely implementing the game adjustment requirements of regulators, returning to the development path of public welfare lottery and constantly adjusting and optimizing the game structure, how to implement the new development concept and build a new pattern of channel construction is very important for the high-quality development of lucky lottery. According to the quality development requirements, the development of welfare lottery channels in the new development stage is facing new challenges such as game structure adjustment and regulatory policy adjustment. Under the positioning of "strengthening lottery management", welfare lottery needs to turn to connotative development. By reviewing the development process of welfare lottery channel, this paper looks for the causes of the current situation of the channel, combs the macro factors affecting the channel transformation and the benchmarking of similar competition, explores the transformation direction according to the functions carried by the channel, and tries to put forward some suggestions on the transformation and development of issuing institutions, sales institutions and end channels on the channel side.

Keywords: Welfare Lottery; Channel; PEST Model; Transformation and Development

B.5 The United States' Internet Lottery Legal Regulations Under the Gaming Law: with Developing Suggestions for the Legal System of Internet Lottery

Lei Qiuyu, Liu Li and Song Huimin / 088

Abstract: The U. S. Federal Wire Transfer Act of 1961 and the U. S. Code 31 "Illegal Internet Gambling Enforcement Act" (UIGEA) are two important laws that regulate Internet lottery and clarify the relationship between the two laws are of great significance to the development of Internet gambling in the United States. The legal control of Internet gambling in the United States has also changed

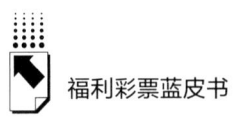

from the initial strict control to the victory of the New Hampshire v. Rosen case. It has successfully escaped the regulation of the interstate lottery law. The two laws still cannot completely prohibit illegal Internet gambling and other illegal betting behaviors. The existing legal loopholes have actually created greater development space for Internet gambling. my country's Internet lottery has also experienced four stages of laissez-faire, strong intervention by the state, and loose and strict control during the period of exploring control paths. Although the control system of the Internet lottery industry in my country and the Internet gambling industry in the United States are quite different in terms of the control system, the penalties for Internet lottery sales, and the space for system diversion, both of them still have problems of extrajudicial gray operation and strict national control. Similarities in trends. Therefore, both my country and the United States should follow the trend of Internet facilitation, liberalizing the Internet lottery market and strengthening supervision should go hand in hand; creating a legal, orderly, open and free Internet lottery trading market; based on the existing institutional foundation, supplemented by The involvement of relevant legal systems has enabled my country's Internet lottery to embark on a healthy development of the legal system.

Keywords: Internet Lottery; Control System; Legal Regulation; Internetiolization

Ⅲ Public Welfare Fund and Communication

B.6 Report on the Collection, Distribution and Use of Lottery Public Welfare Fund in 2020　　　　*Jiang Nan* / 113

Abstract: This paper combs the issuance of lottery tickets and the collection, distribution and use of public welfare funds in China in 2020, including the extraction proportion of lottery public welfare funds, the collection, distribution and use of central centralized public welfare funds and Shandong public welfare funds. According to the current situation and changes of the collection, distribution and use of public welfare funds at different levels, combined with the newly released relevant documents in China, it is proposed to continue to optimize and improve the supervision and evaluation mechanism for the use of public welfare funds, strengthen the visibility of the use of public welfare funds and improve the use efficiency of funds.

Keywords: Lottery Public Welfare Fund; Distribution and Use; Supervision and Evaluation

B.7 Report on Public Welfare Projects of Lucky Welfare
Lottery Institutions in 2020 *Sun Lei, He Hui / 139*

Abstract: This paper combs the public welfare activities organized by the welfare lottery issuing institutions of 26 provinces (autonomous regions and municipalities directly under the Central Government) in 2020 including the types of public welfare activities, the sources of funds, the contents of the activities, etc. Based on the current situation of public welfare activities carried out by provincial welfare lottery organizations in 2020, this paper puts forward that the planning and Innovation of welfare lottery should be improved, and the responsibility welfare lottery should be built Increase the vitality of public welfare, the construction of Youth Welfare and other proposals.

Keywords: Lottery Public Welfare Fund; Public Welfare Activities; Social Responsibility

B.8 How to Promote Lottery to Practice Social Responsibility:
an Analytical Framework *He Hui / 178*

Abstract: Lottery is an important part of the third distribution in China. The practice of social responsibility of lottery is the key to ensure that it continues to

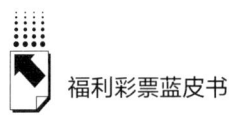

play an important role in the third distribution and better play its role in supporting public welfare and philanthropy. Different from ordinary enterprises, the social responsibility of lottery has four significant characteristics: multi-level, integrity, national and negative externality. The social responsibility of lottery is composed of four levels: economy, law, ethics and public welfare, forming a rectangular model. In recent years, lottery institutions, especially welfare lottery institutions, have made progress in establishing the concept of social responsibility and strengthening the construction of social responsibility. However, based on the overall perspective of the lottery industry, the current lottery social responsibility construction still has deficiencies in highlighting the integrity of the lottery, weakening the negative externality and emphasizing the national nature. It is suggested to promote the practice of social responsibility in China's lottery industry by constructing the lottery social responsibility governance system, guiding rational lottery purchase, strengthening the social responsibility for the distribution and use of public welfare funds, and vigorously disseminating lottery public welfare.

Keywords: Lottery; Social Responsibility; Rectangular Model

Ⅳ Regional Market

B.9 Development Report of Welfare Lottery in Guangdong Province

Zeng Xiaolong / 199

Abstract: Since the first welfare lottery was sold in Guangdong on December 18, 1987, the province's welfare lottery system has always adhered to the issuance purpose of "supporting the elderly, helping the disabled, rescuing the orphans and helping the poor" and the issuance principle of "fairness, justice, openness and public trust", sought development through innovation, standardized security, and realized the historical transformation from scratch and from small to large, It has walked out of a development road of welfare lottery with Guangdong characteristics. By 2020, Guangdong lucky lottery had raised 77.18 billion yuan of welfare lottery public welfare fund, which was used to fund more than 30000 welfare projects in the province, making a significant contribution to the development of social welfare and social public welfare undertakings. This paper shows the development process and current situation of Guangdong lucky lottery, the development of public welfare and social contributions, analyzes the difficulties and challenges faced, and puts forward the "14th five year plan" of "one transformation, two mention and four modernizations" of Guangdong lucky lottery.

Keywords: Guangdong; Welfare Lottery; Development Planning

B.10 The Development and Enlightenment of Taiwan Lottery

Ma Fuyun / 226

Abstract: Lottery appeared earlier in Taiwan, and its development process is also ups and down. The current Taiwan Lottery came into being at the turn of the century. Its public welfare lottery and sports lottery are issued in the way of government supervision and third-party operation, and the legalization of government management and supervision is relatively perfect. Under the dual mode of lottery operation, the playing methods of the two lottery games are highly complementary. The design, operation and supervision of the lottery system are worthy of our reference.

Keywords: Public Welfare Lottery; Sports Lottery; Taiwan

V Specific Topics

B.11 Research on the Function and Attribute of Lottery in China

Chen Yu / 242

Abstract: By the end of 2020, China has issued and sold about 4.46 trillion yuan of lottery tickets and raised about 1.27 trillion yuan of public welfare funds. In

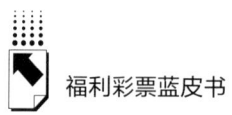

the 34 years since the issuance and sales of lottery tickets, the management system, operation mechanism and fund use management of lottery tickets in China have been constantly explored, which has made a positive contribution to the development of social welfare and social public welfare undertakings in China. With the continuous expansion of the scale of lottery issuance and sales, the problems of issuance management, market supervision and departmental interest disputes occur frequently, placing the lottery at the outlet of public opinion. Reviewing history, combining reality and looking forward to the future, what is the essential attribute of lottery? Why does lottery exist? What kind of functions should be undertaken in China's economic and social development in order to make the lottery run healthily on its own regular track and serve social and economic development. This paper holds that the functions of lottery include developing social undertakings, economic functions, entertainment functions and maintaining social stability; Probability, public welfare, country, commodity and entertainment are the five attributes of lottery. The function and attribute of lottery determine the need to optimize the existing management system and operation mechanism, ensure the realization of the function of lottery, improve the national institutional arrangements for mutual assistance, and effectively promote the development of public welfare and philanthropy in China.

Keywords: Lottery Origin; Lottery Function; Lottery Attribute

B.12 The Mixed Managing System of China's Welfare Lottery

Li Shiqiang / 250

Abstract: China's welfare lottery industry is under a mixed managing system, which combines the "tiao" (functional) and "kuai" (multidivisional) in both levels of national wide and local wide. Under this management mode, issues about a welfare lottery are partitioned to different departments. Those issues about human relations and physical assets are under control of the provincial distribution and sales center of welfare lotteries, which is under the management of the department of civil affairs. Those issues about finance and administration are distributed to the Ministry of Finance delegated by the State Council. This managing system has both characteristics of territorial administration and vertical administration. At the same time, the two management modes co-exist among provinces.

Keywords: Welfare Lottery; Mixed Managing System; Vertical Administration; Territorial Administration

B.13 Research on the Current Lottery Management System in China

Chen Yu / 273

Abstract: This paper studies the existing lottery management system in China, focuses on the management mode of lottery sales institutions, analyzes the respective advantages of hierarchical management mode and vertical management mode of lottery sales institutions, and puts forward the standards to measure the advantages of lottery management system and management mode, such as the amount of public welfare fund raised, the health of lottery business, meeting the needs of market and society. And then put forward the conclusion that the management model itself has no advantages or disadvantages. As long as it can adapt to the local social conditions, realize the lottery's function better, improve the resource's use efficiency, and fully show the lottery's public welfare attribute and entertainment attribute, it is appropriate.

Keywords: Lottery; Management System; Management Mode

B.14 International Comparative Study on Lottery Supervision System: Based on the Experience of Lottery Supervision System in the United States, Britain and France

Cheng Gege, Guo Yu / 284

Abstract: Lottery market supervision is related to the safe operation and healthy development of lottery industry, and it is the basis and guarantee to give full play to the positive role of lottery. Both of the market structure and supervision system of the lottery industry reflect characteristics of a country's administrative system to certain degrees. From the experience of countries all over the world, especially typical countries, the monopoly mode of the United States and France is the mainstream mode of lottery issuance and sales, and the United Kingdom is the representative of the competition mode. The characteristics of the lottery market and the supervision mode of the lottery industry interact and are inseparable. The mature experience of international lottery supervision includes: paying attention to lottery legislation, the relative independence of regulatory institutions, the diversification of regulatory tools, strict supervision of the use of public welfare funds, etc. For China's lottery supervision, it is necessary to promote market competition, improve the supervision system, optimize the use of public welfare funds and promote the development of Internet lottery under the premise of ensuring the monopoly of lottery.

Keywords: Lottery; Market Structure; Supervision System; Internet Lottery

Ⅵ Appendix

B.15 A Chronicle of Events of China Welfare Lottery in 2020 / 304

社会科学文献出版社

皮 书

智库报告的主要形式
同一主题智库报告的聚合

❖ 皮书定义 ❖

皮书是对中国与世界发展状况和热点问题进行年度监测,以专业的角度、专家的视野和实证研究方法,针对某一领域或区域现状与发展态势展开分析和预测,具备前沿性、原创性、实证性、连续性、时效性等特点的公开出版物,由一系列权威研究报告组成。

❖ 皮书作者 ❖

皮书系列报告作者以国内外一流研究机构、知名高校等重点智库的研究人员为主,多为相关领域一流专家学者,他们的观点代表了当下学界对中国与世界的现实和未来最高水平的解读与分析。截至2021年,皮书研创机构有近千家,报告作者累计超过7万人。

❖ 皮书荣誉 ❖

皮书系列已成为社会科学文献出版社的著名图书品牌和中国社会科学院的知名学术品牌。2016年皮书系列正式列入"十三五"国家重点出版规划项目;2013~2021年,重点皮书列入中国社会科学院承担的国家哲学社会科学创新工程项目。

中国皮书网

（网址：www.pishu.cn）

发布皮书研创资讯，传播皮书精彩内容
引领皮书出版潮流，打造皮书服务平台

栏目设置

◆ **关于皮书**
何谓皮书、皮书分类、皮书大事记、
皮书荣誉、皮书出版第一人、皮书编辑部

◆ **最新资讯**
通知公告、新闻动态、媒体聚焦、
网站专题、视频直播、下载专区

◆ **皮书研创**
皮书规范、皮书选题、皮书出版、
皮书研究、研创团队

◆ **皮书评奖评价**
指标体系、皮书评价、皮书评奖

◆ **皮书研究院理事会**
理事会章程、理事单位、个人理事、高级
研究员、理事会秘书处、入会指南

◆ **互动专区**
皮书说、社科数托邦、皮书微博、留言板

所获荣誉

◆ 2008年、2011年、2014年，中国皮书
网均在全国新闻出版业网站荣誉评选中
获得"最具商业价值网站"称号；
◆ 2012年，获得"出版业网站百强"称号。

网库合一

2014年，中国皮书网与皮书数据库端口
合一，实现资源共享。

中国皮书网

权威报告·一手数据·特色资源

皮书数据库
ANNUAL REPORT(YEARBOOK) DATABASE

分析解读当下中国发展变迁的高端智库平台

所获荣誉

- 2019年，入围国家新闻出版署数字出版精品遴选推荐计划项目
- 2016年，入选"'十三五'国家重点电子出版物出版规划骨干工程"
- 2015年，荣获"搜索中国正能量 点赞2015""创新中国科技创新奖"
- 2013年，荣获"中国出版政府奖·网络出版物奖"提名奖
- 连续多年荣获中国数字出版博览会"数字出版·优秀品牌"奖

成为会员

通过网址www.pishu.com.cn访问皮书数据库网站或下载皮书数据库APP，进行手机号码验证或邮箱验证即可成为皮书数据库会员。

会员福利

- 已注册用户购书后可免费获赠100元皮书数据库充值卡。刮开充值卡涂层获取充值密码，登录并进入"会员中心"—"在线充值"—"充值卡充值"，充值成功即可购买和查看数据库内容。
- 会员福利最终解释权归社会科学文献出版社所有。

数据库服务热线：400-008-6695
数据库服务QQ：2475522410
数据库服务邮箱：database@ssap.cn
图书销售热线：010-59367070/7028
图书服务QQ：1265056568
图书服务邮箱：duzhe@ssap.cn

卡号：769675894867
密码：

基本子库 / SUB DATABASE

中国社会发展数据库（下设12个子库）

整合国内外中国社会发展研究成果，汇聚独家统计数据、深度分析报告，涉及社会、人口、政治、教育、法律等12个领域，为了解中国社会发展动态、跟踪社会核心热点、分析社会发展趋势提供一站式资源搜索和数据服务。

中国经济发展数据库（下设12个子库）

围绕国内外中国经济发展主题研究报告、学术资讯、基础数据等资料构建，内容涵盖宏观经济、农业经济、工业经济、产业经济等12个重点经济领域，为实时掌控经济运行态势、把握经济发展规律、洞察经济形势、进行经济决策提供参考和依据。

中国行业发展数据库（下设17个子库）

以中国国民经济行业分类为依据，覆盖金融业、旅游、医疗卫生、交通运输、能源矿产等100多个行业，跟踪分析国民经济相关行业市场运行状况和政策导向，汇集行业发展前沿资讯，为投资、从业及各种经济决策提供理论基础和实践指导。

中国区域发展数据库（下设6个子库）

对中国特定区域内的经济、社会、文化等领域现状与发展情况进行深度分析和预测，研究层级至县及县以下行政区，涉及省份、区域经济体、城市、农村等不同维度，为地方经济社会宏观态势研究、发展经验研究、案例分析提供数据服务。

中国文化传媒数据库（下设18个子库）

汇聚文化传媒领域专家观点、热点资讯，梳理国内外中国文化发展相关学术研究成果、一手统计数据，涵盖文化产业、新闻传播、电影娱乐、文学艺术、群众文化等18个重点研究领域。为文化传媒研究提供相关数据、研究报告和综合分析服务。

世界经济与国际关系数据库（下设6个子库）

立足"皮书系列"世界经济、国际关系相关学术资源，整合世界经济、国际政治、世界文化与科技、全球性问题、国际组织与国际法、区域研究6大领域研究成果，为世界经济与国际关系研究提供全方位数据分析，为决策和形势研判提供参考。

法律声明

"皮书系列"(含蓝皮书、绿皮书、黄皮书)之品牌由社会科学文献出版社最早使用并持续至今,现已被中国图书市场所熟知。"皮书系列"的相关商标已在中华人民共和国国家工商行政管理总局商标局注册,如LOGO( )、皮书、Pishu、经济蓝皮书、社会蓝皮书等。"皮书系列"图书的注册商标专用权及封面设计、版式设计的著作权均为社会科学文献出版社所有。未经社会科学文献出版社书面授权许可,任何使用与"皮书系列"图书注册商标、封面设计、版式设计相同或者近似的文字、图形或其组合的行为均系侵权行为。

经作者授权,本书的专有出版权及信息网络传播权等为社会科学文献出版社享有。未经社会科学文献出版社书面授权许可,任何就本书内容的复制、发行或以数字形式进行网络传播的行为均系侵权行为。

社会科学文献出版社将通过法律途径追究上述侵权行为的法律责任,维护自身合法权益。

欢迎社会各界人士对侵犯社会科学文献出版社上述权利的侵权行为进行举报。电话:010-59367121,电子邮箱:fawubu@ssap.cn。

社会科学文献出版社